DİN'İN ANLAMI VE SOSYAL FONKSİYONU
MENŞE'LERİN ÖZLEMİ

Prof. Dr. Mircea ELIADE
Chicago Üniversitesi Öğretim Üyesi
(1907-1986)

Fransızcadan Çeviren:
Prof. Dr. Mehmet AYDIN
Dinler Tarihi Profesörü

Gözden Geçirilmiş 5. Baskı

Dinin Anlamı ve Sosyal Fonksiyonu

© LITERATÜRK academia 318
İnceleme-Araştırma 296

Bu kitap ve kitabın özgün özellikleri tamamen Nüve Kültür Merkezi'ne aittir. Hiçbir şekilde taklit edilemez.
Yayınevinin izni olmadan kısmen ya da tamamen kopyalanamaz, çoğaltılamaz.
Nüve Kültür Merkezi hukukî sorumluluk ve takibat hakkını saklı tutar.

Gözden Geçirilmiş 5. Baskı, Mayıs 2021

Yayınevi Editörleri: **Salih TİRYAKİ – Emre Vadi BALCI**
Genel Yayın Yönetmeni: **İsmail ÇALIŞKAN**

ISBN 978-605-74654-7-4

T.C.
Kültür ve Turizm Bakanlığı
Yayıncı Sertifika No: **16195**

Kapak Tasarım:  DİZGİ**MIZANPAJ**.COM
Baskı Öncesi Hazırlık: **Mehmet ATEŞ**   meh_ates@hotmail.com

Baskı & Cilt: **Şelale Ofset**
Fevzi Çakmak Mh. Hacı Bayram Cad. No. 22   Karatay/KONYA
Tel: +90.532.159 40 91   selalemat2012@hotmail.com
KTB S. No: **46806** - Basım Tarihi: **MAYIS 2021**

KÜTÜPHANE BİLGİ KARTI
- Cataloging in Publication Data (CIP) -

ELIADE, Mircea
Dinin Anlamı ve Sosyal Fonksiyonu
Kitabın Orijinal Adı: **La Nostalgie des Origines**, Gallimard, Paris, 1971

ANAHTAR KAVRAMLAR
1. Din, 2. Tarih, 3. Sosyoloji, 4. Psikoloji, 5. Tarihselcilik
- key concepts –
1. Religion, 2. History, 3. Sociology, 4. Psychologie, 5. Historicism

" LITERATÜRK academia ", Nüve Kültür Merkezi kuruluşudur.
www.literaturkacademia.com

/ Nkmliteraturk

M. Muzaffer Cad. Rampalı Çarşı Alt Kat No: 35-36-41 Meram / KONYA Tel: 0.332.352 23 03 Fax: 0.332.342 42 96	Ул. М. Музаффер, рынок Рампалы, нижний этаж № 35-36-41 Мерам, КОНЬЯ, тел.: +90 332 352 23 03, факс: +90 332 342 42 96
Dağıtım: **EMEK KİTAP** Akçaburgaz Mah. 3137. Sk. Ali Rıza Güvener İş Merkezi No: 28 Esenyurt / İSTANBUL www.emekkitap.com - Telefaks +90 212 671 68 10 Дистрибьютор: **EMEK KITAP** Район Акчабургаз, ул. Али Рыза 3137, бизнес центр «Гювенер» № 28, Эсеньюрт / СТАМБУЛ www.emekkitap.com – Телефакс: +90 212 671 68 10	**ORTA ASYA OFFICE:** Mikrareyon Kok Jar/23 Bishkek / KYRGYZSTAN Tel: +996 700 13 50 00 - Telefaks: + 996 552 13 50 00 **ОФИС В ЦЕНТРАЛЬНОЙ АЗИИ:** Микрорайон Кок Жар/23 Бишкек / КЫРГЫЗСТАН Тел.: +996 700 13 50 00 – Телефакс: +996 552 13 50 00

DİN'İN ANLAMI VE SOSYAL FONKSİYONU
MENŞE'LERİN ÖZLEMİ

Prof. Dr. Mircea ELIADE
Chicago Üniversitesi Öğretim Üyesi
(1907-1986)

Fransızcadan Çeviren:
Prof. Dr. Mehmet AYDIN
Dinler Tarihi Profesörü

Gözden Geçirilmiş 5. Baskı

Mircea ELIADE

Doğ: Mart 9, 1907, Bucharest, Romanya
Öl: Nisan 22, 1986, Chicago, III., U.S.A.

9 Mart 1907'de Romanya'nın Bucharest şehrinde bir ordu görevlisinin oğlu olarak dünyaya gelen Eliade, daha dokuz yaşında iken memleketinin Almanlar tarafından işgaline şahit oldu. Dinler Tarihçi, Oryantalist, Filozof ve Edebiyatçı olan Eliade, Dinler Tarihi alanında, çeşitli dini gelenekler tarafından kullanılan sembolik dil ve mistik fenomenin temelini oluşturan ve bu dilin ilkel mitlerin altında yatan anlamını ortaya koyan araştırmaları ile seçkin bir yere sahiptir.

Eliade, 1928 Yılında University of Bucharest'ten Felsefe dalında Mastır Diploması aldı. 1928 Yılında University of Calcutta'da Surendranath Dasgupta ile Hint Felsefesini incelemek üzere Kassimbazan Prensinden bir burs aldı. University of Calcutta'da 1928-31 Yılları arasında Sanskritçe ve Hint Felsefesi çalıştı ve daha sonra altı ay süre ile Himalayalarda Rishikesh İnziva hayatı yaşadı. 1925 Yılında University of Bucharest'e girdiğinde Yüzüncü Makalesini yayınlamıştı. 1932 Yılında Eliade, Romanya'ya döndü ve ertesi yıl University of Bucharest'te filozof Naelonescu'ya Asistan oldu. Üniversitede Filozof Nae Ionescu'nun samimi takipçisi oldu ve ondan Tecrübe, Vaad, Sezginin önemini, Mental Dünyaların Ruhsal veya Psikolojik realitesini öğrendi. 1933 yılında *Yoga: Essai sur les origines de la mystique indienne (Yoga: Hint Mistisizminin Kökenleri Üzerine Bir Deneme)* adlı tezi ile Felsefe Doktoru unvanını kazandı ve 1933-39 Yılları arasında Dinler Tarihi ve Hint Felsefesi hocalığı yaptığı Bucharest'te Doçent oldu.

1934 Yılında Nina Mares ile evlendi ve Nina Mares Kasım 1944'te öldü. 1940 Yılında Londra'ya Romanya Kültür Ataşesi olarak atandı. Ertesi yıl, Lizbon'da Kültür Danışmanı oldu ve 1945 Yılında savaş sona erince Eliade, Paris'e gitti. 1946 Yılında École des Hautes Études of the Sorbonne'dan misafir profesör olarak çalışmak üzere davet aldı. Techniques du Yoga (1948), Traité d'histoire des Religions (1949), Le mythe de l' Eternel Retour (1949), Le chamanisme et les techniques archaiques de l'extase (1951) gibi meşhur eserlerini bu dönemde yayınlamayı sürdürdü. 1950 Yılında Ionel Perlea'nın kız kardeşi Christinel Cotescu ile evlendi. 1956 Yılında Birth and Rebirth (1958) adıyla yayınlanan Haskell Lectures (Haskell Dersleri) vermek üzere University of Chicago tarafından davet edildi. University of Chicago'da Dinler Tarihi profesörü oldu ve burada kaldı. 1961 Yılında *History of Religions* dergisini kurdu.

Eliade, İkinci Dünya Savaşından sonra Amerika'ya gitti ve esasen Yoga ve Şamanizm üzerine yaptığı çalışmalarla daha sonra yaptığı çalışmalar sonucu elde ettiği çok çeşitli kültürlere ait verileri sentezledi ve bu çalışmaları çok büyük etki uyandırdı. Bu sentez, bir Tarih ve Mit Teorisini bir araya getiriyordu. Chicago İlahiyat Okulunun bakış açısını da ortaya koyan bu görüş, *History of Religions* dergisinde yer aldı. Bu teoriye göre, kutsal ile kutsal dışı arasındaki ayırım dini düşüncenin temelidir ve ekzistansiyel olarak yorumlanması gerekir. Dinin sembolleri lafız olarak yorumlandığında kutsal dışıdır. Ancak, kutsalın işaretleri olarak gözlendiğinde kozmik mana taşımaktadır. Arkaik din, doğrusal (lineer), tarihi dünya görüşü ile kıyaslanmalıdır. Birinci görüş, yaratılış, insan ırkının başlangıcı ve insanoğlunun düşüşü gibi temel olaylara atıfta bulunarak, bu temel olayların mitlerin yeniden anlatılmasında ve ritüellerin tekrarında yeniden ortaya çıktığını savunmuştur. Hıristiyanlık, arkaik elementler içermesine rağmen, özde doğrusal ve tarihidir. İkinci görüş ise, temelde kutsal kitaba dayalı dinden kaynaklanmıştır.

Eliade, Cosmos and History (1959), The Sacred and the Profane (1959), Myths, Dreams and Mysteries (1960), Myths and Reality (1963), Images and Symbols (1969), Zalmoxis (1972), The Quest (1975) gibi eserleri ile kendisini takip eden genç okurlar üzerinde derin etki bırakmıştır.

Eliade'nin geleneksel dini kültürlerle ilgili temel yorumu ve mistik tecrübe biçimleri ile ilgili analizleri onun önemli eserlerini karakterize eder: *Traité d'histoire des religions (1949; Patterns of Comparative Religion), Le Mythe de l'éternel retour (1949; The Mythe of the eternal Return), Le Chamanisme et les techniques archaiques de l'extase (1951; Shamanism: Archaic Techniques of Ecstasy).* Eliade aynı zamanda görüşlerini edebiyat eserleri ile de (özellikle Ferét interdite (1955; *The Forbidden Forest)* ve *The Old Man and the Bureaucrats* (1979) ortaya koydu. Daha sonraki eserleri arasında iki deneme koleksiyonu dikkat çekmektedir. *The Quest: History and Meaning in Religion (1969)* ve *Occultism, Withccraft, and Cultural Fashion: Essays in Comparative Religion* (1976). Eliade aynı zamanda üç ciltlik *A History of Religious Ideas* (1978-85) adlı eseri yazdı ve 16 ciltlik *Encyclopedia of Religion* (1987)'in baş editörlüğünü yaptı.

TERCÜME EDENİN ÖNSÖZÜ

Din'in Anlamı ve Sosyal *Sosyal Fonksiyonu* adı ile tercümesini sunduğum elinizdeki kitap, Mircea Eliade (1907-1986) tarafından *The Quest, History And Meaning in Religion* ismi ile yazılmış ve Chicago Üniversitesi tarafından 1969'da İngilizce olarak yayımlanmıştır. Yazarın talebesi olan M. Henry Pérnet ise, bu kitabı yazarının da kontrolü ile Fransızca'ya *La Nostalgie des Origines* ismi ile 1969'da tercüme etmiş ve Gallimard yayınevi 1971'de Paris'te yayımlamıştır. İşte elinizdeki kitap, bu Fransızca baskıdan yapılmış olup, ancak İngilizce aslı ile de zaman zaman karşılaştırılmıştır.

Mircae Eliade, asrımızın tanınmış Dinler Tarihçilerinden ve din Fenomenologlarından birisidir. Hayatının büyük bir kısmını, asıl vatanı olan Romanya'nın dışında geçiren Eliade, 1928-32 Yıllarında Hindistan'da kalarak Prof. Surendranath Dasgupta'dan, Sanskritçe ve Hint Felsefesi dersleri almıştır. Yoga üzerinde yaptığı doktora tezi ile 1933'de takdir kazanarak, Bükreş Üniversitesi'ne yardımcı doçent olarak atanmıştır.

Eliade, 1940'da Londra'da, Romanya Kültür ateşeliğinde bulunmuş ve 1941'de Lizbon'da aynı görevi üstlenmiştir. 1945'de Paris Sorbonne Üniversitesi'ne misafir profesör olarak çağrılan Eliade, Roma dâhil, birçok Avrupa Üniversitelerinde Dinler Tarihi konularında konferanslar vermiştir.

1956 Yılının son baharında Chicago Üniversitesi'ne davet edilen Eliade, 1962'de bu Üniversiteye kadrolu hoca olarak atanmıştır. Ölünceye(1986) kadar da bu Üniversitede öğretim üyeliği yapmıştır.

Eliade'nin bütün çalışmalarını Romanya hükümeti, Fransızca olarak On Yedi Ciltte toplamıştır. Eliade'nin çalışmaları, birçok dünya diline çevrilmiştir. Ülkemizde, Romanından sonra, eserlerinden birinin ilk tercümesi tarafımdan yapılarak tanınmaya başlayan Eliade'nin eserlerine ilgi, her geçen gün biraz daha artmıştır. Böylece Eliade'nin eserlerinin büyük bir çoğunluğu Türkçeye kazandırılmıştır.

Eliade, Din Bilimleri konusunda ve Dinler Tarihi konusunda çok ciddi çalışmalar yapmıştır. Ben burada, bu çalışmalardan sadece bir kaçını zikretmek istiyorum:

- Yoga, Essai sur les Origines de la Mystique İndienne, Paris, 1936.

- Metallurgy Magic And Alchemy, Paris, 1939.

- Techniques du Yoga, Paris, 1948.

- Traité d' Histoire des Religions, Paris, 1949[1].

- Le Chamanisme et les Techniques Archaiques de L' Extase, Paris, 1951[2].

- Images et Symboles, Paris, 1952[3].

- Mythes, Rêves et Mystère, Paris, 1957.

- Le Sacré et le Profone, Paris, 1965[4].

- Religions Australiennes, Paris, 1972.

- Histoire des Croyances et des Idées Religieuses, Paris, I. Cilt, 1976, II, 1978, III, 1983

- Le Mythe de l'Eternel Retonr.[5]

- Le Mythe de L'Alchimie.[6]

---

[1] *Dinler Tarihine Giriş*, Çev. Lale Arslan, Kabalcı Yayınevi, İstanbul, 2003.
[2] *Şamanizm*, Çev: İsmet Birkan, İmge Kitabevi, Ankara, 1999.
[3] *İmgeler ve Simgeler*, Çev: Mehmet Ali Kılıçbay, Gece Yayınları, Ankara, 1992.
[4] *Kutsal ve Dindışı*, Çev: M. Ali Kılıçbay, Gece Kitapları, Ankara, 1991.
[5] *Ebedi Dönüş Mitosu*, Çev: Ümit Altuğ, İmge Kitabevi, Ankara, 1994.

Elinizdeki kitapta özellikle, "**Kutsallığın Tecrübesi**" üzerinde çok derin tahlillere girilerek Eliade, ilk insanın, "**Dindar Adam**" olduğunu ve "**Kutsallığın Diyalektiğinin**" bütün Diyalektik hareketlerden önce geldiğini ve onlara modellik görevi yaptığını belirtmektedir. Bu düşünce, inanç tarihi açısından oldukça orijinal sayılmaktadır. Eliade'nin bu kitapta üzerinde durduğu bir diğer nokta ise, Batının Bilimsel incelemelerdeki yeri ve değeridir. XX. Yüzyılda, Batı'nın şimdiye kadar sömürge olarak kullandığı ve hatta bilimsel incelemeleri için malzeme temin ettiği Doğulu ve Asyalı Milletlerin, artık eski pozisyonlarını değiştirdiklerini ve şimdiye kadar Batılı Bilim adamlarının kendileri hakkında yaptığı bazı çalışmaların yanlışlığını ortaya koyduklarını belirtmektedir. Eliade'ye göre artık Batı, yegâne tarih yapan ve yazan ülke olma pozisyonunu yitirmiş, Doğulu Milletler ve Asyalı Halklar, kendi tarihleri ve kültürlerini yazmaya başlamışlardır.

Yine Eliade, Batıdaki Dinler Tarihi çalışmalarının istikametini tayin eden ana faktörün, o devrin anafikir hareketleri ve ideolojileriyle yakından ilişkili olduğunu belirtmektedir. Her şeyin kökenini aramanın temel teşkil ettiği XIX. Yüzyılın fikir hareketleri, Dinler Tarihi çalışmalarını doğrudan etkileyerek, bu disiplini, Dinin Kökenine yönelik araştırmalara sevkettiğini ve Din gibi son derece önemli bir Fenomenin, dar kalıplar içinde izaha çalışıldığını; böylece de büyük hataların yapıldığını açıklamaya çalışmaktadır.

---

[6] *Asya Simyası (Çin ve Hint Simyası)*, Çev: Lale Arslan, Kabalcı Yayınevi, İstanbul, 2002.
Not: Eliade'nin diğer kitapları: 1. İnançlar ve Dini Fikirler Tarihi, Çev: Ali Berktay, Kabalcı Yayınevi, İstanbul.
2. Dinin Anlamı ve Sosyal Fonksiyonu, Çev. Prof. Dr. Mehmet AYDIN, Kültür Bakanlığı, Ankara, 1990.(Bu kitabın beşinci baskısı 2021 yılında yayımlanan elinizdeki kitaptır)

Mircea Eliade'nin bu kitapta üzerinde durduğu diğer önemli bir konu da **"Dinler Tarihi Metodolojisi"** meselesidir. Eliade'ye göre Dinler Tarihçisinin, sadece objektif bir çalışma yapma niyetiyle malzeme toplayan bir antikacı durumuna düşmekten kurtulması gerekmektedir. Ona göre, Dinler Tarihçisinin, topladığı malzemeleri yorumlaması da vazifeleri arasındadır. Bu ise, Dinler Tarihi Metodolojisi yönünden henüz genel kabul görmemiş bir husus olmakla birlikte; Eliade'ye göre, bilgi dönemini aşmış yani formasyonunu tamamlamış bir Dinler Tarihçisinin, yoruma geçerek çağdaş dünyaya gerekli mesajı vermesi gerekmektedir. Dinler Tarihçisi, yaptığı bu yorumla, gittikçe **"Kutsal"**dan uzaklaştığını sanan bir dünyanın, **"Kutsal**la ne kadar haşir-neşir olduğunu bizzat gösterecektir. Böylece de çağdaş dünya, Eliade'nin fikirlerine ne kadar muhtaç olduğunu görecektir.

Batı dünyası ile sıkı bir entegrasyona girmek için çabalar sarfedilen ülkemizde, Batı dünyasının fikir kökenlerini ve din tarihi açısından içine düştüğü saplantıları yer yer dile getiren bu kitabın, Türkiye'deki ilahiyatçılara ve entellektüellere yeni ufuklar açacağını ümit ederek takdim ediyorum.

Prof. Dr. Mehmet Aydın
Konya-2021

YAZARIN ÖNSÖZÜ

"**Kutsallığın Tecrübesini**" ifade etmek için "**Din**" kelimesinden daha açık bir kelimeye sahip olmamamız üzücüdür. Kültürel olarak biraz sınırlı olmakla birlikte bu kelime, bünyesinde çok uzun bir tarihi ihtiva etmektedir. Yine şüphesiz, ayırım gözetmeksizin, bu kelimenin, eski Yakındoğuya, Yahudiliğe, Hıristiyanlığa, İslâm'a, Hinduizme, Budizme, Konfüçyanizme ve aynı zamanda ilkeller denen topluluklara, nasıl tatbik edilebileceği sorgulanabilir. Fakat belki de **Din** kelimesinin yerine, bir başka kelime aramak için artık çok geç kalınmıştır. Diğer yandan "**Din**" kelimesi, bir tek Tanrıya, Tanrılara veya ruhlara iman şeklinde değil de, anlam, hakikat ve varlık fikirlerine bağlı olan **Kutsallığın Tecrübesine** iman şeklinde düşünülürse hâlâ geçerli bir kelimedir.

Gerçekten insan aklının, dünyada reel/gerçek olarak reddedilemeyen bir şeye inanmaksızın, nasıl işleyebileceğini hayal etmek de oldukça zordur. Yine, bilincin, insanın tecrübelerine ve dürtülerine anlam vermeksizin, nasıl çalıştırılacağını hayal etmek de imkânsızdır. Gerçek ve anlamlı bir dünya bilinci, sıkı sıkıya **Kutsallığın Keşfine** bağlıdır. Kutsallığın tecrübesiyle insan aklı, gerçek, güçlü, zengin, anlamlı görünenle, bu vasıflardan yoksun olanın arasındaki farkı kavrayabilmektedir. Yani eşyanın tehlikeli ve karmaşık akışı ile onların anlamdan yoksun tezahürleri ve yok oluşları arasındaki farkı kavrayabilmektedir.

Daha önceki araştırmalarımda "**Kutsallığın Diyalektiğinin**" ve "**Morfolojisinin**" tartışmasını yaptığım için, burada bu konuya tekrar dönmek istemiyorum. Burada sadece, "**Kutsallığın**" bilincin **yapısı içinde bir unsur olduğunu;** onun, bilincin tarihi içinde bir dönem olmadığını söylemem yeterli olacaktır. Anlamlı bir dünya, kutsallığın tezahürü olarak adlandırabileceğimiz diyalektik (akıl yürütmenin) bir sürecin sonucudur. Doğaüstü varlıklar tarafından vahyedilen "**Paradigmatik**"/**Tanrının yarattığı ilk modellerin** taklidi ile insan hayatı, bir anlam kazanmaktadır. İnsanüstü/ötesi modellerin taklidi, dini hayatın ilk özelliklerinden birini teşkil etmektedir. Bu yapısal özellik, tarihe ve kültüre karşı ilgisizdir. Bize ulaşmış olan en Arkaik/en eski Dini dokümanlardan tutun da, Hıristiyanlık ve İslamiyet'e kadar, insan hayatının yönlendirici çizgisi ve normu olarak *imitatio dei* [Tanrıyı Taklit] hiçbir zaman kesintiye uğramamıştır. Başka türlüsü de olamazdı zaten. Çünkü kültürün en arkaik seviyelerinde, insan olarak yaşamak, dini bir faaliyettir. Beslenmenin, seks hayatının ve çalışmanın kutsal bir değeri vardır. Başka bir tabirle, insan olmak, dini bir varlık olmak demektir.

Böylece ta başlangıçtan beri felsefi düşünce, irsen ve yapısal olarak dini olan bir anlam dünyası ile iç içedir. Bu durum, sadece ilkeller için değil, genel olarak Doğulular ve Sokrat-Öncesi insanlar için de böyledir. Böylece, **Kutsallığın Diyalektiği,** daha sonra akıl tarafından keşfedilen bütün diyalektik hareketlerin önüne geçmiş ve onlara modellik görevi yapmıştır. Kutsallığın Tecrübesi, meçhul, karmaşık ve korkunç bir dünyada, varlık, anlam ve hakikatın ortaya çıkartılması yoluyla sistematik düşünceye yol açmıştır.

İşte sadece bu durum bile, filozofların ilgisini, Din Fenomenologları, Dinler Tarihçilerin çalışmalarına ilgi duymaları için yeterlidir. Fakat dini tecrübenin ilginç olan başka yönleri de vardır: Sembollerde, mitolojilerde ve doğaüstü varlıklarda ifade edilen kutsalın tezahürleri [Hierophanies], yapılar olarak kavranmış ve özel bir yorum gerektiren refleks öncesi bir dil meydana getirmiştir. Din tarihçileri ve Fenomenogları çeyrek yüzyıldan beri bu tür bir yorum bilgisini geliştirmeye çalışıyorlar. Çoktan kaybolmuş kültürlerden ve çok eski topluluklardan gelen dokümanları, malzeme olarak kullanmalarına rağmen; bu çalışmanın eski eserler uzmanının "**Antikacı**" faaliyetiyle hiçbir ortak yönü yoktur. Geçerli bir yorum uygulandığı zaman Dinler Tarihi, bir fosiller, harabeler ve modası geçmiş şeyler müzesi olmaktan kurtulacak ve hertürlü araştırmacı için, anlaşılmayı ve ortaya çıkarılmayı bekleyen bir mesajlar dizisi haline gelecektir.

Pek tabii ki bu mesajlara yöneltilecek dikkat, yalnızca tarihi olmayacaktır. Çünkü bu mesajlar bize, sadece çoktan ölmüş bir geçmişten bahsetmezler; aynı zamanda modern insan içinde, doğrudan doğruya ilgi konusu teşkil eden temel varoluşsal durumları da ortaya koymaktadırlar.

Bu kitabın bölümlerinden birinde gösterdiğim gibi, mitolojilerin, sembollerin ve başka geleneksel dini yapıların anlamını ortaya koymak için harcanan yorum çabası ile bilinç, önemli ölçüde zenginleşmiştir. Hatta belli bir anlamda burada, araştıranın ve sempatizan okuyucunun (ümit edilen) dahili dönüşümünden bile söz edilebilir. Fenomenoloji ve Dinler Tarihi olarak isimlendirilen disiplinin, beşeri bilimlerin küçük bir kısmını meydana getirdiği kabul edilebilir. Bu Beşeri Bilimler ise, hem manevi hem de teknik disiplinlerdir.

Gittikçe Sekülerleşen bir dünyada bu tür araştırmalar, muhtemelen daha çok ilgiye mazhar olacaktır, Yahudi-Hıristiyan bir perspektif içinde telakki edildiğinde, sekülerleşme en azından kısmen yanlış yorumlanabilir; meselâ, mitolojiden uzaklaşma sürecinin, bir devamı gibi görülebilir ki, bu uzaklaşma da peygamberlerin kozmosu ve kozmik hayatı kutsaldan arındırma çabalarının gecikmiş bir uzantısı olarak düşünülebilir. Fakat elbette bütün hakikat bundan ibaret de değildir.

Radikal bir biçimde Sekülerleşmiş toplumlarda ve Putkırıcı çağdaş gençlik hareketlerinde (Hippi hareketinde olduğu gibi) görünüşte dini değilmiş gibi görünen bazı olgularda, **Kutsalın Orijinal** ve yeni bir takım tezahürleri ortaya çıkarılabilir. Yahudi-Hıristiyan perspektifinden bakıldığında fark edilebilir olmasa da bu fenomenlerde kutsalla ilişkin yeni keşifler elde edilebilir. Savaş karşıtı yapılan protestolar, sivil hukuk içinde yapılan faaliyetler gibi politik ve sosyal hareketlerdeki bariz "**Dinsellik**"ten burada bahsetmiyorum. Modern sanatın, bazı önemli filmlerin, gençlik kültürüyle alakalı belli olayların dini yapıları ve (henüz bilincinde olmadığımız) dini *değerleri*, özellikle de evrende, daha anlamlı ve mevsuk bir beşeri varlığın dini boyutlarının yeniden bulunup ortaya çıkartılması (tabiatın keşfi, yasaksız seks âdetleri, sosyal ve ihtiraslı projelerden bağımsız bir şekilde 'şimdiki zamanda yaşamak' vs.) daha çok önem taşımaktadır.

Kutsalın bu şekilde keşfedilişlerinin çoğu, Hıristiyanlığın zaferinden sonra kaybolan, sadece Avrupa köylülerinde yaşama şansı bulan kozmik bir din tipine işaret etmektedir. Hayatın ve tabiatın kutsal karakterinin yeniden keşfedilmesi, mutlaka bir Paganizme veya Putperestliğe dönüşü göstermez.

Güneydoğu Avrupa köylülerinin **Kozmik Dini**, her ne kadar Puritanistlere göre bir Paganizm şekli olsa da bu, kozmik bir Hıristiyan liturjisidir. Buna benzer bir gelişme, ortaçağ Yahudiliğinde de meydana gelmiştir. Hahamların reformundan sonra kaybolmuş gibi görünen "**Kozmik Kutsallık**", Kabala sayesinde korunabilmiştir.

Bütün bunları söylerken niyetim, çok yeni olan bazı gençlik kültür hareketlerinde ki gizli Hıristiyan karakterlerini ispat etmek değildir. Burada belirtmek istediğimiz şey, dini kriz döneminde bu krize getirilecek olan yaratıcı yorumlarda acele etmememiz gerektiğidir. Ayrıca, tamamen yeni olan kutsalın tecrübesinin ifadeleri olacak olan şey de, önceden tahmin edilemez. "**Eksiksiz İnsan=Mükemmel İnsan,**" hiçbir zaman tamamen kutsaldan uzaklaşamaz ve kutsaldan tam olarak uzak kalması konusunda şüphe edilir. Sekülerleşme, belki bilinçli hayat seviyesinde başarılı olmuştur. Yani, eski teolojik kavramlar, dogmalar, inançlar, kurallar, müesseseler vs. gitgide anlamını kaybetmiştir. Fakat hiçbir normal insan, sadece bilinçli rasyonellikle yaşayamaz ve onunla sınırlandırılamaz. Çünkü modern insan da hayal görür, âşık olur, müzik dinler, tiyatroya gider, film seyreder, kitap okur. Kısaca o, sadece tarihi ve doğal bir dünyada yaşamıyor aynı zamanda varoluşsal, özel hayali bir dünyada da yaşıyor. İşte bu özel ve hayali dünyaların, dinsel yapılarını bulup ortaya çıkaracak olanlar, Dinler Tarihçiler ve Din Fenomenoglarıdır.

Bu konuda, bu kitapta geliştirilen fikirleri burada tekrar etmek faydasız olacaktır. Özetle, **Arkaik ve Egzotik** dinleri tahlil etmeye gösterilen ilgi, bu dinlerin tarihi önemleriyle sınırlı değildir. Felsefeci, İlahiyatçı ve Edebiyat Eleştirmeni, bu unutulmuş, ihmal edilmiş anlamlar dünyasının keşfinden aynı şekilde yarar sağlayabilirler. İşte bu nedenle, daha az bilinen dinlerden elde edilen birtakım dokümanları, takdim ve tartışmaya teşebbüs ettim. Üç tek Tanrılı Dinin, Budizm ve hatta Hint Dini felsefelerinin anlaşılmasında son zamanlarda çok önemli ilerlemeler kaydedilmiştir. Bu konu ile ilgilenen okur, bu konulara tahsis edilmiş tanınmış eserleri bulmakta güçlük çekmeyecektir.

Bu kitapta toplanmış olan denemeler, sahanın uzmanları için değil, "**Dürüst İnsan**" ve "**Akıllı Okur**"lar için yazılmıştır. Bu nedenle, Dinler Tarihi uzmanları, Antropologlar veya Şarkiyatçıların aşina olduğu, ama uzman olmayan okura yabancı olan birtakım isimleri zikretmekte tereddüt etmedim. Yine de, Batı Dünyası ile meçhul veya az bilinen anlamlar dünyasının karşılaşmasından "**Yeni Bir Hümanizm**"/Yeni insanî bir Fikir hareketi'nin, ortaya çıkabileceğini ümit etmekteyim. Önceki yayınlarım gibi bu "**Denemeler**" de, Dinler Tarihinin kutsallığını kaybetmiş bir toplumda oynayacağı kültürel role, işaret etme niyetini taşımaktadır. Yine bu denemeler Kutsalın ve onların tarihi tezahürlerinin sistematik bir yorumunun gelişmesini de hedeflemektedir.

Bu kitaptaki denemelerin birçoğu başka yerlerde yayımlanmıştır. Fakat yeni düzeltmeler de yapılmıştır. Bu konuda özellikle üç öğrencime minnettarım. Üçüncü bölümü İngilizceye çeviren Harry Partin'e, beş, yedi ve sekizinci bölümleri gözden geçiren Alfred Hiltebeitel'e ve yayıma hazırlayan Norman Girardot'a teşekkür ediyorum.

Mircea Eliade
Chicago Üniversitesi
Temmuz, 1968

İÇİNDEKİLER

TERCÜME EDENİN ÖNSÖZÜ 7
YAZARIN ÖNSÖZÜ 11
İÇİNDEKİLER 17

I. YENİ BİR HÜMANİZM/YENİ İNSANÎ BİR FİKİR HAREKETİ 21

II. 1912 YILI SONRASI DİNLER TARİHİ'NİN GEÇMİŞİNE BİR BAKIŞ 35
    Dine, Sosyolojik Yaklaşımlar 39
    Derinlik Psikolojisi ve Dinler Tarihi 44
    Rudolf Otto 49
    Wilhelm Schimidt'in *Ursprung Der Gottesidee*'sin'den Sosyal
    Antropolojiye 50
    Pettazzoni ve Dinin Bütüncül İncelenmesi 55
    Mitoloji ve Ritüel Ekol 59
    Georges Dumézil ve Hint-Avrupa Dinleri 61
    Van der Leeuw ve Din Fenomenolojisi 64
    Fenomenologlar ve Tarihselciler 65

III. DİN'İN KÖKENLERİNİ/KAYNAĞINI ARAMA 67
    En Eski Bir Vahiy/İlk Vahiy 67
    Karşılaştırmalı Dinler Tarihinin Başlangıcı 70
    Materyalizm, Spiritism, Teozofi 74
    Köken Takıntısı/Menşe Saplantısı 76
    Göksel Tanrılar ve Tanrı'nın Ölümü 80
    Tarihsellik ve Tarihselcilik 85

IV. KRİZ VE DİNLER TARİHİ'NİN YENİLENMESİ 89
    İkinci Rönesans 90
    Eksiksiz ve Bütüncül Bir Yorumbilim Bilgisi 93

"Erginlenme"Töreni veya Kendine Yabancılaşma 96
Yorumbilim ve İnsanın Değişimi 98
Dinler Tarihi ve Kültürel Yenileşme 101
Karşı Fikirler/İtirazlar 104
Demistifikasyon/Gizemden Arındırma Yanılgısı 107

V. KOZMOGONİK MİTOLOJİ VE "KUTSAL TARİHİ 111
Yaşayan Mitoloji ve Dinler Tarihçileri 111
Kozmogonik Mitolojinin Anlamı ve Görevi/İşlevi 117
İlk Başlangıç ve Bütünlük 121
Büyük Ata ve Mitolojik Atalar 123
İki Başlangıç Tipi 129

VI. CENNET VE ÜTOPYA: MİTOLOJİK COĞRAFYA VE ESKATOLOJİ 131
Mesihcilik "Modası" 131
Yeryüzü Cennetlerini'nin Aranışı 134
Güneş Sembolizmi 135
Amerika Cenneti 138
Hıristiyanlığın Başlangıcına Dönüş 140
Amerikan Yaşam Tarzının Dinî Kökenleri 143
Amerikalı Yazarların Âdem'e Duydukları Özlem 145
Kaybolmuş Cennet Arayışında Guaraniler 148
Dünyanın Sonu 151
Kötülüğün Olmadığı Topraklar 155
Tanrılara Giden Yol 158
Guarani Mesihçiliğinin Kaynağı 159

VII. ERGİNLENME TÖRENLERİ VE MODERN DÜNYA 161
Ergenlik Törenleri 163
Gizli Cemiyetler 164
Şamanlar ve Şifacılar 165
İlkellerdeki Erginlenme Törenleri Üzerine Yeni Araştırmalar 166
Sır Dinleri; Hint-Avrupa Gizli Dernekleri 169
Sözlü Edebiyatta Erginlenme Şekilleri 172
Psikanalistlerin ve Edebiyat Eleştirmenleri'nin Katkıları 175

Modern Dünya İçin Erginlenmenin Anlamları 177

VIII. DİNİ DÜALİZM KONUSUNDAKİ AÇIKLAMALAR: DYADLAR/ÇİFTLER VE KUTUPLAŞMALAR 181

Bir Problemin Tarihi 181
Tarihselcilik ve İndirgemecilik 185
Kutsallaşmanın İki Türü 188
Güney Amerikalı Kutsal İkizler 190
Kogilerde Karşıtlık ve Tamamlayıcılık 194
Savaş ve Uzlaşma/Barış: Mänäbush ve Şifalı Kulübe 198
Gök-Tanrı ve Kültür Kahramanı 202
İrokuois'larda Düalizm/İkicilik: Mitolojik İkizler 204
Kült: Karşıtlık / Antagonizm Ve Münavebe/Değişim 206
Pueblolar: Karşıt ve BirbiriniTamamlayan Tanrısal Çiftler 209
Kaliforniya Kozmogonik Mitolojileri: Tanrı ve Düşmanları 212
Trickster/Düzenbaz/Coyote 216
Bazı Açıklamalar 218
Endonezya Kozmolojileri: Antagonizm/Karşıtlık ve
Bütünleşme 220
Kozmogoni, Ritüel Yarışmaları ve Söz Düellosu: Hindistan
ve Tibet 225
Devalar ve Asuralar 228
Mitra - Varuna 229
Karşıtlık ve Zıtların Birliği (Coincidentia Oppositorum) 231
Yang ve Yin 233

SONUÇ **237**

I.

YENİ BİR HÜMANİZM/YENİ İNSANÎ BİR FİKİR HAREKETİ

Bugün sahip olduğumuz birçok Dinler Tarihi el kitaplarına, süreli yayınlara ve bibliyografyaya rağmen, Dinler Tarihinin tüm alanlarında gerçekleşen gelişmeleri takip etmek gittikçe güçleşmektedir.[7] Netice itibarı ile de her geçen gün Dinler Tarihçisi olmak da zorlaşmaktadır. İşte bunun için Dinler Tarihi uzmanlarının, bir dinin veya bu dinin sadece özel bir yönünün yahut belli bir döneminin uzmanı olmaya yöneldiklerini üzüntü ile müşahede etmekteyiz.

İşte bu durum bizi, yeni bir süreli yayın çıkarmaya sevk etmiştir.[8] Bunun için amacımız, sadece uzmanlara yeni eleştiri metinlerini sunmak değil (Gerçi Amerika'da böyle bir süreli yayının olmayışı, bu teşebbüsü haklı çıkarmaya yeterdi) bilakis, sürekli genişleyen bir alanda bir yönlendirme vasıtası sağlamak ve genelde, diğer disiplinlerdeki gelişmeleri takip etmeyen uzmanlar arasında bir görüş alışverişi temin etmektir. Bu yönlen-

---

[7] Almanca *Religionswissenschaft* kelimesi, Türkçe'ye zor çevrebilen bir kelimedir. Bunun karşılığında, en geniş anlamda, sadece tarih değil, aynı zamanda dinlerin karşılaştırmalı incelemesini, morfolojisini ve dini fenomenolojiyi de içine alan bir kelime olarak "Dinler Tarihi" terimini kullandık.

[8] *History of Religions: An International Journal for Comparative Historical Studies* (Mircea Eliade, Joseph M. Kitagawa ve Charles H. Long, tarafından yayımlanmıştır, Chicago-1961.)

dirmenin ve bu görüş alışverişlerinin Dinler Tarihinin bazı anahtar problemlerini ilgilendiren konularda kaydedilen en yeni gelişmelerin özetlerini, metodolojik tartışmaları ve dini verilerin yorumunun ıslahını hedef alan bir takım denemeleri incelemekle mümkün olabileceğini ümit etmekteyim

Bizim araştırmalarımızda yorumun üstün bir yeri vardır. Çünkü bu, Dinler Tarihinin en az gelişmiş yönüdür. Çoğu zaman dini verilerin toplanması, yayımlanması ve analiz edilmesi gibi acil işler olarak kabul ettikleri şeylerle meşgul ve kafası karışmış olan Dinler Tarihi uzmanları, bu dini verilerin anlamını incelemeyi çoğu zaman ihmal etmişlerdir. Oysa bu veriler de muhtelif dini tecrübelerin anlatımından başka bir şey değillerdir. Aslında bunlar da tarih boyunca insanlar tarafından üstlenilen inançların birtakım pozisyon ve durumlarını temsil etmektedirler. Dinler Tarihçisi, bir dini formun tarihini ortaya koyduğunda veya onu sosyolojik, ekonomik, politik muhtevası ile sergilediğinde, hoşuna gitse de gitmese de eserini tamamlamış olamaz. Çünkü bu dini formdaki mânâyı da anlamak zorundadır. Yani, tarihin muayyen bir döneminde bu dini formun zaferini veya zuhûrunu mümkün kılan pozisyonu ve durumları aydınlatmak ve onların hüviyetini de tespit etmek zorundadır.

Dinler Bilimi ancak bu yapıldığı ölçüde (özellikle dini belgelerin anlamını modern insanların anlayabileceği şekle sokarak) gerçek kültürel işlevini gerçekleştirecektir. Çünkü geçmişteki rolü ne olursa olsun, "**Dinlerin Karşılaştırmalı İncelenmesi**", doğrudan, gelecekte çok önemli bir kültürel rol îfa etmeye yönelecektir. Birçok defa belirttiğimiz gibi, zamanımız bizi, elli yıl önce hayal bile edemediğimiz bir takım gelişmelere götürmektedir. Çünkü bir taraftan Asyalı Halklar, yeni yeni tarih sahnesinde görünürlerken; diğer yandan "**İlkeller**" denilen halklar, şimdiye kadar benimsedikleri "**Pasif Rol**" yerine, tarihin "**Aktif Sujeleri**"/özneleri olma istikametinde "**Büyük Tarih**"in ufkunda görünmeye hazırlanmaktadırlar. Şayet, Batı Toplumları yegâne tarih yazan/yapan devletler olarak kabul edilmemiş olsalardı, onların manevi ve kültürel değerleri bu imtiyazlı mevkiden yararlanamayacaklardı. Bunun için Batılı Toplumlar, birkaç nesil bu tartışmasız otorite durumlarından faydalanmışlardır.

Şimdi ise Batının bu değerleri, Batılı olmayanlar tarafından tahlil ve mukayese edilerek yargılanıyor. Diğer yandan, Batılılar da arkaik dünyanın, Asya'nın ruhiyatını daha iyi anlamaya, tahlil etmeye ve incelemeye her geçen gün biraz daha fazla yöneliyorlar. Şüphesiz bu keşifler ve bu temaslar, diyalog içinde sürüp gitmelidir. Fakat bu diyalogun verimli ve gerçeğe uygun olması için, Ampirik ve çıkarcı ifade ile sınırlandırılmaması gerekir. Gerçek diyalog, diyaloga her katılanın kültürünün merkezi değerleri üzerine oturtulmalıdır. Öyleyse bu değerleri doğru şekilde anlamak için, onların dini kaynaklarını bilmek gerekliliği vardır. Çünkü sadece Avrupalı olmayan kültürler değil, Doğu Kültürleri kadar İlkel Kültürler de çok zengin dini bir maya ile beslenmektedir.

İşte bundan dolayı, Dinler Tarihinin, çağdaş kültürel hayatta çok önemli bir rol oynayacağını düşünüyorum. Bunun nedeni, sadece Arkaik ve Yabancı Dinlerin anlaşılmasının, bu Din Temsilcileri ile girişilecek diyalogda manidar bir yardım sağlayacak olmasından değil; bilhassa Dinler Tarihçisinin, incelediği belgelerin ifade ettiği varoluşsal durumları anlamaya çalışarak, insanın daha derin bilgisine ulaşacak olmasındandır. İşte, dünya çapındaki bir Humanizm/Evrensel İnsanî Düşünce, böyle bir bilgi temeli üstünde gelişebilecektir. Dinler Tarihinin, böyle bir Hümanizmin oluşmasına, birincil derecede önemli bir katkı sağlayıp sağlayamayacağı sorgulanabilir. Çünkü böyle bir sorgulama, bir yandan Dinlerin Karşılaştırmalı ve tarihi olarak incelenmesi, bilinen bütün kültürel şekilleri; hem etnolojik kültürleri hem de tarihte önemli rol oynayan başlıca kültürleri kucaklarken; diğer yandan da bir kültürün dini ifadelerini inceleyerek, Dinler Tarihçisinin, konuya sadece politik, ekonomik, sosyolojik olarak değil; aynı zamanda kültürün içinden yaklaşmasını sağlamış olarak incelemesiyle bu soruya cevap verilebilir. Aslında Dinler Tarihçisi, Batı İnsanının alışık olmadığı birçok durumu, gün ışığına çıkarmak durumdadır. İşte bu alışık olunmayan durumların anlaşılması iledir ki, "**Kültürel Taşralılık**" aşılmış olacaktır.

Burada söz konusu olan, sadece ufkumuzu genişletmek, statik olarak "**İnsanın Bilgisini**" artırmak değildir. Burada söz konusu olan "**Başka**" ları ile (yani, muhtelif arkaik ve yabancı toplumlardan olan insanlarla) karşılaşmadır. Bu karşılaşma, kültürel planda uyarıcı ve verimlidir. İşte bu, yaratıcı olan yorumun kişisel deneyimdeki yaratıcılığını tetikleyecektir. Dinler Tarihinin gelişmesi ile mümkün hale gelen keşiflerin ve raslantıların, Batı Kültürünün geçmişindeki bazı meşhur keşiflerle mukayese edilebilen bir takım yankılara sahip olması, imkân dâhilindedir. Meselâ bu konuda, Batı Estetiğini yeniden canlandıran yabancı ve ilkel sanatların keşfini örnek verebiliriz. Yine özellikle insanı anlamamız konusunda, yeni perspektifler açan psikanaliz keşiflerini söyleyebiliriz. Her iki halde de "**Alışılmış Kategorilere**" indirgenemeyenlerle, "**Bilinmeyen**, "**Yabancı**" ile -kısacası- "**Tamamen Bir Başkası**"[9] olan yabancı ile karşılaşma söz konusudur. Yine de "**Başkası**" ile olan bu temas, risksiz/tehlikesiz değildir. Modern sanat hareketlerine ve derinlik psikolojisine karşı başlangıçta olan mukavemet, buna açık bir örnektir. Bu reaksiyonun sebebi ise, kolayca anlaşılabilir: Çünkü başkalarının hayatını tanımak bizi, "**İzafiyetçiliğe**" veya resmi kültürel

---

[9] Rudolf Otto, "**kutsal,**"1 "**Das Gnaz Andere=Tamamen farklı** olarak belirtmiştir. Dini olmayan bir plan üzerinde vuku bulmalarına rağmen, ruhun derinlikleri, psikolojisi ve modern sanat tecrübelerinin istikamet gösterdiği "tamamen başkası" ile karşılaşmalara, Din dışı tecrübeler olarak bakılabilir.

dünyanın tahribine götürebilmektedir. Kubizmin veya Sürrealizmin sanatsal yaratılışları benimsendiğinde ve toplum tarafından özümsendiğinde de, yaratıcı Batının estetik dünyasında yeni şeyler meydana getirmiştir. Aynı şekilde, Préanalytique (**Tahlil Öncesi**) insanın yaşadığı dünya da, Freud'un keşiflerinden sonra, ümitsizliğe düşmüştür. Fakat bu tahripler de Batının yaratıcı dehasında yeni ufukların açılmasına sebep olmuştur.

Kendilerinden farklı insanların pozisyonlarını anlamak için Dinler Tarihçilerinin karşılaştıkları bugünkü durum, onlara sınırsız imkânlar sunmaktadır. Yontma Taş Devri avcısının veya Budist rahibinin tecrübelerine kadar, oldukça farklı bir takım tecrübelerin, modern kültürel hayat üzerinde hiçbir tesirinin olmayacağına inanmak zordur. Muhakkak bu tür karşılaşmalar, Dinler Tarihçisinin, saf bilgi dönemini aştığı zaman yani başka bir deyimle, dokümanlarını topladıktan, tasvir ve tasnif ettikten sonra, belgeleri kendi referansları içinde anlamaya çalıştığı zaman, ancak kültür yönünden yaratıcı olacaktır. Bu durum ise, bilginin değerini hiç bir zaman düşürmeyecektir. Ancak, şurası kesindir ki, sadece bilgiye ulaşmak, Dinler Tarihçisinin bütün işini bitirdiği anlamına gelmez. Meselâ, XIII. Yüzyıl İtalya ve **Florentine Kültürüne dair bilgi ve Ortaçağ Felsefesinin ve İlahiyatının incelenmesi** ve **Dante'nin hayatının bilgisi**, *İlahi Komedya*'nın sanat değerini ortaya koymaya yetmez. Genelde böyle herkesin bildiği şeyleri tekrar etmeme gerek yok. Ama ne yazık ki, Dinler Tarihçisinin görevinin, bir Dinin kronolojik gelişmesini, sosyal, ekonomik veya politik muhtevasını ortaya koyduğunda da, tamamlamadığı yeterince dile getirilmiyor. Fakat her beşeri Fenomen gibi, Dini Fenomen de son derece komplekstir. Ondaki bütün anlam ve değerleri kavramak için Dini Fenomeni birçok yönden ele almak gerekmektedir.

Dinler Tarihçilerinin, meslektaşları olan Edebiyat Tarihçileri veya Edebiyat Eleştirmenlerinin tecrübesinden en mükemmel şekilde istifade edememiş olmalarını görmek gerçekten üzücü bir durumdur. Çünkü bu disiplinlerdeki gelişmeler, Dinler Tarihçilerinin, talihsiz yanlış anlamalardan sakınmalarına yardımcı olabilirdi. Artık, bugün Edebiyat Tarihçisinin, Edebiyat Sosyologunun, Eleştirmenin ve Estetikçinin eseri arasında bir devamlılığın ve dayanışmanın var olduğu bilinen bir gerçektir. Meselâ, Balzac'ın eserini anlamak, XIX. Yüzyıl Fransa Cemiyet hayatının ne olduğu veya bu devrin tarihi (kelimenin en geniş anlamı ile politik, ekonomik, sosyal, kültürel ve dini yanı) bilinmeden anlaşılması zor olsa da; Balzac'ın *İnsanlık Komedyası*'nın sadece basitçe tarihi bir doküman seviyesine indirenemiyeceği de doğrudur. Çünkü bu eser, istisnai bir şahsiyetin eseridir. İşte bunun içindir ki, Balzac'ın hayatı ve psikolojisi bilinmek zorundadır. Şüphesiz bu dev eserin hazmedilir hale gelmesi için de kendi içinde incelenmesi gerekmektedir. Yani, yazarın hammadde ile yaptığı savaşına veya yaratıcı zekânın deneyime dayalı veriler üzerindeki zaferine derinden bakmak gerekir. Edebiyat tarihçisi işini bitirince, geriye yorum çalışması kalmaktadır. İşe bu noktada, Edebiyat Eleştirmeni müdahale edecektir. O ise bu eseri, kendi yapılarına ve kanunlarına sahip olan bağımsız bir dünya olarak ele alacaktır. Ama yine de eleştiri işi, (en azından şairlerin durumunda) konuyu bitirmez. Çünkü şiir dünyasının değerlerini açıklamak ve onları bulup ortaya çıkarmak, estetikçiye ait bir iş olacaktır. Bunun için, edebi bir eserin ancak Estetikçi son sözünü söylediği zaman açıklanmış olacağını acaba söyleyebilir miyiz? Büyük yazarların eserlerinde daima gizli bir mesaj vardır ve bunun anlaşılması da felsefe alanında mümkün olabilir.

Edebi eserlerin yorumu konusundaki sunduğum bu birkaç görüşten dolayı, bağışlanacağımı umarım. Bunlar, şüphesiz yeterli değildir.[10] Fakat bu edebi eserleri okuyanların, bunların karmaşıklığından birkaç istisna hariç, bunlar, bu eserleri, şu veya bu kökene indirerek açıklamaya çalışmadıklarını göstermeye, yeterli olduklarına inanıyorum. Meselâ, çocuklukla ilgili zedelenmeye, kazaya uğramalarına, ekonomik, sosyal veya politik durumlara indirerek bu eserleri açıklamamışlardır. Sanatsal eserler de böyledir. Pek tabii ki burada sadece sanatsal yaratılışları zikretmiş olmam da sebepsiz değildir. Çünkü belli bir görüş açısından **Sanat Dünyası**, **Din Dünyası** ile kıyaslanabilinir. Her ikisinde de "**Kişisel Tecrübeler**" (bir yandan şairin, onun okuyucusunun sanat tecrübesi, diğer yandan dini tecrübe) "**Kişiler Ötesi Realiteler**" (bir müzedeki sanat eseri, bir şiir, bir senfoni, Tanrısal bir figür, bir kural ve bir mitoloji vs.) ile karşı karşıyayız. Bunun için, bu Dini ve Sanat realitelerinin ne manaya geldiği üzerinde enine boyuna tartışmak mümkündür. Fakat bir nokta, çok kesin görünmektedir. O da Sanat Eserlerinin de tıpkı Dini Veriler gibi, kendilerine has bir referans düzlemi üzerinde, kendi dünyalarında var oluşları söz konusudur. Bu iki dünyanın, doğrudan tecrübe edilebilen fiziki dünya olmaması, gerçek dışı oldukları anlamına gelmez. Aslında o kadar gerekli olmadığı halde bu problem, burada yeterince tartışılmıştır. Ancak yine de bir gözlemimi paylaşacağım: Sanat Eseri ancak bağımsız bir yaratılış olarak kabul edildiği takdirde, anlamını gösterebilir. Yani varlık şeklini (sanatsal yaratılış şeklini) kabul ettiğimiz ve yapıcı unsurlarından birine (mesela, bir şiirde ses, kelime, dil ile ilgili yapı birer yapıcı unsurdur) veya daha sonraki

---

[10] Mesela, eserin, halkın bilincinde veya "bilinç dışında" geçirdiği değişkenliği de hesaba katmak gerekir. Bir edebi eserin gelişmesi, kabulü ve yayılması birtek disiplinin kendi başına çözemeyeceği birtakım problemler arzeder. Sosyologlar, tarihçiler, ahlakçılar ve psikologlar, *Werther*'in başarısını ve *The Way of All Flesh*'in başarısızlığını, *Ulysses* gibi oldukça zor bir eserin en azından yirmi yılda popüler hale gelmesini, *Senilita* ve *Coscienza di Zeno*'nun ise hala meçhul kalma olayını anlamak için, bize yardım edebilirler.

kullanımlarından birinin tekeline girmediğimiz sürece, gerçek anlamını gösterebilir (mesela, politik bir mesaj getiren veya sosyolojik, etnolojik bir doküman olarak kullanılan bir şiir gibi).

İşte aynı şekilde bir Dini Veri de derin anlamını ancak kendine has referans düzleminde araştırıldığı zaman gösterebilir. Onun ikinci derecedeki yönleri üzerinde durulduğu takdirde, kendine has olan derin anlamı gösteremez. Bu konuda, aşağıdaki misali verebilirim: Eski koloni milletlerinde mevcut olan modern mesihî ve milenarist/bin yılcı hareketler gibi sosyolojik şartlarla yakından ve açıkça alakalı dini olaylara az rastlarız. Yine de, bu mesihî hareketleri mümkün kılan ve hazırlayan şartların analizi ve tespiti, Dinler Tarihçisinin işinin sadece bir kısmını teşkil eder. Çünkü bu hareketler, insan ruhunun yarattığı hareketlerdir. Yani bu hareketler, ruhun yaratıcı faaliyeti ile birtakım dini hareketler haline gelmişlerdir. Onlar, ruhsal yaratıcılıkla birtakım dini hareketler haline gelmişlerdir. (Bunlar sadece fertlerin bir protestosu ve isyanından ibaret değildir). O halde özet olarak diyebiliriz ki, ilkel mesihî bir hareket gibi bir **Dini Olay** da *İlahi Komedya* gibi incelenmelidir. Yani, bütün bilgi ve ilim vasıtalarını kullanarak (burada Danté konusunda yukarıda söylediklerimizi yeniden tekrar etmek istemiyoruz. Ancak başlıca kelime bilgisi, sözdizimi, dini ve politik fikirler yönünden) incelemek gerekir. Çünkü eğer Dinler Tarihi, gerçekten yeni bir humanizmin doğuşunu ortaya koymayı arzu ediyorsa; tüm bu İlkel Dini hareketlerden, manevi yaratılış olarak bağımsız bir değeri ortaya çıkarmak görevi o na düşmektedir. Bu ilkel dini hareketlerin sosyo-politik muhtevaya indirilerek açıklanması, onların yeterince yüce olmadığını kabul etmek anlamına gelmektedir. Yani, Aziz François'nın Liorettisi[11] veya

---

[11] Aslında, muhtelif indirgemecilik teorilerinin altında, Batılı bilginlerin üstünlük kompleksi yatmaktadır. Bilim, sadece Batılı bir buluş olarak, ruhsallık ve kültürün sırlarından arındırılma sürecine karşı çıkacağından şüpheleri yoktu..

Danté'nin *İlahi Komedya*'sı gibi, insan dehasının ürünü olarak ele alınacak kadar asil olmadıklarını kabul etmek demektir. İşte bunun içindir ki, oldukça yakın bir gelecekte, eski koloni milletlerinin aydınlarının, sosyal bilimlerin birçok uzmanını, Batı kültürünün kamufleli savunucuları olduklarını mütalaa edecekleri beklenebilir. Gerçekten, ilkel Mesihî hareketlerin sosyo-kültürel karakteri ve kökeni konusunda bu bilginlerin bu kadar ısrar etmeleri; onların da Batının büyüklük kompleksliğinin varlığından kuşkulanıyor olabilirler. Çünkü bu, bu tür dini olayların, bir Joachim de Flore veya bir Aziz François'ın, sosyo-politik konjonktür karşısındaki hürriyeti seviyesine bile yükselemeyecekleri kanaatine sahip olmak şüphesinde olduklarını gösterir.

Şüphesiz bu durum, bir Dini Fenomenin, kendi tarihi dışında yani sosyo kültürel bağlamının dışında ve tarihin dışında anlaşılabilir olduğu anlamına da gelmez. Yani, kendi kültürel ve sosyo-ekonomik bağlamının dışında, tarihin dışında **"Saf bir dini olgu/Fenomen"** mevcut değildir. Çünkü hiçbir "İnsanî Olgu/Fenomen" yoktur ki, aynı zamanda "Tarihi Olgu/Fenomen" olmasın. Her Dini Tecrübe, özel bir tarihi bağlam içinde ifade edilmiş ve nakledilmiştir. Fakat "Dini Tecrübelerin" tarihiliğini kabul etmek demek; onları **"Dini olmayan bir takım davranış şekillerine"** indirmek anlamına da gelmez. Yani, bir dini verinin, daima bir tarihi veri olduğunu benimsemek, onu sadece dinsel olmayan ekonomik, sosyal veya politik bir tarihe indirgemek demek değildir. Modern ilmin aşağıdaki temel prensiplerinden birini asla göz ardı etmemeliyiz: **"Olguları meydana getiren, süreçtir."** Başka bir eserimde[12] hatırlattığım gibi Henri Poincaré alay/ironi niyeti olmadan şöyle sorar: **"Bir fili sadece mikroskopta incelemiş bir doğa bilimci için, fili yeteri kadar tanıyor diyebilir miyiz?"** Mikroskop, bütün çok hücreli orga-

---

[12] Traité d'histoire des religions (Paris-1949), p. 11. İngilizce çevirisi: *Patterns in Comparative Religion* [New York, 1958]

nizmalardaki benzer mekanizma ve yapı olan hücrelerin mekanizmasını ve yapısını ortaya koyabilir. Şüphesiz fil de çok hücreli bir organizmadır. Ancak file ait edinilebilecek tüm bilgi bundan mı ibarettir.? Mikroskobik olarak bu durum böyle olabilir ve soruyu cevaplamakta tereddüt edebiliriz. Ancak fili, zoolojik bir olgu olarak ele aldığımızda, soruyu cevaplamakta bir tereddütle karşılaşmayız.

Yine de burada bir Din Bilimi Metodolojisi geliştirmek niyetinde de değilim. Çünkü Metodoloji problemi, birkaç sayfada işlenemeyecek kadar komplekstir.[13] Fakat *homo religiosus'un* [Dindar Adam'ın] "**mükemmel insanı**" temsil ettiğini tekrar etmekte yarar görüyorum. Netice olarak, **Din Bilimi** de tam bir disiplin olmalıdır. Yani Dini Olgunun/Fenomenin, muhtelif yaklaşım metodları ile elde ettiği sonuçları kullanmalı, bütünleştirmeli ve birleştirmelidir. Çünkü belli bir kültür içindeki bir Dini Olgunun anlamını kavramak ve neticede onun mesajını ortaya koymak yeterli değildir (zira her dini olgu bir şifre teşkil etmektedir). Ayrıca onun tarihini de incelemek ve anlamak gerekmektedir. Yani, onun geçirdiği değişikliklerdeki aşamaları çözmek ve neticede bütünlüğü içinde kültüre katkısını ortaya koymak da gerekecektir.

Son yıllarda bazı bilginler, Dinî Fenomenoloji, Dinler Tarihi[14] alternatifini aşma gereğini duymuşlar ve bu iki Entellektüel

---

[13] Önceki eserlerimde bu konuda, giriş niteliğinde bazı öneriler bulunabilir. Özellikle bkz: *Traité d' Histoire des Religions*, s. 11-46; *Images et Symboles* (Paris, 1951), s. 33-52, 211-235; *Mythes, Rêves et Mystéres* (Paris, 1957), s, 7-15, 133-164; *Méphistophes et l' androgyne* (Paris, 1962), s. 238-268.

[14] Dinî Fenomenoloji ve Dinler Tarihi terimleri burada en geniş anlamda kullanılmışlardır. "Fenomenoloji" dini verilerin yapılarını ve anlamlarını inceleyen bilginleri ihtiva eder. "Tarih" ise dini olguları kendi tarihi muhtevaları içinde anlamaya çalışanları ihtiva eder. Aslında, bu iki yaklaşım arasındaki fark oldukça belirginleşmiştir. Bunun için Fenomenologlar ve Dinler Tarihçileri olarak adlandırdığımız grupların içinde belli miktarda farklılıklar da vardır.

faaliyetin birlikte uygulanabileceği daha geniş bir perspektife ulaşmayı arzu etmişlerdir. İşte bugün bu bilginlerin çabaları, bu Dinler Biliminin bütünleştirici anlayışına doğru yönelmiş bulunmaktadır. Şüphesiz bu iki Entelektüel yaklaşım, belli bir ölçüde farklı Felsefi tutumlara uygun düşmektedir. **Ancak Dini Yapılar ve Özü anlamaya çalışanlarla(Din Fenomenologları) tek endişeleri Dini Olgunun/Fenomenin tarihini araştırmak olanlar(Dinler Tarihçileri) arasındaki gerilimin de bir gün tamamen kaybolacağını düşünmek de biraz safça olacaktır.** Ama yine de böyle bir gerilimin, yaratıcı olduğu söylenebilir. Çünkü bu gerilim sayesindedir ki Dinler İlmi, dogmatizmden ve statiklikten kurtulacaktır.

Diğer yandan eğer "Fenomenologlar" dini verilerin anlamı ile ilgilenselerdi ve Dinler Tarihçileri de bu anlamların farklı kültürler içinde nasıl hissedildiğini, yaşandığını ve muhtelif tarihi devirlerde, tarih boyunca nasıl değiştiğini, zenginleştiğini veya fakirleştiğini göstermeye teşebbüs etmiş olsalardı; bu iki entellektüel işlemin (Dini Fenomenoloji ve Dinler Tarihi) sonuçları da, aynı şekilde Dindar İnsanın [homo religiosus] daha mükemmel bilgisine ulaşmak için daha doğru bir yol olurdu. Yine de geçmişte yapılan bir indirgemecilik içine düşmekten sakınabilirsek, bu Dini Anlamların Tarihini de daima Beşeri Ruh Tarihinin[15] bir parçası olduğunu kabul ederiz.

---

[15] Büyük dinler tarihçisi Rafaele Pettazzoni, son eserlerinden birinde buna benzer bir sonuca varmıştır. Ona göre Fenomenoloji ve Tarih birbirini tamamlamaktadır. Fenomenoloji, Etnoloji, Filoloji ve diğer Tarihi Disiplinlerden vazgeçemez. Diğer taraftan Fenomenoloji de Tarihi disiplinlerin kavrayamadıkları dinin anlamını ortaya koyar. Bu açıdan din fenomenolojisi, tarihin dinsel anlaşılmasıdır. Yani dini boyut içinde, tarihtir. Fenomenoloji ve Dini Tarih, iki ayrı bilim değil; dinlerin bütünleştirici ilminin birbirini tamamlayan iki yönüdür. Dinler İlmi kendine has inceleme konusu tarafından ona verilen iyi belirlenmiş bir karaktere sahiptir. ("The Supreme Being: Phenomenological Structure and Historical Development" *History of religions: Essays in Methodology*, ed. M. Eliade ve J. M. Kitagawa, s. 66). (Elinizdeki kitap)

Diğer beşeri disiplinler olan Psikolojiden, Sosyolojiden daha çok Dinler Tarihi, Felsefi antropolojiye bizi götürebilir. Çünkü ilerde göreceğimiz gibi, Kutsallığın evrensel bir boyutu vardır. Bunun için, kültürün başlangıcı, dini inanç ve dini tecrübelere dayanmaktadır. Üstelik köklü olarak dünyevileşmeden/Sekülerleşmeden sonra bile, bir takım sosyal, teknik, ahlaki fikirler, sanat kurumları gibi birtakım kültürel kurumların, başlangıçtaki ana dini kalıpları bilinmeden; doğru şekilde anlaşılmaları mümkün değildir. İşte bu ana dini kalıbı, birtakım kültürel gelişmeler, üstü kapalı olarak eleştirmişler, onu değiştirmişler veya bugünkü gibi bir takım seküler kültürel değerler haline getirerek, Dini Kalıplardan uzaklaştırmışlardır. İşte bunun için Dinler Tarihçisi, "Dünyadaki İnsan Varlığı"nın özel varoluşsal durumu olarak adlandırılan Dini Yapının sürekliliğinin farkındadır. Çünkü Dini Tecrübe, insanla bağlantılı ve insanın eseridir. Gerçekten insan için, kendi varlık şeklinin bilincinde olması ve dünyadaki varlığını üstlenmesi, bir dini tecrübe meydana getirmektedir.

Neticede, Dinler Tarihçisi, yorum gayreti ile birçok varoluşsal durumları yeniden yaşamaya ve çok sayıda sistematik öncesi ontolojiyi ortaya çıkarmaya zorlanmaktadır. Meselâ, Avustralyalıların dünyasındaki Varlık Şekli anlaşılmadan, Avustralya Dinlerinin anlaşıldığını söylemek mümkün olamaz. İleride göreceğimiz gibi, kültür'ün o, aşamasında bile, Varlık Biçimlerinin çokluğunun, **hem de insan olma koşulunun tekliğinin, kutsalın tarihinin sonucu olduğuna dair bir farkındalığın varlığını görürüz.**

Eğer bir araştırmacı, her dinin bir merkezi noktası olduğunu yani mitolojileri, ritüelleri ve inançları besleyen merkezi bir noktaya sahip olduğunu kabul etmezse, bu unsurların hiç bir zaman anlaşılma şansı olamaz. Zamanla dâhil olan değişiklikler, bazı durumlarda "**Orijinal Şekli**" anlaşılmaz kılsa da, Yahudilik, Hıristiyanlık ve İslamiyet gibi dinlerde bu merkezi nokta gayet açıktır. Meselâ, orijinal Hıristiyanlığa nazaran, çağdaş kilise ve Katolik ifadeler ne kadar karmaşık ve gelişmiş görünürse görünsün; Mesih olarak İsa'nın merkezi rolü Hıristiyanlıkta parlak şekilde ortadadır. Fakat bir **"Dinin Merkezi yapısı"** her zaman bu kadar açık olmamaktadır. Bazı araştırmacılar, bir toplumun yaşama biçimini hiç sorgulamadan, bir cemiyetin Dini değerlerini, moda olan bir teoriye göre açıklamaya yönelmişlerdir. İşte bunun için, üççeyrek asra yakın bir zamandan beri İlkel Dinler, zamanın hâkim teorileri olan, Animizm, Ata kültleri, Mana ve Totemizm ile açıklanmıştır. Meselâ Avustralya, Totemciliğin tipik bir vatanı olarak kabul edilmiş ve Avustralyalılara atfedilen ilkellik yüzünden Totemciliğin en ilkel dinsel yaşam şekli olduğu ileri sürülmüştür.

Hâlbuki Totemizm ismi altında toplanan muhtelif Dini İnançlar ve kavramlar hakkında ne düşünülürse düşünülsün, bir konu oldukça açıktır: **O da Totemizmin, Avustralya Dini Hayatının merkezini teşkil etmediği hususu bugün açıklık kazanmıştır.** Aksine, diğer kavramlar ve dini inançlar gibi Totemik ifadeler de tamamen kendi anlamları içinde görünürler ve tutarlı bir şekil meydana getirirler. Avustralyalıların, bulunduğunu devamlı tekrar ettikleri bu Dini Hayat merkezinin araştırılması gerekir. Yani, bu Dini Hayat merkezinin, dünyanın oluştuğu ve insanın bugünkü şeklini aldığı esrarlı ilkel devir olan "**Rüya Zamanı**"/İlk başlangıç zamanı kavramı içinde aranmalıdır. Bu konuyu, bu alana tahsis ettiğim bir başka eserimde uzun uzun tartıştığım için burada yeniden ele almayı faydasız buluyorum.[16]

Burada birçok misalden sadece biri verilmiştir. Bu da muhtemelen en açık olduğu için verilmemiştir. Çünkü Avustralya

---

[16] "Australian Religions: An introduction", *History of Religions*, cilt 6 (1966), s.108-134, 208-237.(Bu eser henüz tercüme edilmemiştir.)

Dinleri, Hint, Mısır veya Yunan Dinlerini inceleyen birinin karşılaştığı şekil değişikliklerini ve karmaşıklığını göstermez. Yinede bu örnek, bir dinin asıl merkezini yanlış yerde arama hatasının, Dinler Tarihçilerin, Felsefî Antropolojiye getirdikleri eksik katkıdan olduğunu anlamamızı sağlamaktadır. Çünkü ileride de göreceğimiz gibi bu tür bir "**eksiklik**", çok derin ve çok karmaşık bir krizi ortaya çıkarmaktadır. Fakat unutmamak gerekir ki bu krizin çözülme sürecine girdiğini gösteren birtakım işaretler de söz konusudur.

İşte bunun için, bu kitabın ilk üç bölümünde Dinler Tarihinin yenileşmesinin ve maruz kaldığı krizin bazı boyutlarını incelemeye çalışacağız.

II.

1912 YILI SONRASI DİNLER TARİHİ'NİN GEÇMİŞİNE BİR BAKIŞ

1962 Yılında *Journal of Bible Religion* yayımcıları en fazla yedi bin kelime ile son elli yılda Dinler Tarihindeki gelişmelerin bir özetini yazmaya beni davet etmişlerdi. Eski ve Yeni Ahid incelemelerinde kaydedilen gelişmeleri tartışmak, başka yazarlara ait olduğu için, bu sahalar benim çalışmamın dışında kalmıştır. İşte, bu kitabı hazırlarken daha önce yazmış olduğum bu metni, gözden geçirdim ve eksikleri tamamladım. Diğer sahalarda çalışan Dinler Tarihçileri tarafından yapılan keşiflere doğrudan bağlı olan Kutsal Kitap incelemelerinde görülen bazı eğilimlere rağmen, yazının esas plânında hiç bir değişiklik yapmadım.

Dinin Bilimsel incelemeleri tarihinde 1912 Yılı, önemli bir yıl sayılmaktadır. Gerçekten, Emile Durkheim'in *Formes élémentaires de la vie religieuse*[17] adlı çalışmasını yayımladığı ve Wilhelm Schmidt'in *Der Ursprung der Gottesidee* isimli eserinin birinci cildini tamamladığı yıl, bu yıldı. Schmidt'in bu eseri, ölümünden ancak Kırk yıl sonra tamamlanabilecektir. Nitekim son iki cilt olan XI. ve XII. ciltler, yazarın ölümünden kırk yıl sonra, 1954 ve 1955 yıllarında yayımlanmıştır. Yine Raffaele Pettazzoni'in önemli monografisi olan *La Religione Primitiva in*

---

[17] E. Durkheim, *Dini Hayatın İlk Şekilleri*, Çev. İ. Er, Türkiye Diyanet Vakfı Yayınları, İstanbul, 2009.

Sardegna adlı eserini ve C. G. Jung, *Wadlungen Und Symbole der Libido* adlı eserini 1912 Yılında yayımlamışlardı. Freud de bir yıl sonra kitap olarak yayımlanacak olan *Totem und Tabu*[18] isimli eserinin müsveddelerini yine aynı yıl gözden geçiriyordu.

Bu eserler, Dinin Bilimsel incelenmesini, hiçbiri de gerçek anlamda yeni olmayan; Sosyolojik, Etnolojik, Psikolojik ve Tarihi olmak üzere dört farklı yaklaşımla ele alıyorlardı. Bunların arasında tamamen yeni olan tek yaklaşım, **Fenomenolojik** yaklaşımdı. Bu konudaki teşebbüsler de ancak on yıl sonra meyvesini verebilecekti. Bununla beraber, Freud, Jung, Durkheim ve Schmidt, yeni metodlar uyguladıklarını ve böylece de seleflerine göre daha kalıcı sonuçlar elde ettiklerini iddia ediyorlardı. Bu yazarların hiçbirisinin; Pettazzoni hariç, Dinler Tarihçisi olmadığını belirtmek önemli bir hususturr. Ama yine de bunların Teorileri, sonraki on yılın kültürel hayatında çok önemli rol oynayacaktır. Çok az Dinler Tarihçisi, onların çalışmalarına dayanmış olsada; Freud, Jung, Durkheim ve Schmidt (özellikle ilk ikisi) geçmiş neslin düşünce yapısına çok katkıda bulunmuştur ve hâlâ da onların yaptıkları açıklamalar, uzman olmayanlar arasında belli bir öneme sahip olmaya devam etmektedir.

Bütün bu yazarlar, hipotezlerini hazırlarken olumlu ya da olumsuz olarak doğrudan doğruya seleflerine veya onların çağdaşlarına olumlu veya olumsuz bir tepki göstermişlerdir. Aşağı yukarı 1910-1912 Yıllarında **Astro-Mitolojik ve Pan-Babil** isimli **Alman Ekolleri** hemen hemen zayıflamış durumdaydı. Bu dönemdeki oldukça bol yayından [19] gelecek nesiller için belli bir

---

[18] Freud, S., *Totem ve Tabu*, Çev. K. Sel (C. Karakaya), Kabalcı Yayınevi, İstanbul, 2014.
[19] 15 Yılda bu konuda yüzden daha fazla cilt kitap ve makale yayımlanmıştır. Bu ekoller konusunda bkz: Wilhelm Schmidt, *The Origin and Growth of Religion: Facts and Theories*, Çev. H. J. Rose, Newyork, 1931, s. 91-102.**Not:**

değer ifade edecek olanlar, P. Ehrenreich'in *Die Allgemeine Mythologie und İhre Ethnologische Grundlagen* (1910) isimli eseri ile A. Jeremias'ın *Handbuch Der Altorientalischen Geisteskultur* (1913, 2 ed. 1929) isimli eseri olmuştur.

1910-1912 Yılları arasında Almanya'da Dinler Tarihine yönelik en önemli katkılar, doğrudan, dolaylı veya dolaysız olarak E. B. Taylor'un[20] Animizm Teorisine(Ruhculuk) bağlı olarak gelişmiştir. Ancak geçen otuz yıldakinin aksine, artık bu Teori, evrensel bir teori olarak kabul görmüyordu. Diğer taraftan,1900 Yılında, R. R. Marett de *Preanimistic Religion/Animizm Öncesi Din*, isimli makalesini yayımlamıştı.[21] Kısa zamanda meşhur olacak olan bu makalede Marett, dinin ilk aşamasının evrensel ruh inancı olmadığını; fakat insanüstü bir güç olan *Mana* ile karşılaşmanın meydana getirdiği mistik korku ve hayret duygusu olduğunu ispatlamaya çalışıyordu. İşte bir grup bilgin, bu teoriyi benimsemiş ve geliştirmişti. Öyle ki, *Mana* (Orenda, Wakan vs.) hemen hemen bir klişe haline gelmişti. Burada şunu belirtelim ki, çok meşhur Etnologların[22] yaptıkları eleştirilere rağmen; *Mana*'nın, dinin ilk aşamasını teşkil ettiğine, hâlâ birçok ilmi çevrelerde inanılmaktadır.

J. G. Frazer'e gelince, meşhur eseri olan *Golden Bough*[23] (2. Basım, 1900)'da büyük bir şöhrete ulaşan bir başka Animist öncesi hipotezi ileri sürmüştü. Bu bilgin, insanlık tarihinde **Bü-**

Astro-Mitolojik ve Pan Babil Ekolleri, Ortadoğu Medeniyetinin ve kültürünün, Mezopotamya Astrolojisinin ürünü olduğunu savunan ekollerdir.

[20] Mesela, A. Dietrich, *Mutter Erde* (Leipzig, 1905): L. W on Schroeder, *Mysterium Und Mimus im Rig Veda* (Leipzig, 1908); W. Bousset, *Das Wesen der Religion Dargestellt an ihrer Geschichte* (Halle, 1903); W. Wundt, *Mythus und Religion* (3. cilt, Leipiz, 1905-1909).

[21] *Folklore*, 1900, s. 162-182, Bkz. *The Threshold of Religion* (Londra, 1909) s. 1-32.

[22] P. Radin, "Religion of the Nort American Indians", *Journal of American Folk-Lore*, 27 (1914): 335-373, özellikle, s. 344; Schmidt, *Origin and Growt of Religion*, s. 160-165, M. Eliade, *Traité d'Histoire des Religions* (Paris, 1949), s. 30-33.

[23] Frazer, J. G, *Altın Dal*, Çev. M. H. Doğan, Yapı Kredi Yayınları, İstanbul, 2005.

yü'nün Dinden önce geldiği tezini ileri sürüyordu. Bu eserde Frazer, W. Mannhardt'ın,"**Bugdayların Ruhları**"konusundaki düşüncesini benimsiyor ve ölen ve dirilen **Bitki Tanrıları'nın** zengin bir morfolojisini geliştiriyordu. Frazer'in kültürel tabakalaşma[24] ve tarih ile ilgili eksikliklerine rağmen; *Golden Bough*, klâsik bir eser haline gelecek ve birçok disipline ait çok sayıdaki bilgini etkileyecektir. *Totemism And Exogamy* (4 cilt, 1906) isimli eseri ise az tanınmasına rağmen; çok önemli bir eserdir.[25] Bu eser olmasaydı, Freud, *Totem ve Tabu* isimli eserini yazamazdı

Durkheim, Freud ve Jung, özellikle de Durkheim ve Freud, Dini Hayatın başlangıcı olarak gördükleri Totemizmin önemi üzerinde ısrar ederek, büyünün önceliği ve *Mana* ile ilgili Animist öncesi tezleri benimsemişler ve geliştirmişlerdir. Devrinde kabul edilen bütün Teorileri (Tylor'un Animizmi olduğu kadar Animist Öncesi Totemizm ve Bitki Tanrıları gibi) reddeden sadece Wilhelm Schmidt olmuştur. O, bu dini şekiller içinde, dinin kaynağını veya en ilkel Dini tecrübeyi görmeyi reddediyordu. İleride göreceğimiz gibi, Schmidt, en ilkel dini hayat şekli'nin **Yüce Tanrı** inancında olduğunu belirtiyordu. Yine o, bu tarihî tezini yeni bir disiplin olan Tarihî Etnoloji sayesinde ispat edebileceğini de düşünüyordu.

---

[24] Frazer'in teorilerinin eleştirisi için bkz. Robert H. Lowie, *Primitive Religion* (New York,1924), s. 137-147; Lowie, *The History of Ethnological Theory*, (New York,1937) s. 101-104, Schmidt, *Origin and Growth of Religion*, s. 123-124; Eliade, *Traité d'Histoire des Religions*, s. 312-313; T.H. Gaster, The New Golden Bough, (New York,1959) s. XVI-XX. Önsözün de değiştirilen ve eleştirilen Frazer'in düşüncelerini özetlemiştir.; Yine, Edmund Leach ve I. C. Jarvie arasındaki tartışma için bkz. "Frazer and Malinowski", *Current Antropologhy*, 7 (1966): 560-575.

[25] Frazer bu konudaki ilk katkısını küçük bir eserinde yayımlamıştır. *Totemism*, (Edinburgh, 1887). Bunu iki önemli makale takip etmiştir: "The Origin of Totemism", Fortnightly Review (Nisan-Mayıs), 1889 ve "The Beginnings of Religion and Totemism Among the Australian Aborigines" Temmuz-Eylül, 1905.

Dine, Sosyolojik Yaklaşımlar

Durkheim için Din, Sosyal Tecrübenin bir yansımasıdır. Durkheim, Avustralyalıları inceleyerek, Totemizmin, aynı zamanda Kutsalı ve Klanı sembolize ettiğine işaret ediyordu. Böylece o, Kutsal (Ya da Tanrı) ile Sosyal Grubun bir tek şey ve aynı şey olduğu sonucuna varıyordu. Durkheim tarafından Dinin Kaynağı ve tabiatı konusunda yapılan bu açıklamalar, bazı meşhur Etnologlar tarafından şiddetle eleştirilmiştir. Meselâ A. A. Goldenweiser, en ilkel kabilelerin Toteme ve Klana inanmadıklarını ortaya koymuştur. Buna göre, Totemist olmayan halkların dinleri nereden geliyordu? Üstelik Durkheim, Avustralya Ritüel Türünün örnek teşkil ettiği kollektif heyecanda, Dini Duygunun kaynağını saptadığını iddia etmişti. Fakat o zaman da Goldenweiser, bizzat cemaatin din duygusuna yol açıp açmayacağını ve Kuzey Amerika Yerlilerinin Dinsel olmayan danslarının nasıl Dini etkinliklere dönüşmediğini soruyordu.[26] Wilhelm Schmidt'e gelince o da, Durkheim'in bilgisini Orta Avustralya Yerlilerine, özellikle Aruntalarla sınırlandırdığını, daha eski düzeyde olan ve Totemizmi tanımayan[27] Güneydoğu Avustralyalıları göz ardı ettiğini ileri sürüyordu. Robert Lowie'nin Durkheim'e yaptığı eleştiriler de bunlardan az değildi.[28]

Bütütün bu eleştirilere rağmen, Durkheim'ın *Dini Hayatın İlk Şekilleri* isimli eseri, Fransa'da belli bir değere sahip olmaya devam etmiştir. Şüphesiz bu, Durkheim'in Fransız Sosyoloji Okulunun kurucusu ve *Année Sociologique* dergisinin yayımlayıcısı olmasına dayanıyordu. Durkheim, Din ile Cemiyeti aynı görmesine rağmen *Les Formes Elementaire,* Din Sosyolojisine

---

[26] A.A. Goldenweiser, "Religion And Society: A Critique of Emile Durkheim's Theory of the Origin and Nature of Religion," *Journal of Philosophy, Psychology and Scientific Method*, 14 (1917): 113-124; *Early Civilization* (New York, 1922), s. 360. vd: *History, Psychology and Culture* (New York, 1933), s. 373.
[27] Schmidt, *Origin and Growt of Religion*, s. 115 vd.
[28] Lowie, *Primitive Religion*, s. 153, *The History of Ethnological Theory*, s. 197.

herhangi bir katkıda da bulunmuyordu. Bununla beraber, daha sonra Durkheim'in birkaç talebesi, Din Sosyolojisi alanında önemli eserler yayımlamışlardır. Bu konuda özellikle eski Çin Dininin yorumu üzerinde çalışan Marcel Granet ile[29] Grek Dini kurumları[30] konusunda incelemelerde bulunan L. Gernet'den bahsetmek gerekmektedir.

Lucien Levy Bruhl'e gelince, onun durumu daha da özeldi.[31] Gerek kabiliyet, gerekse Formasyon yönünden Filozof olan Bruhl, **İlkel Zihniyet** kavramı ile meşhur olmuştur. Levy Bruhl, "**İlkel İnsanın**" dış dünya ile bir çeşit *mistik iştirak* içinde olduğunu ve bunun için de doğru bir şekilde/mantıksal, düşünemediğini söylüyordu. Levy Bruhl, bu Mantık Öncesi zihniyet tipinin, modern bilginlere, sembollerin, mitlerin, İlkel ve Arkaik Dinlerin fonksiyonlarını ve yapısını anlamaya yardım edeceğine inanıyordu. Nitekim **Mantık Öncesi** zihniyet fikri, çok büyük bir rağbet görmüştü. Etnologlar[32] tarafından asla kabul edilmese de bu hipotez, Psikologlar ve Felsefeciler tarafından hararetle savunulmuştur. Meselâ C. G. Jung, L. Bruhl'un *Mistik İştirakinde*, kollektif bir bilinçsizliğin varlığının delillerini bulduğunu düşünüyordu. **Ancak Bruhl, hayatının sonlarına doğru bu hipotezini yeniden gözden geçirmiş ve neticede de bu**

---

[29] *La Religion des Chinois*, (Paris, 1922); *Danses et Légendes de la Chine ancienne* 2 cilt, (Paris, 1926); *La civilisation chinoise* (Paris, 1929); ve La Pensée chinoise (Paris, 1934).

[30] L. Gernet ve A. Boulanger, Le Génie Grec dans la Religion, (Paris, 1932).

[31] Lévy Bruhl, "Mantık öncesi zihniyetin varlığı hipotezini", Les Fonctions mentales dans les sociétés inférieures, (Paris, 1910) ve *La mentalité primitive*, (Paris, 1922); isimli eserlerinde sunmuştur. Fakat onun daha sonra yazdığı şu eserler de Dinler Tarihçileri için önemlidir: *L'ame Primitive* (Paris, 1927); *Le surnaturel et la naturel dans la mentalité primitive* (Paris, 1931); ve *La mythologie primitive*, (Paris, 1935).

[32] W. Schmidt, in *Anthropos*, 7 (1912); 268-269; O. Leroy, *La Raison primitive* (Paris, 1927), s. 47; Raoul Allier, *le non-civilisé et nous* (Paris, 1927); R. Thurnwald, *Deutsche Literaturzeitung* (1928), s. 486-494; Goldenweiser, *Early Civilisation*, s. 380-389; Lowie, *History of Ethnological Theory*, s. 216-221; E.E. Evanspritchard, *Theories of Primitive Religion* (Oxford, 1965), s. 78-99.

düşüncesinden vazgeçmişti. Fakat ne yazık ki, bu konudaki yeni düşüncelerini takdim etme imkânı bulamadan ölmüştü (Onun bu konudaki görüşleri ölümünden sonra M. Leenhardt tarafından 1948'de yayımlanmıştır.) Yanlış bir hipoteze dayanmış olsa da Levy Bruhl'un ilk eserleri, yine de önemlidir. Çünkü onlar, Arkaik Toplumların Spritüel yaratılışları için, ilginin artmasına çok katkıda bulunmuşlardır.

Zamanımızın en mütevazı bilginlerinden biri olan Marcel Mauss'un etkisi ise, yeterince belirgin olmamakla birlikte, daha derin ve daha yaygındı. Kurban, büyü ve temel değiş-tokuş şekli olarak **bağış üzerine** yazdıkları, Antrolopojinin klasikleri arasında sayılmaktadır.[33] Maalesef, *Opus Magnum*'u, yani *le Fait Social Total/Tam Bir Sosyal Olay ilmi* olarak kabul edilen Etnoloji üzerindeki tezini tamamlayamamıştır. Fakat onun öğretisi ve teşkil ettiği örnek, birçok Fransız Dinler Tarihçisini etkilemiştir. Bunlar arasında özellikle, Georges Dumezili ve Maurice Leenhard'ı örnek gösterebiliriz. Meselâ Maurice Leenhardt tarafından yayımlanan **Do Kamo**[34], ilkel kabilelerde görülen Ritüel ve Mitolojinin anlaşılmasına yönelik en dikkat çekici ve canlı şekilde katkıda bulunan eserlerden birisidir.

Şüphesiz burada, Fransız Afrikanistlerin eserlerinden, özellikle Marcel Griaulle ve talebelerinin eserlerinden de bahsetmek gerekecektir.[35] Griaulle, ilginç kitaplarından birisi olan ***Dieu d'Eau*'da/Su Tanrısı,** Dogonların **Ezoterik Geleneğini** takdim etmiştir. Bu kitap, "**İlkel Dinlerin**"yeniden değerlendirilmeleri yönünden önemli sonuçlar elde etmiştir. Çünkü bu kitap,

---

[33] Bu incelemelerin çoğu Claude Lévy-Strauss'un çok önemli girişi ile 1950'de Paris'te *Sociologie et Anthropologie* isimli eserde yeniden yayımlanmıştır.
[34] Maurice Leenhardt, *Do Kamo. La personne et le mythe dans le monde melanésien*, (Paris, 1947).
[35] Bkz. M. Griaule, Dieu D'eau; *Entretiens avec Ogotemmeli* (Paris, 1948); G. Diéterlen, *Essai sur la religion bambara*, (1951); E. Michael mendelson, "Some Present trends of social anthropology in France", *The British Journal of Sociology*, 9 (1958): s. 251-270.

"**Mantık Öncesi**" zihniyetten beklenilen çocuklara has saçma sapan şeylerden değil; sistematik bir düşünceye dayanan Dogonların hayret verici yeteneğinden bahsediyordu. Yine o, ilkellere dair bilgimizin eksikliğini de açıklıyordu. Zira Dogonlar, **Ezoterik Doktrinlerini**, araştırmacı Griaulle'e ancak belli bir süre aralarında ikamet ettikten sonra göstermişlerdi. O halde Griaule'un *Dieu D'Eau*'dan sonra, özellikle "**İlkel Dinlere**" dair birçok çalışmanın onların ilginç olmayan dış yönlerini yorumladıklarını ve onları takdim ettiklerini belirterek bu eserlerin birçoğundan şüphe etmeye hakkımız vardır.

Diğer Fransız Etnologlar da, Alt Kültüre sahip toplumların Dini Hayatının anlaşılmasına çok önemli katkılarda bulunmuşlardır. Bu konuda Güney Amerikalılar ve Habeşistanlılar konusundaki Alfred Metraux'un çalışmalarını ve Georges Balandier'in Afrika Sosyolojisi üzerindeki Monografilerini ve özellikle Claude Lévi-Strauss'un Totemizm, Mitolojinin Yapısı ve genelde Yabancı Düşüncenin" işlenişi gibi büyük çapta meşhur olan çalışmalarından bahsedebiliriz. Gerçekten Lévi-Strauss, "**İlkeller**" için, entellektüellerin ilgisini çekmeyi başaran tek insandır. Aynı ilgiyi, elli yıl önce Lévy-Bruhl da uyandırmıştı.[36]

Max Weber ve Ernst Troeltsch'in anladığı gibi *sensu stricto* (dar anlamı) ile Din Sosyolojisinin etkisi, Durkheim'in etkisine paralel olarak kendini göstermektedir. Ancak bu, önce Almanya ile sınırlı kalmış ve İkinci Dünya Savaşı'ndan sonra da Amerika Birleşik Devletleri'ne ve Güney Amerika'ya ulaşmıştır. Din Sosyolojisi, gerçek anlamda Fransa'ya oldukça geç girmiştir. Fakat İkinci Dünya Savaşı'ndan itibaren Fransa'da Din Sosyolojisi çok hızlı bir gelişme göstermiştir. Burada bu konuda

---

[36] Alfred Métraux, *Le Vaudou haitien* (Paris, 1958) ve *Religions et Magies Indiennes D' Ameriqué du Sud* (Paris, 1967); G. Balandier, *Sociologie actuelle de L'Afrique noire* (1955); Claude Lévi-Strauss, *Totemisme aujourd'hui* (1962), La Pensée sauvage (1962), ve *Le Cru et le cuit* (1964).

Dinin Anlamı ve Sosyal Fonksiyonu

Gabriel Le Bras'ı ve *Archives de Sociologie des Religions*'u[37] yayımlayan genç araştırmacıları zikredebiliriz. Amerika'da ise, Talcott Parsons[38], J. Milton Yinger[39] ve Joachim Wach, Din Sosyolojisine çok önemli katkılarda bulunmuşlardır. Wach, 1931'de *Einführung in die Religionssozilogie*/Din Sosyolojisine Giriş'ini ve on üç yıl sonra da *Sociology of Religion/Din Sosyolojisi* isimli önemli eserini yayımlamıştır.[40] Wach tarafından benimsenen metodolojik pozisyon, bizim konumuz açısından özel bir önem taşımaktadır. Wach, tam bir Dinler Tarihçisi, daha doğrusu Din Sosyolojisinin bir branş teşkil ettiği (Dinler tarihi; Din Psikolojisi ve Din Fenomenolojisi ile birlikte *Religionswissenschaft* (Din Bilimi) uzmanıydı. Wach, hayatı boyunca yorumbilim problemini çözmeye kendini adamış ve üç ciltlik *Das Verstehen/Anlama* (1926-1933) isimli eserini bu konuda temel eser olarak bırakmıştır. Wach, dinî hayatın sosyal düzenlenmesini ve muhtelif dini anlatımların sosyal içeriğini ciddi şekilde incelemek gerektiğine inanıyordu. Bununla beraber o, dini hayatın sosyal yapının gölgesinden başka bir şey olmadığı şeklindeki düşünceyi de red-

---

[37] Gabriel Le Bras, *Etudes de Sociologie Religieuse* 2 cilt, (Paris, 1955-1956); *Archives de Sociologie des Religions*, 1 (Ocak-Haziran, 1956) ve 13 (Ocak-Haziran, 1962); Yine bkz. *Sociologie des Religions. Tendances actuelles de la Recherche et Bibliographies* (Paris, Unesco, 1956); *Current Sociologie*, 5 s.1.

[38] Talcott Parsons, "The Théoretical Development of the Sociology of Religion" *Journal of the History of Ideas* (1944) s. 176-190; *Essays in Sociological Theory Pure and Applied* (Glencoe, Illinois, 1949).

[39] J. Mitton Yinger, "Present Status of the Sociology of Religion" *Journal of Religion*, 31 (1951); 194-210; *Religion, Society and the Individual: An Introduction to the Sociology of Religion* (New York, 1957).

[40] Joachim Wach konusunda bkz. Joseph M. Kitigawa, "Joachim Wach et la sociologie de la Religion", *Archives de Sociologie des Religion*, 1 (Ocak-Haziran, 1956); 25-40; Henri Descroche, "Sociologie et théologie dans la typologie religieuse de Joachim Wach" ibid., s. 41-63; J. M. Kitakawa'nın ("Life and Thougt of Joachim Wach") ismiyle Wach'ın ölümünden sonra yayımlanan *The Comparative Study of Religions* (New York, 1958) s. XIII-XLVII, isimli eserine yazdığı önsöz. Yine *Archives de Sociologie des Religions*, 1 (1956); 64-69 daki bibliyografyaya bakılmalıdır. J.Wach'ın sosyolojiye ait eserleri Türkçeye tercüme edilmiştir.

dediyordu. Wach, *Religionsswissenschaft(Din Bilimi)* konusunda özellikle Anglo-Sakson dünyada Din Sosyologlarının ilgisini çekmeye gayret etmişti. Ancak bunda da pek başarılı olamamıştı. Çünkü bu bilimin uzmanları, özellikle Anglo-Sakson dünyada sahip oldukları vasıtaların, dini olayları ve yapıları açıklamaya yettiğine inanıyorlardı. Pek tabii ki bu tutum, belli bir ölçüde, anlaşılabiliyordu. Çünkü her Bilgi Dalı, mümkün ölçüde geniş bir alanı içine alma çabası göstermekteydi. Diğer taraftan, son elli yıl boyunca, Sosyal Bilimler sahasında görülen önemli gelişme de, Din Sosyolojisinin bağımsız tutumunu daha da cesaretlendirmekteydi. Çünkü Din Sosyolojisi, hiç değilse Batı medeniyeti kapsamında, diğer *Religionswissenschaft/Din Bilimi* dallarından daha bilimsel, daha faydalı görülüyordu.

Ne olursa olsun, Din Sosyolojisi, genel Din Bilimine önemli katkı sağlamış ve sağlamaya da devam etmektedir. Sosyolojik veriler, bilgine, elindeki belgeleri gerçek bağlamda anlamaya yardım etmekte ve onu, dinin soyut açıklamalarına karşı korumaktadır. Aslında "**Saf Bir Din Olgusu**" yoktur. Böyle bir olgu aynı zamanda tarihi, sosyolojik, kültürel ve psikolojik bir olgudur. Eğer Dinler Tarihçisi, daima bu anlamlar çokluğu üzerinde durmuyorsa; bu, özellikle onun elde ettiği belgelerin dini anlamları üzerinde yoğunlaşma bilincinde olduğu içindir. Diğer taraftan dini hayatın yalnız bir tek yönü, anlamlı ve temel olarak kabul edilip, diğer yönleri veya fonksiyonları önemsiz yahut aldatıcı kabul edildiği zaman; asıl karışıklık ortaya çıkmış olur. İşte Durkheim ve diğer Sosyologlar tarafından uygulanan bu indirgemeci/Tek yönlü, yöntemdir. Freud ise, *Totem ve Tabu'da* daha radikal bir indirgemecilik göstermiştir.

Derinlik Psikolojisi ve Dinler Tarihi

Freud'a göre, Dinin kökeninde beşer kültürünün ve cemiyetin bir kalıntısı olan **ilkel bir cinayet** bulunuyordu. Freud, böylece

Atkinson'un görüşünü kabul ediyordu. Buna göre, en ilkel cemaatler, bir erkeğe ve belli bir sayıda kadına ve bu kadınlardan doğan erkek çocuklara sahip oluyorlardı. Bu erkek çocuklar, buluğ çağına ulaştıkları zaman, aile şefini/babalarını, kıskandıkları için, babaları tarafından kovuluyorlardı.[41] İşte Freud'a göre, kovulan bu oğullar, babalarını öldürürler, onun etini yerler ve kadınlara sahip olurlar. Freud, bu konuda şöyle der: "Burada vahşi yamyamlar söz konusu olduğu için bunda şaşılacak bir şey yoktur. Muhtemelen insanlığın ilk bayramı olan Toteme has olan bu yemek şöleni, sosyal teşkilatların, ahlaki kayıtların ve dinlere kadar birçok şeyin başlangıç noktası olarak, bir hatıra bayramı ve yankısı olacaktır.[42] Wilhelm Schmidt'in de belirttiği gibi Freud, Tanrı'nın, insanların fiziki babasının yüceltilmesinden başka bir şey olmadığını iddia ediyordu. İşte bundan dolayıdır ki, Totemik kurbanda öldürülen de, Kurban edilen de Tanrı'dan başkası değildi. Ona göre, böylece bu Baba-Tanrı cinayeti, insanlığın ilk günahıydı ve bu kan bağı günahı, İsa'nın kefaret teşkil eden ölümü/çarmıha gerilmesiyle ödeniyordu.[43]

Freud tarafından verilen dinin bu yorumu, W.H. Riwers, den F. Boas'dan L. Kroeber'e, Malinowski'ye ve W. Schmidt'e kadar da birçok Etnolog tarafından şiddetle reddedilmiş ve eleştirilmiştir.[44] *Totem ve Tabu*'da bu ileri sürülen fikirlere karşı en önemli Etnolojik itirazları W. Schmidt şöyle özetlemektedir:
1) Dinin başlangıcında totemizm bulunmuyordu; 2) Tote-

---

[41] A.L. Kroeber, "Totem and Tabou: An Ethnological psycho-Analysis," *American Antropologist*, 22 (1920); 48-55, W. Schmidt tarafından *Origin And Growth of Religion*, s. 110'da zikredilmiştir.
[42] S. Freud, *Totem und Tabu* (Almancadan S. Jankélévitch tarafından tercüme edilmiştir. Paris, 1951, s. 195-196.
[43] Schmidt, *Origin and Growth of Religion*, s. 112.
[44] Bkz. H. Rivers, "The symbolism of Rebort", *Folk-Lore*, 33 (1922); 14-23; F. Boas, "The Methods of Ethnology", *American Antropologist*, 12 (1920); 311; B. Malinowski, *Sex, Repression and Savage Society*, London, 1927.

mizm, evrensel değildir, bütün kabileler, totemik bir safhadan geçmiş değillerdir; 3) Frazer daha önce, yüzlerce kabileden sadece dört kabilenin cinayet törenine benzeyen bir ayin tanıdığını ve Totem-Tanrıyı yediklerini (Freud tarafından totemizmde değişmeyen bir unsur olarak kabul edilen bir ayin) ispat etmiş ve totemizmin en eski kültürlerde bulunmadığından, bu ayinin, kurbanın başlangıcı ile alakasının olamayacağını belirtmiş ve bunu ortaya koymuştur. 4) "Totemik öncesi toplulukların, yamyamlığı bilmedikleri ve bu topluluklarda, baba cinayetinin psikolojik, sosyolojik ve ahlaken mümkün olmadığı görülmektedir." 5) Etnolojide öğrenebildiğimiz kadarı ile insanlığın en eski aile şekli olan Totem Öncesi aile şeklinin, ne serbest cinsel yaşamla ne de grup evliliği şekliyle ne de ortak evlilikle ilgisi yoktur ve hatta bu konuda önde gelen Etnologların fikrine göre, bu iki ilişki türü de (serbest cinsel yaşam ve grup evliliğiyle)hiçbir zaman tarihte var olmamıştır.[45]

Freud bu itirazlara pek kulak asmamıştır. Ancak bazı Psikanalistler zaman zaman Kroeber ve Malinowski'yi çürütmeye çalışmış ve antropoloji formasyonuna sahip Geza Róheim gibi bazı Psikanalistler de yeni Etnolojik argümanlar ileri sürmüşlerdir.[46] Burada bu tartışmaları incelememiz, o kadar gerekli değildir. Fakat Freud'un, dinin anlaşılmasına katkısını değerlendirebilmek için, onun başlıca buluşu olan, bilinçaltı teorisiyle, psikanaliz metodu keşfini dini hayatın yapısı ve kaynağı konusundaki görüşlerini ayırmak gerekmektedir. Psikanalistler ve konuyla ilgilenen hevesli amatörler hariç, *Totem ve Tabu*'da

---

[45] Schmidt, *Origin and Growth of Religion*, s. 112-115, E. Volhard, "Yamyamlığın" oldukça geç bir olay olduğunu ispat etmiştir. Bkz. *Kannibalismus*, Stuttgart, 1939.
[46] Benjamin Nelson, "Social Science, Utopian Mytos, And the Oedipus Complex" *Psychoonalysis and the Psychoanalytic Review*, 45 (1958): 120-126; Meyer Fortes, "Malinowski and Freud" ibid, s. 127-145.

sunulan teoriyi Bilim Dünyası kabul etmemiştir. Yine de Freud tarafından geliştirilen bu **bilinçaltı teorisi**nin, sembollerin ve mitosların incelenmesinin artmasında ve aynı zamanda doğuya özgü ve arkaik mitolojilere ve dinlere gösterilen ilgide de, bu teorinin, kısmi bir payı olduğu görülmektedir. Dinler Tarihçisi, özellikle de resimlerin ve sembollerin, bilinç bunun farkında olmasa da, mesajları ilettiğini ispatladığı için, Freud'e minnet borçludur. Şimdi bunları ortaya koyduktan sonra, Dinler Tarihçisi, belli bir toplumda ve herhangi bir tarihte ne kadar kişinin bu sembolün içeriğini ve tüm mesajlarını anlayıp anlamadıklarını sorgulamaksızın imge üzerinde yorum işini devam ettirmekte serbesttir. Aslında, Freud'un indirgemeciliği, günümüz din araştırmacıları için ufuk açıcı başlıca bir meydan okuma daha teşkil etmektedir. Bu, Dinler Tarihçisini, insan ruhunun derinliklerini deşmeye, dini göstergelerin psikolojik bağlamını ve hipotezlerini dikkatle incelemeye zorlamaktadır. Belki de, Freud'un indirgemeciliğinin, Dinler Tarihçisini "**Spiritüel embriyoloji**" ile "**Spiritüel morfoloji**" arasında daha net bir ayırım yapmaya zorladığı da söylenebilir. Freud'un bilinç dışını keşfetmesi, modern dünyada çok önemli yankılar uyandırmıştır. Öyle ki, belli bir süre, Freud'un hevesli takipçileri, spiritüel değerleri ve kültürel şekilleri, sadece embriyoloji terimleriyle ele almışlardır. Ama şurası da açıktır ki, embriyon hali, yetişkinin varlık şeklini izah edemiyordu. Hakikaten embriyon, ancak "yetişkin" ile ilişkili olarak ele alınınca ona benzediği ölçüde anlam kazanıyordu. Bunun için, insanı izah eden fetüs değil; insanın dünyada özel varlık şekli, fetüs olmaktan çıktığında, ortaya çıkmaktadır.[47] Bundan dolayı, C. G. Jung, *Wandlungen und Symbole der libido/Libidonun Dönüşüm Sembolleri* isimli eseriyle, Freud'den ayrıldığını ilan etmiştir.

---

[47] M. Eliade, *mythes, Rêves et mystéres*, Paris, 1957, s. 162.

Freud'un aksine Jung, ruhun derinliklerinde var olan evrensel ve insan ötesi güçlerin varlığından çok etkilenmiştir. İşte birbirinden oldukça ayrı halkların ve medeniyetlerin mitolojik figürleriyle; mitosları ve sembolleri arasındaki bu dikkat çekici benzerlikler, Jung'u ortak bir bilinçdışının varlığını kabul etmeye sevk etmiştir. Jung bu ortak bilinçdışının içeriğinin, kendisini, "Arketipler"/İlk modeller, aracılığı ile yani ilk örnekler aracılığıyla gösterdiğini fark etmiştir. Jung, Arketipin birçok tanımını yapmıştır. Bunlardan birisi de "**Davranış Yapısı**" veya insan doğasının bir parçası olan **eğilim** diye yaptığı tanımdır. Jung'a göre en önemli Arketip, "**BENLİK**" Arketipidir. Bu, insanın tüm varlığını kaplamaktadır. Jung, bütün kültürlerde insanın, benliğini gerçekleştirmeye çalıştığını düşünüyordu ve buna bireyselleşme süreci adını veriyordu. Jung'a göre Batı Medeniyetinde "**Benliğin**"in sembolü "**Mesih**" yani **İsa** idi ve "**Benliğin**"in gerçekleşmesi de *Redemption/Kurtuluş,* yani insanlığı İsa'nın, kurtarma olayı idi. Dinden pek hoşlanmayan Freud'un aksine Jung, "**Dini Tecrübenin bir anlamı ve hedefi olduğuna inanarak, bunun indirgemeci bir açıklama ile çözülemeyeceğini biliyordu**".[48] Bunun için de Jung, Bilinçdışı dini figürlerin, tezatlı görünümleri üzerinde ısrar ediyordu. (Rudolf Otto da Tanrısal olayların tasvirindeki tezatlı görünüme buna benzer bir önem atfediyordu.) Diğer taraftan Jung, arkaik dinleri ve Doğu dinlerini çok titiz şekilde incelemiş ve katkıları ile

---

[48] Jung'ın din konusundaki belli başlı yazıları toplanmıştır: G.G. Jung, *Zur psychologie west licher und östlicher Religion* (Zürich, 1963); *Psychologie und Alchemie* 52. Baskı, Zürich, 1952), *Gestaltungen des unbewusten* (Zürich, 1950); *Symbolik des Geistes* (Zürich, 1953); *Von den Wurzeln des Bevusstseins* (Zürich, 1954); *Aion: Untersuchungen zur symbolgeschichte* (Zürich, 1951); Jung tarafından din için yapılan yorum için bkz. Ira Progoff, *Jung's Psychology and its Social Meaning* (New York, 1953); R. Hostie, *Du Mythe a la religion la psychologie analytique de C.G. Jung,* Paris, 1955; Victor White, *Soul and Psyche,* London, 1960.

birçok Dinler Tarihçisinin araştırmalarına ilham noktası teşkil etmiştir.[49]

Rudolf Otto

Rudolf Otto'nun meşhur eseri *Das Heilige/Kutsal-1917*, bir Psikoloğun eseri olmamakla birlikte; bu bağlamda zikredilmesi gereken bir eserdir. Otto, Tanrısal tecrübenin muhtelif şekillerini, çok büyük bir Psikolojik incelikle tasvir ve analiz etmiştir. Öyle ki kullandığı *Mysterium Tremendum/Korkunç Esrar, Mysterium Majestas/Büyük Esrar, Mysterium Fascinans/Büyüleyici Esrar* gibi ifadeler, dilimizin bir parçası olmuştur. Otto, *Das Heilige*'da özellikle dini tecrübenin akıl dışı karakteri üzerinde ısrar etmiştir. Bu kitabın büyük şöhretinden dolayı Otto, bazen Schleiermarcher'in peşinden gelen bir duygucu olarak görülmüştür. Fakat Otto'nun eserleri daha komplekstir. Bunun için Otto'ya, Dinler Tarihinin ve Mistisizmin dokümanları ile ilk elden çalışan bir Din Filozofu gözüyle bakmak herhalde daha doğru olacaktır. Batı da, özellikle Almanya'da Otto'nun, kültürlü halk üzerindeki tesiri, Dinler Tarihçilerinden veya İlahiyatçılardan daha kalıcı olmuştur. Otto, İkinci Dünya Savaşı'ndan sonra çok önemli bir ilgiye sahip olacak olan mitolojik düşünce ve mitoloji problemini çok fazla ele almamıştır. Belki de onun muhtelif dini dünyalar üzerindeki hayranlık verici analizlerinin eksik görülmesinin nedeni de, sırf bunun içindir. Ama yine de Otto, önemli bir şahsiyettir. Çünkü o, Dinler Tarihinin çağdaş batı kültürünün yenileşmesinde nasıl bir rol oynayabileceğini gösterme gayret etmiştir. Otto, De Wette'in ilahiyatında gerçekleştirdiği akılcı ve akıl dışıcılık arasındaki "arabuluculuğu", Hıristiyan Vahyi ile Pagan Felsefesini uzlaştırmak için gayret eden

---

[49] Bu arada, Heinrich Zimmer, Karl Kerenyi, Joseph Campbell ve Heinri Corbin ve yine, Erich Neumann, *Ursprungs geschichte des Bewusstseins* (Zürich, 1949) ve *Die Grosse Mutter* (Zürich, 1956).

Origene ve İskenderiyeli aziz Clément'in gösterdiği çabaları ile kıyaslamıştır. Böylece, büyük bir ihtimalle Otto, üstü kapalı bir şekilde kendisine, buna benzer bir rol da atfediyordu. Yani, *Revelatio Generalis/* genel vahiy ile *Revelatio Specialis/özel Vahiy*, Indo-Aryan düşünce ile, Semitik düşünce; Doğu ile Batı Mistisizm tipleri arasında, bir arabuluculuk rolünü atfediyordu.[50]

Wilhelm Schimidt'in Ursprung Der Gottesidee'sin'den Sosyal Antropolojiye

Yazarın'ın ölümünden bir yıl sonra, Wilhelm Schmidt'in *Ursprung Der Gottesidee/Kutsal Varlığın Kökeni* isimli eseri, 1955'de tamamlandığında onbir bin sayfayı aşıyordu. Bu dev eseri çok az sayıda Dinler Tarihçisinin okumuş olması oldukça üzücüdür. Özellikle birinci cilteki tartışmalı ve apolojetik eğilimlerine rağmen, *Ursprung Der Gottesidee* şahane bir eserdir. Schmidt'in Dinin Kaynağı ve gelişmesi konusundaki teorileri üzerinde ne düşünülürse düşünülsün, onun mükemmel bilgisine ve çalışkanlığına hayran kalmamak mümkün değildir. Şüphesiz Wilhelm Schmidt, bu asrın en büyük dilcilerinden ve Etnologlarından da birisidir.

Schmidt, Andrew Lang'ın en eski ilkel kabileler arasında "**Göksel Tanrılar**"ı [*High Gods*] keşfetmesinden oldukça etkilenmişti. Ayrıca bu İskoçyalı zeki bilginin metodolojik tutarsızlıklarını da iyice benimsemişti. Schmidt, Tanrı/Kutsal kavramının kökeni gibi oldukça kesin bir soruya sözde ilkel kültürlerdeki tarihi katmanları açıklamaya ve tahlile imkân veren sağlam tarihi bir metottan yararlanmadan, cevap verilemeyeceğini anlamıştı. Yine Schmidt, Tylor'un, Frazer'in, Durkheim'in ve

---

[50] Das Heilige'in fevkalade başarısı (Fransızca'ya A. Jundt tarafından 1949'da tercüme edilmiştir) Otto'nun diğer iki önemli kitabını unutturmuştur: *Mystique d'Orient et Mystique d'Occident* (Almanca'dan çeviren: J. Gouillard, Paris, 1951), *Reich Gottes und Menschensohn* (2. baskı, Münih, 1940).

Antropologların büyük çoğunluğunun tarihî yaklaşımlarına şiddetle tepki göstermiştir. Graebner'in tarihi Etnolojisinin ve özellikle de *Kulturkreis'in* [kültürel Çevre]kavramının önemini, ilk fark edenlerden biri o,olmuştur. Tarihi katmanlaşma, Schmidt'e arkaik ve hatta "**En Eski**" gelenekleri, sonraki dönemlerin tesirinden ve gelişmesinden ayırmaya imkân vermiştir. Mesela Schmidt, Avustralya örneğinde, Totemizmin sadece daha genç kabileleri temsil ettiğini ve bir "**Göksel Tanrı**"ya olan inancın en eski katmanlarda görüldüğünü ispat etmeye çalışmıştır. Tarihi Etnoloji, Avustralya'nın güneydoğu kabileleri olan '**Pigmeleri**' ve bazı Kuzey Asyalı ve Kuzey Amerikalı kabileleri ve Güney Amerikalı '**Fuegien**' kabilesini en eski medeniyetlerin izleri olarak kabul etmektedir. İşte Schmidt, bu canlı fosillerden hareketle **İlkel Dinin** ortaya konulabileceğini düşünüyordu. Ona göre bu *Urreligion* [**İlk Din**] gökte yaşadığına inanılan, iyiliksever, her şeyi bilen, yaratıcı ve ebedi bir "**Gök Tanrı**" inancından ibaretti. Schmidt'in buradan vardığı sonuca göre, başlangıçta her yerde bir çeşit *Urmonotheismus* [**İlkel Monoteizm**] mevcuttu. Fakat insan toplumlarının sonraki gelişmeleri, birçok inanç şekilleri içinde bu orijinal ilk inancı yok etmiştir.

Robert H. Lowie, Paul Radin ve diğer Etnologlar da en eski kabilelerde de olan bir Yüce Varlığa olan bir inancı benimsemişlerdir.[51] Schmidt'in bu fikirlerinde kabul görmeyen yön, onun özellikle akılcı yaklaşımı olmuştur. Çünkü Schmidt, İlkel İnsanı, Tanrı kavramını keşfe sevkeden şeyin, mantıklı bir sebep arayışı olduğunu iddia ediyordu. Böylece o, dinin çok kompleks bir olay olduğunu ve onun her şeyden önce Kutsalla, insanın karşılaşmasının meydana getirdiği *sui generis* [kendine özgü] bir olay olduğunu ihmal ediyordu. Çünkü Schmidt, bütün akıldışı

---

[51] R.H. Lowie, Primitive Religion, s. VI, 122 v.d; P. Radin, Monotheism Among Primitive People, New York, 1924; A.W. Nieuwenhuis, Der Mensch in de Werkelijkheid, Zijne Kenleer in den heidenschen Godsdienst (Leyde), 1920.

unsurların, ilk dinin bozulmasına bağlı olduğu şeklinde bir düşünce eğilimi gösteriyordu.

Fakat hakikatte ise, bu "**İlk Dini**," incelemek için hiç bir vasıtaya sahip değildik. Üstelik elimizdeki en eski dokümanlar bile, nispeten yeni dokümanlardı. Bunun içindir ki bu dokümanlar bizi Paleolitik devirden öteye götürmemektedir ve bundan dolayı, taş devri öncesi(prélitique) insanın, binlerce yıllık hayatı boyunca ne düşündüğünü ve neye inandığını bilmiyoruz. Göksel Tanrılara olan inanç, en eski kültürlerin bir özelliği olarak görülmektedir. Fakat bu en eski kültürlerde başka dini unsurlar da buluyoruz. En uzak geçmişe ait bilgilerimizde, başlangıçtan beri dini hayatın oldukça kompleks olduğunu ve yüceltilmiş fikirlerin "aşağı" seviyedeki tapınma ve inanç şekilleriyle birlikte yaşatıldığını söylemek daha doğru bir tespit olacaktır.

Schmidt'in kavramları, daha sonra çalışma arkadaşları ve talebeleri tarafından büyük ölçüde düzeltilmiştir.[52] Paul Schebesta, Martin Gusinde ve M. Vanoverbergh arkaik dinlere ait bilgimize çok önemli katkılar sağlamışlardır.[53] Viyana Ekolünün genç nesillerinden bahsederken, Joseph Haekel, Chistoph Von

---

[52] Wilhelm Koppers, *Primitive Man and his World Picture*, (New York, 1952); Josef Haekel, "Prof. Wilhelm Schmidts Bedeutung für die Religionsgeschichte des vorkolumbischen Amerika," *Saeculum*, 7 (1956); 1-39, "Zum heutigen Forschungsstand der historischen Ethnologie, in *Die Wiener schule der Völkerkunde Festschrift* (Vienne, 1956), s. 17-90 "Zur gegenvärtigen Forschungssituation der Wiener Schule der Ethonologie" in *Beitrage Oesterreichs zur Erforschung der Vergangenheit und Kulturgeschichte der Menschheit* (Vienne, 1959), s. 127-147; Haekel tarafından formule edilen "Wiener schule"un değerlendirilmesi konusunda Rudolg Rahmann'ın eleştirileri için bkz. *Anthropos*, 54 (1959), 1002-1006; Haekel'in cevabı ve Rahman'ın cevabı için bkz. ibid, 56 (1961); 274, 276, 277-278; Schmidt'in *Urmonotheismus* konusunda bkz. W.E. Mühlmann "Das Problem des Urmonotheismus", *Theologische Literaturezeitung*, 78 (1953), coll, 705; Paul Schebesta'nın cevabı için bkz. *Anthropos*, 49 (1954); 689. Yine bkz. "Das Ende des Urmonotheismus", *Numen*, 5 (1958/; 161-163.

[53] Özellikle bkz: P. Schebesta, *Die Negrito Asiens*, Cilt. 2, 2. Kısmı: *Religion und Mythologie* (Moding, 1957); M. Gusinde, *Die Feuerland Indianer*, 2. cilt, (Mödling, 1931, 1937).

Fürer-Haimendorf, Alexander Slawik ve Karl Jettemar'ı da mutlaka anmak gerekir.[54]

Muhtelif eğilimli pek çok sayıda Etnolog da, dinin gelişmesini ve başlangıcını ortaya koyma girişimlerinde bulunmuşlardır. Meselâ, K. Th. Preuss, Büyünün olduğu kadar **Yüce Tanrı** fikrinin de çıktığı bir Animist öncesi devrin olduğu hipotezini ileri sürmektedir.[55] Yine R. Thurnwald, hayvanların kutsal olduğuna inanmanın (*theriomism*) toplayıcılık dönemi kültürlerinde genel bir inanç olduğunu ve Totemizmin avcılık kültürüne tekabül ettiğini söylüyordu. Tanrıların kişileştirilmesi (animizm ve şeytana tapma ile) ilk ziraatçıları karakterize ederken, Göksel Tanrıya inanma ise, tarım topluluklarının özelliği oluyordu.[56] A. E. Jensen, Semavi Yaratıcı bir Tanrı ve hayvanların Tanrısı kavramları ile, ilk avcı kültürlerinin *Dema* tipli Tanrılarının veya onların dramatik mitolojilerinin taş devri çiftçileri ile bağlantısını ortaya koyuyordu. *Dema*'nın muhtelif Politeizm Tanrılarındaki değişiminin daha ileri kültürlerde yer alması gerekiyordu. Burada, Jensen'in eserlerinin, özellikle ilk çiftçilerin mitolojik dünyasını aydınlatan analizlerinin çok değerli olduklarını söyleyebiliriz.[57]

Yine muhtelif arkaik toplumların dini hayatı konusunda, Alman ve Avusturyalı Etnologların önemli eserleri vardır. An-

---

[54] Heakel'deki bibliyografya için bkz. "Zur gegenvartigen Forschungssituation," s. 141-145.

[55] K. Th. Preuss, "Der Usprung der Religion Und Kunst", *Globus*, 86 (1904-1905); *Der geistige Kultur der Naturvölker*, (Leipzig, 1914): ve *Glauben und Mystik im Schatten des Höchsten Wesen* (Leipzig, 1926).

[56] R. Thurnwald, *Des Menschengeistes Erwachen, Wachen und Irren* (Berlin-1951).

[57] A.E. Jensen, *Das Religiöse Weltbild Einer Frühen kultur* (Stuttgart-1948) ve *Mythus und Kult bei Naturvölkem* (Wiesbeden, 1951); M. Metzger ve J. Goffinet'in Fransızca çevirisi için; *Mythes et cultes chez les peuples primitifs*, (Paris, 1954) *Current Anthropology*'deki tartışmalar için bkz: 6 (1965): 199-214; yine bkz. Kunz Dittmer, *Allgemeine Völkerkunde* (Braunschweig, 1954) s. 73-120; Josef Haekel, dans Leonard Adam et Hermann Trimbom, *Lehrbuch der Völkerkunde* (Stuttgart, 1958) s. 40-72.

cak bunlar, İlkel Dinin gelişmesi ve kökeni konusundaki tartışmalara katılmamışlardır. Bu konuda burada Afrika Mitolojisi ve Dinleri konusundaki L. Frobenius'un ve H. Baumann'ın eserlerini, W. E. Mülhmann'ın Polinezyalı "**Arioi**" ve Kuzey Amerika yerlilerinin dinleri konusundaki Werner Müller'in önemli eserlerini sayabiliriz. İlk avcıların dinleri konusundaki incelemesiyle, öncülük yaptığı için A. Friedrich de özellikle burada bahsedilmeye değer. Çünkü onun eseri, yeni bir araştırma istikameti göstermektedir.[58]

Dili İngilizce olan ve Dinle ilgilenen Antropologlar arasında ilk olarak Robert H. Lowie ve Paul Radin'den bahsedebiliriz. Çünkü her ikisi de **İlkel Din** konusunda genel bir eser yayımlamışlardır.[59] Lowie'nin kitabı, belki de bu konuda sahip olduğumuz en iyi eserdir. Bu eser, dogmatizmden uzak olarak yazılmış, arkaik dinlerin en önemli yönlerini, tarihi katmanları da dikkate alarak, psikolojik ve sosyolojik bağlamda tartışmaktadır. Radin'in eseri ise, , daha kişisel, neredeyse tartışmalı bir ruh içinde kaleme alınmıştır. Yazar, bu kitabında şamanların ve dini formülcülerin nevrotik-epileptoid yasası adını verdiği kavram üzerinde ve sosyo-ekonomik faktörler üzerinde israr etmektedir. F. Boas'ın etkileyici yayınları arasından, Kwakiutl'ların mitoloji ve din konusundaki son monografilerinden bahsedebiliriz. Alfred L. Kroeber, Frank G. Speck, Edwin M. Loeb ve diğer Amerikalı Etnologlar muhtelif kabilelerin dini konusunda bir takım kazı araştırmaları sunmuşlardır. Fakat bunların hiçbirisi, Robert Redfield'in, Clyde Kluckhohn'un ve Ruth Benedict'in

---

[58] H. Baurmann, *Schöpfung und Urzit des Menschen im Mythos Afrikanischer Wölker* (Berlin, 1936); W.E. Mühlmann, *Arioi und Mamaia* (Wiesbaden, 1955); W. Müller, *Die Religione der Waldindianer Nordamerikas* (Berlin, 1956); A. Friedrich, "Die Forschung Über das Frühzeitliche Zagertum," *Paideuma*, 2, (1941).

[59] R.H. Lowie, *Primitive Religion*; P. Radin, *Primitive Religion* (New York-1937).

Patterns of Culture gibi[60] bazı çalışmaları hariç, karşılaştırmalı bir açıdan ve Dinler Tarihi açısından yazılmamıştır.

İngiltere'de Frazer'in ölümünden sonra hiçbir Antropolog, ilkel dinin bütün bölümlerini kapsayan bir incelemeye teşebbüs etmemiştir. B. Malinowski, Trobriand adaları sakinleri üzerine çalışmış ve onun mitolojik ve ayinle ilgili işlevselci yaklaşımı, bu bölgede gözlemlenenler üzerine dayanmıştır. *Taboo* (Frazer Lecture. 1939), adlı eserinde A. R. Radcliffe-Brown, ilkel inançların anlaşılmasına başarılı katkılar sağlamıştır. E. E. Evans-Pritchard'ın *Witchcraft, Oracles and Magic among the Azande/Azendelerde Büyücülük, Kahinlik ve Büyü* (1937) ve *Nuer Religion/Nuerlerin Dini*, (1956) isimli iki monografisi ve *The Work of the Gods in Tikopia/Tikopitada Tanrıların Çalışması* isimli (1940) Raymond Firth'in eseri; J. Middleton'un *Lugbara Religion/Lugbaraların Dini* (1960), isimli eseri ve G. Lienhardt'ın *The Religion of the Dinka/Dinkaların Dini* (1961) adlı eserleri İlkel Din problemine doğru yönelen Britanya Sosyal Antropolojisinin aktüel yönelimini açıklamaktadır. Artık bu çağda, Tylor'un, Frazer'in ve Marett'in çağı çoktan kapanmış görünüyordu. Antropoloji ise, dinin gelişmesi ve kaynağı gibi oldukça büyük ve kesin problemlerin artık anahtarı olarak görülmüyordu. E. E. Evans-Pritchard'ın *Theories of Primitive Religion/İlkel Din Teorileri* (1965) adlı yeni eserinin de vardığı sonuç budur.

Pettazzoni ve Dinin Bütüncül İncelenmesi

Bu bölümün başında, Sardinya'da İlkel Din konusunda, Raffaele Pettazzoni'nin monografisinden bahsetmiştim. Bu, sa-

---

[60] J. M. Kitagawa, "The History of Religions in America" isimli makalesinde Amerika'daki tarihsel dini araştırmaların tarihinin bir özetini veriyor. Bkz.: M. Eliade ve C.M. Kitagawa, The history of Religion: Essasys in Methodology (Chicago, 1959), s. 1-30 yine bkz: Clifford Geertz, "Religion as a Cultural System" Michael Banton, *Anthropological Approaches to the Study of Religion* (London-1966), s. 1-46.

dece bu eserin değerinden değil; daha sonra yazarı tarafından ona verilen önemden ve bizzat yazarın kendi öneminden ileri gelmektedir. Pettazzoni, disiplininin boyutlarını ciddiye alan nadir Dinler Tarihçilerden birisidir. *Gerçekten O, allgemeine Religionswissenschaft/* **Genel Din Bilimi**[61] sahasını, tamamıyla incelemeye teşebbüs etmiştir. O, yaklaşımının ve metodunun bir Din Sosyologunun veya Din Psikologunun yaklaşımından ve metodundan farklı olduğunu düşünüyor ve kendisini bir Tarihçi olarak görüyordu. Bununla beraber o, bir tek alanın uzmanı olmayı değil ve genel *Dinler* Tarihçisi olmayı arzu ediyordu. Şüphesiz arada çok önemli fark vardı. Aynı şekilde birçok önemli bilgin de özellikle tarihi metotları ve ön koşulları kabul ettiğinden, kendilerini, "**Dinler Tarihçisi**" olarak addetmişlerdi. Ancak onlar, sadece bir tek din sahasında ve hatta bazen de sadece belli bir dönem veya bir dinin sadece bir yönü üzerinde uzmandılar. Şüphesiz bunların da eserlerinin çok büyük bir değeri vardır. Gerçekte bu eserler de *allgemeine Religionswissenschaft*'ın oluşumu açısından önemlidirler. Misal olarak bunlardan, O. Kern'in ve W. Otto'nun Yunan Dini; L. Massignon'un ve H. Corbin'in İslâmiyet; H. Oldenberg'in, H. Zimmer'in ve H. Von Glasenapp'ın Hint Dinleri konusundaki eserlerini gösterebiliriz. Bunlardan başka Paul Mus'un önemli eseri *BaraBudur* ve Giuseppe Tucci'nin aynı derecede önemli *Tibetan Painted Scrolls*'unu veya Erwin Goodenough'un on iki ciltlik *Jewish Symbols in the Greko-Roman Period*'unu da burada sayabiliriz. Bütün bu eserler de, bu tarz bir tarihi Araştırmanın sonuçlarını görebiliriz. Yine de geniş anlamda Dinler Tarihçisi, kendisini, sadece bir tek saha ile sınırlandırmamalıdır. Çünkü bu disiplinin yapısı onu, diğer dinleri de incelemeye zorlamaktadır. Öyle ki, mitoloji, ritüel,

---

[61] Mario Gandini, R. Pettazzoni'nin eserleri üzerinde bir bibliyografya yayımlamıştır. Bkz. *Studie Materiali di Storia delle Religioni,* 31 (1961): 3-31.

dua, büyü, giriş merasimi, Göksel Tanrılar vs. gibi dini davranışları, kurumları ve anlayış şekillerini anlayıp, kıyaslayabilsin.

Ne var ki, büyük uzmanlardan bazıları, başka birçok sahanın da uzmanıdırlar. Meselâ, N. Soederblom ve G. F. Moore gibi bilginler, alanlarıyla ile ilgili (İran ve Yahudilik gibi) çok önemli kitaplar yayımlamışlar ve "**Bilginler**" olarak da oldukça popüler olmuşlardır. Yunan Dini tarihçilerinin piri olan M. P. Nilsson da aynı zamanda folklor ve ilkel inançlar üzerinde çalışmıştır. Büyük Germanist Jan de Vries, Kelt Dinleri konusunda bir otorite olduğu kadar, folklor ve genel mitoloji konusunda da bir otorite idi. Franz Atheim'in çalışmaları ise, Roma ve Helenistik Dinlerden İran, Türk ve Orta-Asya geleneklerine kadar uzanıyordu. Georges Dumézil ise, Hint-Avrupa Dinleri ve Mitolojileri ile meşguldü. W. F. Albright, bir Yahudi Dini uzmanı olduğu halde; Eski Yakındoğu Dinleri konusunda çok önemli yayınlar yapmıştı. Theodor H. Gaster'a gelince, o da halk bilim ve eski Yakındoğu dinlerinde uzmandı. Şüphesiz bu listeyi uzatmak mümkündür.

Pettazzoni'nin nesli olan diğer bilginler de *Allgemeine Religionswissenschaft'ın (Genel Din Bilimi)nin* tüm alanlarında çalışmak azminde idiler. Meselâ, bunlar arasında C. Clémen'i, E. O. James'i ve G. Van der Leeuw'u zikredebiliriz. Yine de, son derece büyük ve titiz bir bilgin olan Clémen, genelde felsefi yorumun ötesine geçmezken, Van Der Leeuw bazen empresyonist bir yaklaşımla yetinmekte, Pettazzoni ise, daima Tarihi-Dini bir yoruma yönelmekte ve genel bir perspektif içinde muhtelif araştırmaların sonuçlarını göstermektedir. Alanın sınırsız genişliğine rağmen, ana problemler, onu çalışmalarından geri döndüremiyordu. Bunun için o, Monoteizmin Kökeni, Semavi Tanrılar, Sırlar, Günah İtirafı, Zerdüştlük ve İran Dini, Grek Dini vs. gibi bir takım problemleri ele almakta tereddüt göstermemiştir. Onun bilgisi geniş ve değerliydi. Üslubu ise, dengeli ve zarifti.

Croce tarihçiliğinin nüfuz edici etkisi altında yetişen Pettazzoni, dini, tamamen tarihi bir olgu olarak kabul ediyordu. Bunun için "**Her Dini Fenomenin tarihselliği**" üzerinde haklı olarak ısrar ediyordu. "**Yunan Medeniyeti yoktan meydana gelmedi**," diyordu; ona göre, zaman dışında kendini gösteren bir Yunanlılık mevcut değildir. Tarihin muhakemesinde her olgu, bir genemenondur/oluştur.[62] Bu konuda, Pettazzoni tarih bilincimizi derinleştirmek için tarihi yönden, Yunan Dinini anlama zorunluluğuna işaret etmektedir. Belki burada her dini, tarihi olarak anlama zorunluluğunun gerekliliği üzerinde görüş birliğine varılabilir. Bununla beraber, özellikle bir dini formun gelişmesi ve "kaynağı" üzerindeki bir *yorum* çalışmasının, *tarihsel olarak kavranması gerektiğine katılmak gerekebilir. Yine de sadece tarih biçimine ve gelişimine bağlanmak, yorum çalışmasını tamamen tarih çalışması haline de getirebilir.*

Bunun sonucunda Yunan dini, tarih, edebiyat, nümismatik, epigrafi, ya da arkeoloji gibi Yunan biliminin sayısız dallarından biri durumuna gelebilir. Böylece, bütün araştırma sahalarında da aynı şey meydana geleceği için; Dinler tarihi bağımsız bir disiplin olma özelliğini kaybedecektir. Neyse ki, Pettazzoni, bu riskin bilincindeydi ve kariyerinin sonunda "Fenomenoloji"nin ve "Tarih"in tamamlayıcılığı konusunda şiddetle ısrar etmiştir. Diğer taraftan Freud ve Frazer olayında olduğu gibi; Pettazzonin kendisi, teorilerinden daha önemliydi. İşte en çok onun sayesinde, Dinler Tarihi bu gün İtalya'da diğer birçok Avrupa ülkelerinden daha geniş ve de tam olarak anlaşılmıştır. İş arkadaşları ve genç talebeleri, hiç olmazsa kısmen "**Pettazzonicilik Geleneğini**" muhafaza etmeyi başarmışlardır. Bu, Dinler Tarihinin belli başlı problemlerine ilgi çekme ve Dinler Tarihini modern kültür için, aktüel ve anlamlı bir disiplin haline getir-

---

[62] R. Pettazzoni, *La Religion dans la Greéce antique des Origines á Alexandre*, J. Gouillard'ın Fransızca çevirisi, Paris, 1953, s. 18-19.

mek demektir.[63] Böylece Tylor ve Lang tarafından başlatılmış, Frazer, Soederblom, Clémen, Mauss, Coomaraswamy ve Van der Leeuw tarafından devam ettirilmiş olan muhteşem "Ansiklopedist" geleneğin son biçimlendiricileri Pettazzoni ile kaybolmuştur.

Mitoloji ve Ritüel Ekol

Son derece canlı metodolojik tartışmalardan birisi de "**Mitos ve Ritüel Ekol**" veya "***Patternism****" konusunda olmuştur. Aslında bu tartışma, S.H. Hooke tarafından neşredilen iki cilt esere *Myth and Ritual* (1933) ve *The Labyrinth*'e katkıda bulunan yazarlardan ve S. Mowinckel, I. Engel, G. Widengren gibi eski Yakındoğu dinlerinde ve kültürlerindeki ortak unsurlar üzerinde oldukça ısrarlı olan İskandinav bilginlerinden kaynaklanıyordu. Meselâ, Hooke, Tanrı'yı temsil eden Kral'ın, kültün merkezi olduğuna ve mahsullerden ve şehirlerin refahından ve bunun gibi şeylerden sorumlu olduğuna işaret ediyordu. Altı ciltlik eseri olan *King and Saviour*'da (1945-1955) G. Widengren, daha da ileri giderek Kral'ın, bizzat kozmosun refahından sorumlu olduğunu söylüyordu. Widengren'e göre, işte bu anlayış, daha sonra İran menşeli kurtarıcı-ideolojisinin ve Yahudi Mesihciliğinin doğmasına yol açacaktı. Ancak İsveçli bilginlerin yayınları, sadece "**Patternism**" problemi ile sınırlı değildi. Widengren,

---

[63] İtalyan bilginleri arasında bkz. Uberto Pestalozza, *Religione Mediterrane Vecchi e noovi studi* (Milan, 1951) ve *Noovi Saggi di Religione Mediterranea* (Florance, 1964); Momolina Marconi, *Riflessi mediterranei nella piu antica religione laziale* (Messine-Milan, 1939); Angelo Brelich, *Gli Eroi greci. Un problema storico-religioso* (Rome, 1958); Ernesto de Martino, *Morte e pianto rituale nel mondo antico* (Turin, 1958) ve *La Terra del rimorso* (Milan, 1961); V. Lanternari, *La grande Festa* (Milan, 1951); Alessandro Bausani, *La Persia religiosa* (Milan, 1959); Ugo Bianchi, *Il Dualismo religiose* (Rome, 1958).

* Yakındoğu dinlerinin öğretilerinin karşılaştırılmasında kullanılan ve bu dinlerin arasındaki benzerliklerin birbirini kapsayıcı bir şema oluşturduğu belirtilen bir metot. (çev.)

aynı zamanda bir Din Fenomenolojisi, İran Dinleri Tarihi ve dini hayatın muhtelif yönleri üzerinde çok sayıda monografilerin yazarıdır.[64]

Patternism, özellikle H.Frankfort tarafından birçok yönden eleştirilmiştir.[65] Bu büyük bilgin, farklılıkların benzerliklerden daha önemli olduğunu savunmuştur. Örneğin Kral, Mezopotamya'da, Tanrının sadece temsilcisi olarak görülürken, Firavun bir Tanrı olarak kabul ediliyor veya bir Tanrı haline geliyordu. Frankfort bu gibi olaylara dikkat çekiyordu. Ancak ne zaman tarihi olarak birbiriyle ilişkili kültürler ile karşı karşıya kaldığımız zaman, tabii ki farklılıklar ve benzerlikler aynı şekilde önemlidir. Meselâ, Portekizce'nin, Fransızca'dan ve Rumence'den farklı bir dil olması olayı, dilcilerin her üç dilin de Latince kökenli olduğunu düşünmelerine engel teşkil etmez. Kalıtımsal olarak bu üç dil, ortak bir köken olan Latince'den gelmektedir. "**Myth and Ritual School**"/Mit ve Ritüel konusundaki hararetli tartışma, metodolojik olarak bazı karışıklıklar ortaya koymaktadır. Ben burada ne bazı İskandinav yazarlarının mübalağalarından, ne de onların filolojik tedbirsizliğinden ve tarihi çarptırmalarından bahsetmiyorum. Burada üzerinde durduğum, yapı itibari ile birbirine benzeyen ve tarihi olarak akraba olan Eski Yakındoğu Dini olayları arasında kıyaslama hakkımızın olup olmadığını öğrenmektir. Aslında karşılaştırmaların doğru bir şekilde yapılabildiği bir bölge varsa; o da Antik

---

[64] *Religionens Vörld*, 2. Baskı, (Stockholm, 1953); *Hochgottglaube im alten Iran* (Uppsala, 1938); *Die Religionen Irans* (Stuttgart, 1965); L. Jospin'in Fransızca çevirisi: *Les Religions de L'Iran*, (Paris, 1968).

[65] H. Frankfort, *The Problem of Similarity in Ancient Near Eastern Religions* (Frazer Lecture, 1951); S. H. Hooke, "Myth And Ritual: Past and Present" H. Hooke (ed), *Myth, Ritual and Kingship* (Oxford, 1958), s. 1-21; S.G.F. Brandon, "The Myth and Ritual Position Critically Considered" ibid, s. 261-291. Ayrıca bkz. Theodor H. Gaster, *Thespis: Ritual, Myth and Drama in the Ancient Near East* (New York, 1950) (Gözden geçirilmiş ikinci baskı, New York, 1961).

Yakındoğudur. Çünkü tarımın, cilalı taş kültürünün ve nihayet şehir medeniyetinin Yakındoğu'da kurulan bir merkezden başlayıp devam ettiğini biliyoruz.

Georges Dumézil ve Hint-Avrupa Dinleri

Benzer bir metodolojik kaygı, Dumézil'in Hint-Avrupa Mitolojileri ve Dini Kurumları konusundaki başarılı çalışmalarına gösterilen bir reaksiyonda da, dikkat çekmektedir.[66] Meselâ, pek çok yabancı tesirin altında kalmış olsa da ortak bir Hint-Avrupa Kültür Geleneğine sahip olunamadığını bildiğimiz halde, Kelt veya İtalyan Sosyo-Dini kavramları ile İran veya Veda dini kavramlarının kıyaslanamayacağı üzerinde durulmuştur.

Birçok ülkede aşılmakta olan, Dumézil'ci yaklaşıma karşı gösterilen bu tutum, belli başlı üç nedenden ortaya çıkmıştır: 1) **Karşılaştırmalı Hint-Avrupa Mitoloji incelemelerinin, Max Müller ve takipçilerinin aşırılıkları ile gözden düşürülmesinden.** 2) Bu asrın ilk çeyreğindeki, Protohistorya/tarih öncesi halkların kültürlerinin ve manevi hayatlarının "ilkeller"in karakteristik özellikleri olarak kabul edilen şeyle yorumlama eğilimi ve bunun sonucu olarak Dumézil'in Hint-Avrupa ilkellerine atfettiği ideolojik sistemi içeren belirgin bir mitolojinin protohistorya dönemine ait bir topluluk için çok tutarlı ve "mantıklı" görülmesinden. 3) Muhtelif Hint-Avrupa dil

---

[66] Dumézil'in eserine en uygun giriş, *L'Ideologie tripartie des Indo-Européens* (Brüksel, 1958). *Jupiter, Mars, Quirinus*'un yeni baskısı için bkz. *Jupiter, Mars, Quirinus*, (Paris, 1941-1945). Dumézil'in eserleri için bkz. *Hommages à Georges Dumézil*, (Brüksel, 1960) s. XI-XXIII. Dumézil için bkz. M. Eliade, "La Sauveraineté et la religion indo-européenne" *Critique* (1949); s. 342-349. "Hint-Avrupa dinlerinin genel tarihi için bkz. *Annales* 4 (1949): 183-191; Huguette Fugier "Quarante Ans de Recherches sur l' ideologie indo-européenne: la methode de M. Georges Dumézil", *Revue d' Histoire et de philisophie Religieuses*, s. 45 (1965); 358-374; C. Scott Littleton, *The New Comparative Mythology: an Antropological Assessment Of the Theories of Georges Dumézil* (Berkeley ve Los Angeles, 1966).

uzmanlarının, bir tek bilginin, Hint-Avrupa çalışmalarının tamamını inceleyemeyeceğine kanaat getirmelerinden.[67]

Aslında bütün bu itirazlar, birkaç yanlış anlamaya dayanmaktaydı: 1) Dumézil, Max Müller'in filolojik ve etimolojik metodunu değil, tarihi bir metot kullanmıştır. Tarihi olarak birbiriyle ilişkili Sosyo-Dini olayları kıyaslamış ve neticede benzerliklerin, heterojen unsurların beklenmedik varlığıyla ilişkili olmadığını; aksine onların orijinal bir sistemin varlığını kabule sevk ettiklerini göstermiştir. 2) Modern araştırmalar, "**İlkeller**"in mantıklı ve "sistematik" bir şekilde düşünmeye kabiliyetlerinin olmadığı şeklindeki evrimci düşüncenin hatasını ortaya koymuştur. Üstelik onun ilkel olması bir yana, Hint-Avrupa öncesi kültür, dolaylı da olsa, eski Yakındoğu'nun daha gelişmiş şehir medeniyeti ile devamlı zenginleşmiştir. 3) Diğer taraftan bu kadar çok dilde uzmanlaşmanın "imkânsızlığı" şeklindeki peşin hüküm de, bireysel tecrübeye ve istatistik bilgilere dayalı yanlış bir hükümdür, konuyla da ilgisi yoktur. Çünkü bu konudaki yanlış, Sanskritçe, Keltçe veya Kafkasça bir metnin Dumézil tarafından verilen yanlış yorumunun, ortaya konulmasıyla görülebilirdi.

1940-1960 Yılları arasında yayımladığı ilgi çekici kitaplar ve Monografilerde **Georges Dumézil**, toplumun üçlü Hint-Avrupaî kavramı adını verdiği konuyu, şu üç alana karşılık gelecek şekilde kullanmıştır: **Egemenlik, Savaş Gücü ve Ekonomik Refah**. Dumézil'e göre, her fonksiyon sosyo-politik bir kategorinin sorumluluğu altına konularak (**Krallar-Savaşçılar-Besin Üreticileri**) doğrudan doğruya özel bir Tanrıya (örneğin, eski

---

[67] Şüpheciliğin, Dumézil'in olağanüstü bilgisinden daha çok, sistematik "yeniden kurma"sı ile yönlendirilmiş olması ihtimal dâhilindedir. Aslında akademik muhitlerde saygı ile kabul edilen, olağanüstü bilgi sahibi diğer uzmanlar da vardır. Fakat bu âlimler, filolojik ve tarihyazımsal bilgileri aşma teşebbüsünde bulunmamışlardır.

Dinin Anlamı ve Sosyal Fonksiyonu

Roma'da Jüpiter, Mars, Quirinus gibi) bağlanmışlardır. Birinci fonksiyon, iki role veya iki tamamlayıcı yöne ayrılmıştır. Bu da Vedalarda **Varuna ve Mitra** tarafından uygulanmış olan büyü ve hukuka dayalı hükümdarlıktır. Proto-Hint-Avrupalıların temel ideolojik gruplaşması, çeşitli Hint-Avrupa topluluklarının farklı tarihleri açısından değişik şekillerde geliştirilmiş ve yeniden yorumlanmıştır. Meselâ, Dumézil, ikna edici bir şekilde, Romalıların mitolojik verileri tarihselleştirdiklerini; Hint dehasının da kozmolojik terimlerdeki orijinal şemayı hazırladıklarını göstermiştir. Öyle ki en eski Roma Mitolojisinin, en eski tarihi olaylarda ve kişilerde ortaya çıkarılmış olduğunu Titus Livius *Histories/Tarih* adlı kitabının ilk cildinde belirtmektedir. Yani, tarihsel kişiler ve olaylarda mitolojinin görülebileceğini açıkça belirtmektedir.

Dumézil, **Üçlü İdeoloji** ile ilgili araştırmasını, Hint-Avrupa ritüelleri ve Veda ve Latin Tanrıçaları konusundaki Monografileriyle ve de daha sonra Roma Dini konusundaki hacimli eseri ile (1966) tamamlamıştır.[68] Burada, birçok uzmanın, her geçen gün, Dumézil'in elde ettiği sonuçlardan ve kullandığı metodundan yararlandıklarını belirtmeliyiz. Hint-Avrupa Dinlerinin anlaşılmasına, şimdilik en yeni katkıları sağlayan eserinden daha önemli olan şey; Dumezil'in, Dinler Tarihi için başlıca örnek teşkil etmiş olmasıdır. Gerçekten Dumézil, Felsefe ve Sosyolojiden elde ettiği bilgilerle, metinlerin filolojik ve tarihi analizlerinin nasıl tamamlanabileceğini göstermiştir. Yine o, sosyal ve dini kurumlara temel görevi yapan temel ideolojik sistemi açıklayarak, belli bir dini yöntemin, bir mitolojinin veya bir Tanrısal figürün nasıl doğru şekilde anlaşılabileceğini de ortaya koymuştur.

---

[68] Rituels indo- européens à Rome (Paris, 1954); Aspects de la Fonction guerriere chez les Indo- Europeens (Paris, 1955); La religion romaine archaique, (Paris, 1966) Déesses Latines et mythes védiques (Brüksel, 1956).

Prof. Dr. Mircea ELIADE

Van der Leeuw ve Din Fenomenolojisi

Gerardus Van der Leeuw ismi, daima Din Fenomenolojisi ile birlikte anılmıştır. Din Fenomenolojisi konularında ilk eseri o yazmıştır. Fakat Rudolf Otto'nun kinin aksine, onun da eserindeki çok yönlülük, çok sıkı bir sınıflandırmaya izin vermemektedir. Gençliğinde doğu Dilleri Okumuş ve Mısır Dini konusundaki hazırladığı tezle doktora ünvanına sahip olmasına rağmen, daha sonra İlkel Din konusunda iki muhteşem kitap ve diğer Dinler, İlkel Monoteizm Problemi ve Din Psikolojisi ile ilgili sayısız makale ve monografiler yayımlamıştır. Ayrıca Şair, Müzisyen, Kilise Adamı ve *The Holly in Art/Sanatta Kutsal* adlı kitabın da yazarıdır.[69] Bununla beraber, bitmek bilmeyen merakı ve çok yönlü ilgisi, neticede eserine hizmet etmeyecektir. Leeuw, ayrıca son derece yetenekli de bir yazardır. Fevkalade güzel ve açık yazıyordu. Bu nedenle eserleri rahatça anlaşılabiliyor, yoruma gerek kalmıyordu. Fakat Felsefi çevrelerde, hemen hemen kuru, zor, bilmecevari bir üslubun moda olduğu böyle bir devirde; açıklığın, sanatkârane vasıfların; yüzeysellikle, amatörlükle, orijinalsizlikle karıştırılma tehlikesi de vardı.

Van der Leeuw'un *Phanomenologie der Religion* (1933) (Din Fenomenolojisi)[70] isimli eserinde, Husserl'e çok az referansta bulunurken; Jaspers'e, Dilthey'e ve Spranger'e fazlasıyla referansta bulunmaktadır. Van der Leeuw, *Gestaltpsychologie* ve Strukturpsychologie[71] sonuçlarından büyük ölçüde etkilenmiş-

---

[69] Bu kitabın İngilizce çevirisi için bkz. *Sacred and Profane Beauty* (New York, 1963).
[70] Bu kitabın Fransızca yeniden gözden geçirilmiş baskısı, yazar ve J. Marty'nin işbirliği ile *La Religion dans son essence et ses Manifetations Phenomenologie de la Religion* (Paris, 1955) ismi ile yeniden neşredilmiştir.
[71] Bkz. Fokke Sierksma, *Phoenonemologie der Religie en Complexe Psychologie* (Assen, Hollanda, 1951). Din Fenomenolojisi için Friedrich Heiler'in eserleri de önemlidir. Özellikle Onun monografisi bir klâsik haline gelmiştir. Bkz. *Das Gebet*, (Münich, 1929); E. Kruger ve J. Marty'nin Fransızca çevirisi için bkz. *La Priére*, (Paris, 1931); yine Heiler'in, daha yeni olan kitabı için bkz.

tir. Yine de, tasvirlerinde, dini verilere ve onlara özgü özelliklere bağlı olduğu için Fenomenolog olarak kalacaktır. O, dini tasvirlerin, birtakım sosyal, psikolojik veya akılcı fonksiyonlara indirgemenin imkânsızlığına işaret etmiş, dini dinden başka bir takım şeylerle açıklamaya çalışan tabiatçı ön yargıları da, reddetmiştir. Van der Leeuw'e göre, din Fenomenolojisinin başlıca işi dini olguların içyapılarını aydınlatmaktı. Pek tabii ki haksız olarak da, dini olguların tamamının üç ana yapıya indirilebileceğini düşünüyordu: **Dinamizm, Animizm ve Deizm**. Ancak dini yapıların *Tarihi* ile ilgilenmiyordu. Bu da yaklaşımının en eksik yönüydü. Çünkü en Yüksek Dini İfadenin (mesela, mistik vecd hali gibi) tarihi olarak şartlanmış olan kültürel ifadeler ve yapılar içinde kendini gösterdiğini görmezden geliyordu. Gerçekten Van der Leeuw, Dinin jenetik bir Fenomenolojisini veya Morfolojisini hazırlamaya hiç bir zaman girişmemiştir. Fakat böyle bir boşluğun, onun eserinin önemini azaltmadığını da tekrar belirtmekte yarar vardır. Van der Leeuw'un evrensel dehası, ona yeni bir dini yorumu sistemleştirme ve tamamlama imkânı vermemiş olsa da o, bu alanda meraklı bir öncü olarak daima kalacaktır.

Fenomenologlar ve Tarihselciler

Din Fenomenolojisine gösterilen bu fazlaca ilgi, hayatlarını din bilimi çalışmalarına adayanlar arasında belli bir ölçüde gerilim meydana getirmiştir. Dinî Fenomenlerin *yapısını* ve *özünü* anlayabileceklerini iddia eden Fenomenologlara karşı, muhtelif tarihi ve tarihselci ekoller, çok şiddetli tepkiler göstermişlerdir. Tarihselciler için Din, tarih ötesi hiç bir değeri ve anlamı olma-

---

Erscheinungsformen Und Wesen der Religion, Stuttgart, 1961, Diğer Fenomenolojik katkılar, G. Mensching, W. Brede Kristensen ve C.J. Bleeker tarafından sağlanmıştır. Yine bu konuda bkz. Eva Hirschman, *Phanomenologie der Religion*, (Wurzburg, Anmuhle, 1940).

yan, sadece tarihi bir olaydır. Bunun için dinin *özünü* araştırmak demek, eski Plâtoncu hataya yeniden düşmek demektir. (Tarihselciler, Husserl'i görmezden gelmişlerdir.)

Tarihçilerle ya da "Tarihselciler" ile Fenomenologlar arasındaki bu gerilimin giderilemez olduğuna daha önce de işaret etmiştik. Ancak, çok sayıda bilginin, bu iki tutumu bütünleştirecek daha geniş bir perspektif arama yolunda olduğunu da gösteren teşebbüsler de olmuştur. Şimdilik muhtelif metodolojik yaklaşımlar ve teorik varsayımlar, yorumbilimdeki gelişmelerle, yararlılıklarını ve geçerliliklerini esaslı şekilde ispat etmişlerdir. Ananda Coomaraswamy'nin *Perennial felsefe/Evrensel Hakikat* ve modern öncesi bütün kültürlerin temelini oluşturan evrensel ilkel "Gelenek" düşüncesiyle ilgili kanaati kabul edilsin veya edilmesin, Budist ve Veda ile ilgili dini yaratılışlar üzerine ışık tutmaktadır. Yine Henry Corbin'in, **"Anti-Tarihçiliğine"** pek iştirak edemeyiz. Ancak, Corbin'in kendi zamanına kadar Batılı bilginlerce bilinmeyen İslam Tasavvuf Felsefesinin çok önemli bir boyutunu bu kavram sayesinde araladığını da inkâr edemeyiz.

Kısaca, bir yazarın eseri, dini yaratılışın belli bir tipinin anlaşılmasına sunduğu katkıya göre değerlendirilir. **Bundan dolayı, Dinler Tarihçisi, materyallerini, yorumla, manevi mesajlar haline dönüştürebildiği ölçüde, çağdaş kültür içinde rolünü ifa edecektir.** Fakat maalesef kitabın ilerleyen bölümlerinde göreceğimiz sebeplerden ve sonuçlardan dolayı bu durum, her zaman gerçekleşememiştir.

III.

DİN'İN KÖKENLERİNİ/KAYNAĞINI ARAMA

En Eski Bir Vahiy/İlk Vahiy

Bir Fransız atasözü, "**Gerçekten önemli olan, sadece detaylardır**," der. Bu atasözünün her zaman doğru olduğunu iddia etmeyeceğim. Ama bazı hallerde, kültür tarihinde, detayın başlangıçta, inanılandan daha çok açıklayıcı da olduğu görülmektedir. Meselâ, İtalyan Hümanizminin Floransa'daki başlangıcını düşünelim; genel olarak bilindiğine göre, **Marsilio Ficino**, Plâtoncu bir Akademi kurarak, Plâton'un *Diyaloglar*'ını ve birkaç yeni Plâtoncu eseri Latinceye tercüme etmiştir. Bununla beraber, daima gözümüzden kaçan bir detay olmuştur. Şöyle ki; Plâton'un ve Plotinus'un elyazmalarının çevirisini yıllardır toplayan devlet adamı **Cosimo de Medici**, bunları Ficino'ya emanet etmişti. Ancak 1460 Yıllarında Cosimo, daha sonra *Corpus Hermeticum* diye adlandırılacak olan yazmayı satın almış ve derhal Ficino'dan bunu Latinceye tercüme etmesini talep etmişti. Bu sırada Ficino, Platon'un eserlerinin tercümesine henüz başlamış da değildi. Ancak, Platon'un *Diyaloglar*'ını bir tarafa bırakarak, bütün zamanını birkaç ayda bitirmek üzere *Poimandres*'in tercümesine ve diğer Hermetik Eserlere tahsis etmişti. Gerçekten Cosimo'nun ölümünden bir yıl önce 1463'de bu tercümeler tamamlanmıştı. Böylece, *Corpus Hermeticum*, Marsilio Ficino tarafından Latinceye ilk tercüme edilen ve yayımlanan Yunanca metin olmuştur. Bunun için Ficino, Platon'un eserlerinin tercümesine daha sonra başlamıştır.[72]

İşte, sözünü ettiğimiz bu detayın çok önemli bir yeri vardır. Çünkü o, geçmiş neslin tarihçileri tarafından İtalyan Rönesansının bilinmeyen veya en azından ihmal edilen bir yönünü açıklamaktadır. Cosimo ve Ficino, Hermetik metinlerde açıklanan bu çok eski vahyin/İlk Vahyin keşfi ile sevinmişlerdir. Şüphesiz onların, Platon ve Pisagor'a olduğu kadar İranlı Mecusilere[73] de ilham verdiğinden ve Musa'dan da önce gelen en Eski Bir Vahiy olan Mısır'da yazılmış *Corpus Hermeticum*'dan şüphe etmeleri için hiçbir sebep yoktu.

Hermetik Metinlerin doğruluğunu ve kutsallığını övmekle birlikte Ficino, kendinin iyi bir Hıristiyan olduğundan da şüphe etmiyordu. Daha ikinci asırda, Hıristiyan Apolojist Lactantius, Hermes Trismegistos'u, tanrıdan vahye mazhar olmuş kutsal bir bilge olarak kabul ediyor ve İsa'nın doğumunu bazı Hermetik kehanetlerle ilişkilendiriyordu. İşte böylece Marsilio Ficino, bir yandan Hermetizm ile Hermetik Büyü, diğer yandan Hıristiyanlık arasındaki bu ahengi, yeniden ortaya koyuyordu. Pico della Mirandola'da *Büyü* ile *Kabbala*'nın, İsa'nın Tanrısallığını doğruladığını düşündüğü zamanda yanlış yolda değildi. Aynı şekilde Papa VI. Alexandre'ın da Vatikan'da, Mısırın Hermetik Sembolleri ve resimleri ile süslenmiş zengin bir freski vardı. Bunun nedeni, aslında ne estetikle ne de süsleme ile ilgili idi; Papa VI. Alexandre, Yüce ve Gizemli Mısır Geleneğini göstermek için bunu yaptırmıştı.

Hermetizm'e gösterilen bu aşırı ilgi, son derece önemlidir. Bu Rönesans insanının, sadece Musa ve Kabbala'ya değil, aynı zamanda Platon'a ve her şeyden önce Mısır ve İran Dinlerinin

---

[72] Frances A. Yates, Giordano Bruno and the Hermetic Tradition, (Chicago, 1964).
[73] Zerdüştlüğün bir kolu olan Zurvanizm mensuplarına verilen isim. (çev)

gizemine de nüfuz edebilen "**Eski bir Vahye**" duyduğu özlemi gösteriyordu. Bu ilgi aynı zaman da, Ortaçağ İlahiyatının mirası olan derin tatminsizliği ve ortaçağın insan ve kâinat kavramlarını; Batı Hıristiyanlığı olarak adlandırılabilecek **"Eski/Dar Kafalı"** Hıristiyanlığa olan tepkiyi ve mitolojik, tarih ötesi, evrensel bir dine karşı duyulan özlemi açıklıyordu. İşte iki asra yakın bir zaman Mısır ve Hermetizm, inançlı olduğu kadar, inançsız veya gizli ateist olan sayısız ilâhiyatçı ve filozofu etkilenmiştir. Eğer Giordano Bruno, Kopernik'in keşiflerini bu kadar heyecanla karşılamışsa, Güneşmerkezliliğin sihirsel ve dini yönden derin bir anlamı olduğuna inanmış olmasındandır. Giordano Bruno, İngiltere'de olduğu halde, *Asclepius*'da tasvir edildiği gibi, eski Mısırlıların büyülü dininin pek yakında geri döneceği kehanetinde bulunmuştu. Kopernik, kendi teorisini yalnızca matematikçi gözüyle anlarken; Bruno, Kopernik'in şemalarını Tanrısal sırların hiyeroglifi olarak yorumluyordu. Bunun için de Bruno, kendisini Kopernik'den daha üstün görüyordu.

"**En Eski Hermetik Vahyin**" dini ve kültürel mitoloji tarihinin, Yunan Bilgin **Isaac Casaubon** tarafından 1614'deki yıkılışına kadar izini sürmek çarpıcı bir çalışma olurdu. Ancak o zaman, bu modern öncesi mitolojinin detaylı tarihi, bizi, konumuzun çok dışına götürmüş olacaktır. Bunun için burada sadece, Isaac Casaubon'un tamamen filolojik temeller üzerinde, **İlk Vahyi** temsil etmekten uzak olan *Corpus hermeticum*'un çok sonraki döneme ait bir metinler kolleksiyonu olduğunu ispatladığını söylemekle yetineceğiz. Yani ona göre bu metin, çağımızdan iki veya üç asır öncesine bile gitmeyen **Helenistik-Hıristiyan Senkretizmini** yansıtan bir metindir.

Birkaç esere tam olarak nakledilmiş olan bu **Eski Vahye** gösterilen bu aşırı inancın yükselişi ve çöküşü oldukça semptomatiktir. Kısaca, müteakip üç asırda meydana gelmesi beklenen bir olayı, onun öne aldığını söylemek de mümkündür. Gerçekten de Musa'dan önce, mevcut olan Bir Vahyin araştırılması olayı, önceden belirlenmiş daha sonra Batı Hıristiyanlığını sarsacak bir dizi krize eşlik etmiş ve nihayet yerini XIX. Yüzyılın Pozitivist ve Tabiatçı İdeolojilerine bırakmıştır. "**Mısır Bilimine**" ve diğer "**Doğu Sırları**"na olan bu yoğun ve sürekli ilgi, Rönesans döneminde, bugün Dinlerin Karşılaştırmalı Tarihi olarak adlandırdığımız disiplinin gelişmesini teşvik edici bir rol oynamamıştır. Oysa Ficino, Pico, Bruno ve Campanella'nın Hermetik ilme tahsis ettikleri dikkat ve çabalar, doğrudan doğruya muhtelif Tabiatçı Felsefelerin gelişmesini sağlamış, Matematik ve Fizik gibi İlimlerin zaferini doğurmuştur. Bu yeni İlimler ve Yeni Felsefeler için artık Hıristiyanlık, Vahyedilmiş yegane din değildi. Hıristiyanlığı Vahyedilmiş bir din olarak kabul etmiş olsak bile, XIX Yüzyılda Hıristiyanlık dâhil bütün bilinen dinler, sadece temelden yoksun değil, aynı zamanda kültürel planda da tehlikeli olarak görülmüşlerdir. Çünkü onlar, genellikle bilimin gelişmesini engelliyorlardı. Devrin aydınları arasında en yaygın olan görüş, Filozofların, Tanrının varlığını ispat etmenin imkânsız olduğunu ortaya koymuş olmalarını belirtmeleriydi. Diğer yandan bilimin, insanın maddeden başka bir şey olmadığını, her ne olursa olsun, "**Ruh**"a benzer bedenden ayrı, insanı yaşatan manevi bir şeyin olamadığını ispatladığı iddia ediliyordu.

Karşılaştırmalı Dinler Tarihinin Başlangıcı

Dinlerin karşılaştırmalı Tarihinin başlangıcının, Materyalist ve Pozitivist propagandanın doruk noktaya çıktığı XIX. Yüzyılın ortalarına doğru kendini göstermesi, bilhassa dikkat çekici bir olaydır. Çünkü Auguste Comte, *Cathéchisme Positiviste'i/Pozif İlmihali* 1852'de ve *Système de Politique Positive*'i/Pozitif Politik Sistemi de 1855 ile 1858 arasında yayımlamıştır. Ludwing Buchner de, *Kraft und Stoff(Güç ve madde)* isimli eserini 1855'de yayımlamıştır. Buchner, bu kitapta Tabiatın amaçtan yoksun olduğunu, hayatın üreme ile kendiliğinden çoğalma ile meydana geldiğini ve ruh ile aklın organik fonksiyonlar olduğunu ispat etmeye çalışıyordu. Ayrıca aklın, beyinde toplanmış bütün güçlerin bir sonucu olduğunu kabul ediyor ve ruh veya akıl olarak adlandırdığımız şeyin büyük ihtimalle "**Sinirsel Elektrik**"in sonucu olduğunu belirtiyordu. Bir yıl sonra, 1856'da ise Max Müller, *Essays in Comparative Mythology/Karşılaştırmalı Mitoloji Denemeleri* adlı kitabı yayımlamıştı. Bu denemeyi, Dinlerin Karşılaştırmalı Tarihi alanında ilk önemli eser olarak kabul edebiliriz. Bundan üç yıl sonra, Darwin'in, *Türlerin Kökeni* isimli eseri ve 1862'de de Herbert Spencer'in *İlk Prensibler*'i yayım hayatına girmiştir. Bu eserde Spencer, kâinatın evrimini, esas maddenin belirsiz homojenlikten belirgin heterojen hale esrarengiz şekilde dönüşümü ile açıklamaya çalışıyordu.

İşte aydın sınıfın ilgisini çeken bu yeni buluşlar, hipotezler ve yeni teoriler, çok çabuk şekilde popüler hale gelmişti. Ernst Haeckel'in, *Natürliche Schöpfungsgeschichte/Yaratılışın Doğal Tarihi,* devrin en gözde kitabı haline gelmişti. Bu kitap 1868'de yayımlanmış, asrın sona ermesinden önce yirmiden fazla baskısı yapılmış ve on iki kadar dile çevrilmiştir. Burada Haeckel'in, ne yetenekli bir filozof ne de orijinal bir düşünür olmadığını belirtmek yerinde bir hareket olur. Darwin'den ilham alarak O, evrim teorisinin, tabiatın mekanik kavramına doğru yönelen eşsiz bir yol olduğunu düşünüyordu. Ona göre, evrim teorisi, teolojik ve amaca yönelik açıklamaları yürürlükten kaldırıyor ve organizmaların kökenini sadece doğal nedenlere başvurarak rahatça anlama imkânı veriyordu.

Haeckel'in kitabı tekrar tekrar basıldığı, tercüme edildiği, tartışıldığı ve Herbert Spencer, *System of Synthetic Philosophy* (1860-1896) adlı eserini hazırladığı sırada; yeni bir disiplin olan Dinler Tarihi de çok hızlı bir gelişme gösteriyordu. Max Müller,

1864'de takdim ettiği *Lectures on the Science of Language* isimli eserinde, Aryanlardaki **Güneş Mitolojisini** ilgilendiren teorisini açıklıyordu. Bu teori, mitolojinin, "**anlatım hastalığından**" doğduğu düşüncesine dayanıyordu. 1871'de de Edward Burnett Tylor *Primitive Culure* adlı, dini inançların evrimini ve kaynağını ortaya koyan muhteşem eserini yayımlamıştı. Burada Tylor, dinin ilk devresini, animizm denen ruhçulukla açıklıyordu. Animizme göre, tabiat canlı idi. Yani bir ruha sahipti. Tylor'a göre daha sonra Monoteizme yerini bırakacak olan Politeizm, animizmden çıkacaktı.

- Pek tabii ki, XIX. Yüzyılın ikinci yarısı boyunca, dinin bilimsel incelemesinin tarihine işaret eden bütün önemli çalışmalara burada değinmek faydasızdır. Yine de bir yandan, Materyalist ideoloji ile diğer yandan Doğu ve Arkaik Din şekillerine gittikçe artan bu ilgi arasındaki zaman paralelliliğinin anlamını, incelemekte de yarar vardır. Burada denilebilir ki, hayatın ve aklın kökenlerini kaygılı bir şekilde arama çabası, tabiatın gizeminin meydana getirdiği büyüleme, maddenin içyapısını açıklama ve ona nüfuz etme ihtiyacı gibi bütün bu özlemler ve eğilimler, bir çeşit ilk olan'a ve evrensel olan asıl *matrisi* belirtmektedirler. Madde, töz; mutlak başlangıcı, yani her şeyin başlangıcını temsil etmektedir. Kısaca, evrenin, hayatın ve aklın başlangıcını temsil etmektedir: Burada zamanın ve uzayın derinliklerine nüfuz için altedilmez bir istek; sınırlara, görünen dünyanın başlangıcına ulaşma, tözün nihai temelini ve canlının özünü keşif arzusu görünmektedir.[74]

---

[74] Her şeyin başlangıcı olan *mutlak başlangıç* kaygısı, arkaik zihniyet olarak adlandırılabilecek olan şeyin bir özelliğidir. Önceki yazılarımda gösterdiğim gibi, arkaik dinlerde kozmogonik mitler önemli bir rol oynamaktadır

Belli bir görüş açısından, insan ruhunun, maddenin bir ürünü olduğunu söylemek, aşağılayıcı bir durum teşkil etmektedir. Bu açıdan, insan ruhu, artık Tanrının bir yaratığı olarak görülmemektedir. Bununla beraber, Tanrının var olmadığı hipotezi dikkate alındığında; insan ruhunun olağanüstü, uzun, komplike bir evrimin sonucunda meydana geldiğini ve onun kökünün, fiziko-kimyasal madde olan en eski kozmik realitede bulunduğunun keşfi, oldukça teselli edici görünmekteydi. XIX. Yüzyılın ikinci yarısındaki aydınlar ve bilginler için madde, sadece tüm problemleri çözüme ulaştırmıyordu. Ayrıca o, insanlığın geleceğini, tarihsiz ve yorgun olmayan sürekli bir ilerlemeye de maruz bırakıyordu. Böylece bilim sayesinde, insan madde ile ilgili daha doğru bilgilere ulaşacak ve maddeye hâkimiyetini sağlayacaktı. Bu sürekli ilerleyen olgunlaşmanın ise, sonu olmayacaktı. İlme, ilmî eğitime ve endüstriye olan bu coşkulu güvende, Mesihçiliği hatırlatan bir tür dinsel iyimserlik bulunmaktaydı: İnsan sonunda, özgür, mutlu, zengin ve güçlü olacaktı.

---

ve bunun da sebebi şudur; bu mitler, dünyanın nasıl "var" olduğunu anlatırken, gerçeğin, (varlığın kendisinin) de nasıl var olduğunu göstermektedir. (Bkz. Eliade, *Aspect du Mythe*, Paris, 1963). Bunun için ilk sistematik kozmogoni ve kozmolojiler bir anlamda birtakım ontojeni'ler/ferdileşmeler'dir. Yani, ilk döllenmeden mükemmel bir varlık haline gelmeye kadar geçirilen değişim (*Aspect du Mythe*, s. 134)dir. Belli bir görüş açısından XIX. yüzyılın bilimsel ideolojileri ile arkaik zihniyet arasında "**daimi bir çözüm**" mevcut değildir. Freud de, beşeri durumun özelliğini ihtiva ettiği için, "**mutlak başlangıcı**" kullanmaktadır. Fakat Freud'de "**başlangıç**" kozmik boyutunu kaybediyor ve "**kişisel başlangıca**" yani çocukluğa indirgenmiş görünüyor. (*Aspect du Mythe*, s. 97-99-100).

Materyalizm, Spiritism, Teozofi

İyimsercilik, materyalizmle, pozitivizmle ve sınırsız evrime olan inançla mükemmel şekilde uyuşmuş oluyordu. Bu, sadece Ernest Renan'ın, XIX. Yüzyılın ortasında yazdığı *L'Avenir de la science*[75](*İlmin Geleceği*) adlı kitapta değil; aynı zamanda XIX. Yüzyılın ikinci yarısının spiritism adı altındaki din dışı hareketlerinde de kendini göstermiştir. Spiritism hareketi, New York'un Hydesville şehrinde 1848'de ortaya çıkmıştır. Fox ailesinin fertleri, bilinçlice yapılmış gibi görünen bir dizi esrarengiz kapıya vuruş sesi işitmişlerdi.

Kızlardan birisi bir kod oluşturdu. Evet, için **üç**, hayır için **bir**, kararsız ise **iki vuruş** olacaktı. Böylece de "**Ruh**" olduğu iddia edilen şeyle iletişim kurulmuş oluyordu. Yine, böylece Fox ailesinin üç kızı da ilk medyumlar oldu ve sorulan soruları, masanın titremesi ile veya kapıları tıklatarak cevap veren ruhlarla, haberleşme seanslarını başlatmış oluyorlardı. İşte bu Ruh çağırma seansları, çember şeklinde oturma uygulamasıyla çok hızlı bir şekilde bütün dünyaya yayılmıştı.[76]

Oysa ruhi olaylar çok eskidenberi biliniyordu ve muhtelif kültürler ve dinler tarafından farklı şekilde yorumlanmışlardı. Ancak, modern ruh çağırıcılığının önemli olan yeni unsuru, onun materyalist bir kavrama sahip olmuş olmasıydı. Gerçekten de bu vuruşlarda, masanın titreşimlerinden ve daha sonraki maddileşmeler içinde ölümden sonra ruhun varlığının pozitif delilleri vardı. Ruhun hayatta kalması ve ölümsüzlüğü problemi, Batı Dünyasını, Pisagor, Empedocle ve Platon'dan beri Teolojik veya Felsefi bir problem olarak meşgul etmekte idi. Ancak bilimsel ve pozitivist bir çağ olan XIX. Yüzyılda ise, ruhun ölümsüzlüğü, deneyin başarısına, yani bilimsel olarak kanıt-

---

[75] Renan, E, *Bilimin Geleceğ, i* Çev. Z. İhsan, MEB, Ankara, 1951.
[76] F.C.S Schiller, "Spiritism" ed. James Hastings, *Encyclopedia of Religion and Ethics* (New York, 1921) cilt 11, s. 806.

lanmasına bağlıydı ve bunun için de reel yani fiziksel deliller gerekiyordu. Daha Sonra, ruhun hayatta kalışının ispatını incelemek gayesiyle birtakım cihazlar ve laboratuvarlar da icat edilmişti. Böylece, hemen hemen bütün para-psikolojik araştırmalarda pozitivist bir iyimserciliğe sahip olunmuştu. Çünkü bütün bu araştırmalarda bir gün bilimsel olarak ruhun ölümden sonraki hayatının, bilimsel olarak ispat edileceği umudu vardı.

Diğer İyimserci ve Pozitivist bir cemiyet olan teozofik bir cemiyet, Helena Petrovna Blavatsky tarafından 1875 Yılının Kasım ayında New York'ta kurulan bir başka din dışı haeketti. Blavatsky *Isis Unveiled* (1877) ve diğer hacimli eserlerinde, modern dünya'ya anlayabileceği ifadeler içinde bir vahiy sunuyordu. Modern dünya, evrime ve dolayısı ile sonsuz bir ilerlemeye inanıyordu. Madam Blavatsky, ruh göçü ve yeniden başlangıç ile gerçekleşen sonsuz bir ruhsal evrim teorisi sunmuştu. İddia ettiği Tibet'teki ikameti esnasında ilk önemli vahyini almıştı. Yani Asyalı ve yeryüzü ötesi vahiyleri aldığını söylüyordu. Burada belirtmek gerekir ki eğer bir şey, bütün doğu geleneğini karakterize ediyorsa, açıkça bu, ruhi hayatın anti-evrimci bir anlayışıdır. Diğer taraftan madam Blavatsky, teozofik doktrini desteklemek için maddi ve pozitif deliller sunmak gerektiğine inanarak, Tibet'de bulunan gizemli Mahatma'lardan maddi mesaj alıyordu. Bu mesajlar, İngilizce olarak normal kâğıt üzerine yazılmış olmasına rağmen, sağlam bir olay perestijine bürünmüş ve Madam Blavatsky'nin gizli doktrininin doğruluğu, görünüşte zeki çok sayıda insanı ikna etmişti. Şüphesiz burada ruhen iyimser bir cemiyete uygun, çok güçlü bir tarzda ortaya çıkmış olan iyimser, gizli bir doktrin söz konusu oluyordu: Evrenin ve kendinizin göç eden ölümsüz ruhunun en derin sırlarına adım adım ulaşmak için bu teozofik bir grubun üyesi olmak ve iki ciltlik *Isis Unveiled* adlı eseri okumak yeterliydi. Böylece, ilerleme imkânlarının sınırsız olduğu ve sadece sizin değil, tüm insanlığın bir gün olgunluğa erişeceği de öğrenilmiş oluyordu.

Bu olağanüstü iddiaların önünde, gülmeden, dinlemek gerekir. Tıpkı teozofik cemiyet gibi, spiritism hareketi de pozitif ideolojiler gibi aynı *Zeitgeist*'i/**zamanın Ruhunu** belirtmektedir. *Türlerin Kökeni, Kraft und Stoffe, Essays in Comparative Mythology* ve *Isis Unveiled*'in okuyucuları şüphesiz aynı okuyucular değillerdi. Ancak ortak bir yanları vardı: Hepsi Hıristiyanlık ile tatmin olmuyordu ve bazıları dindar bile değildi. Hıristiyanlığın tarihsel bilinçsizliği, aydınlar arasında bir boşluk yaratmıştı; işte bu boşluk, bazılarını yaratıcı maddenin kaynağına ulaşmaya götürürken; bazılarını da görünmez Mahatmalarla veya ruhlarla iletişim kurmaya sevk ediyordu. İşte yeni bir disiplin olan Dinler Tarihi de, bu kültürel bağlam içinde çabucak gelişecek ve buna benzer bir yol izleyecekti: Yani, dinin mutlak başlangıcına ulaşmak için olaylara karşı positivist bir yaklaşım ve dinin kökenlerini araştırılmaya yönelik bir köken arayışı içine girecekti.

Köken Takıntısı/Menşe Saplantısı

Bu dönemde, Batının bütün tarih yazımı, *köken* araması ile takıntılı hale gelmiştir. Herhangi bir şeyin "**Kökeni ve Gelişimi**" âdeta klişe haline gelmiştir. Önde gelen yazarlar, dilin, insan topluluklarının, sanatın, kurumların, Hint-İran ırklarının, kökenleri konusunda yazı yazı yazmaya başlamışlardır. İşte burada karmaşık, fakat oldukça ilginç bir problemle karşı karşıya geliyoruz. Ancak bu konunun üzerinde çok durmayacağız. Hemen kısaca belirtelim ki, insanî kurumların ve kültürel oluşumun kökenini kavramaya çalışan böyle bir araştırma; doğabilimcinin türlerin kökenini arayışını, biyologun hayatın kökenini anlama rüyasını, evrenin ve dünyanın kökenini anlamaya çalışan astronomun ve jeologun çabasını devam ettiriyor ve birbirini tamamlıyordu. Konuya psikolojik bir bakış açısıyla baktığımızda da, "**İlkel**'e ve "**Köken**'e duyulan aynı özlemi gözlemleyebiliriz. Meselâ Max Müller, Rig-Veda'nın, Aryan Dininin ilkel bir dönemini ve sonuç olarak, mitolojik yaratılışların ve dini inançların en eski dönemlerinden birini yansıttığını düşünüyordu. Ancak 1870 Yıllarında Sanskritçe uzmanı Abel Bergaigne, Veda İlahilerinin natüralist bir dinin ifadesinden uzak olduğunu ve onların yüksek kültürlü aşırı kuralcı rahipler sınıfının eseri olduğunu ispat etmişti. Böylece, dinin ilkel şekli olarak coşku ile kabul edilen bir din şekli daha(tabiatçılık) titiz ve sert bir filolojik analizle yok edilmiş oluyordu.

Böylece Vedalar konusundaki bilimsel tartışma da, dinin kaynağını tespit konusundaki dramatik ve uzun savaşın bir bölümünden başka bir şey olmadı. Yine parlak bir yazar olan Andrew Lang'ın da Max Müller'in mitolojik yapısının yıkılmasında, çok önemli katkısı olmuştur. Onun en meşhur eserleri arasında ki *Custom and Myth* (1883) ve *Modern Mythology* (1897), E. B. Tylor'un fikirlerine dayanarak Max Müller'in fikirlerini gözden düşüren makalelerinden meydana gelmiştir. Bununla beraber, 1898'de yani, *Modern Mythology*'nin yayımlanmasından bir yıl sonra, Andrew Lang, *The Making of Religion/Dinin Yaratılışı*, adlı eserini yayımlamıştı ve bu kitabında dinin kökeninin animizmde bulunduğunu söyleyen Tylor'un görüşlerini reddediyordu. Lang ise, delillerini Avustralyalılar ve Andamanesler gibi çok ilkel kabilelerde mevcut olan **Göksel Tanrıların** varlığı inancı üzerine dayandırıyordu. Tylor ise böyle bir inancın orijinal olmasının mümkün olmadığını iddia ediyordu ve Tanrı fikrinin, Doğa Ruhları ve Ata Hayaletlerine inanç Kültünden gelmiş olduğunu söylüyordu. Oysa Andrew Lang, Avustralyalılarda ve Andamaneslerde ne ata kültü ile ne de tabiat kültü ile karşılaşmıştı.

İşte beklenmedik Anti-Evrimci bu iddiaya göre, bir Göksel Tanrı, artık dini tarihin sonunda değil; başında bulunuyordu.

Ancak yine de bu hareket, dönemin birçok uzmanını çok fazla etkilemiş değildi. Çünkü Andrew Lang, bu konudaki dokümanlara tamamen sahip değildi ve Hartland ile giriştiği tartışmada "**ilk tezinin**" bazı kısımlarını terk etmek zorunda kalmıştı. Diğer yandan çok değişik yeteneklere sahip, mükemmel bir yazar olarak Andrew Lang, bir de şiir kitabı yazmış olma bedbahtlığına da sahipti. Çünkü genelde şairsel yetenekler, bilginlere kuşku veriyordu.

Yine de Andrew Lang'ın "**İlkel Gök Tanrı**" fikri başka yönlerden de önem taşımaktaydı. XIX. Yüzyılın sonunda ve XX. Yüzyılın başında animizmin, dinin ilk evresi olarak görülmesi fikri terk edilmişti. Ancak bu dönemde de, yeni iki teori daha ortaya çıkmıştı. Her iki teori de "**animist öncesi**" teoriler olarak adlandırılabilir. Çünkü her iki teori de, animizm olarak tasvir edilen bir evreden daha eski bir dini dönem olduğunu iddia ediyordu. Bu teorilerden birincisi, Andrew Lang'ın teorisi idi. Bu da, dinin başlangıcında bir Göksel Tanrı inancı bulunduğunu iddia ediyordu. İngiltere'de bu hipotez neredeyse reddedilmiş olsa da; bu hipotez daha sonra düzeltilmiş ve tamamlanmış olarak Graebner ve bazı Avrupalı bilginlerce kabul edilmiştir. Çağımızın en bilgili etnologlarından birisi olan Wilhelm Schmidt, Göksel Tanrılara olan ilkel inanç hipotezini geliştirmiş ve bundan dolayı İlkel **Monoteizm** (*Urmonotheismus*) teorisini ortaya çıkarmıştır. Çok kabiliyetli bir bilgin olmasına rağmen Schmidt, aynı zamanda da bir katolik rahibiydi. Bunun için bilim dünyası onun Apolojetik/Savunmacı niyetler beslemesinden, kaygı duyuyordu. Geçen bahislerde gördüğümüz gibi Schmidt, tamda bir rasyonalistti ve Tanrı fikrinin ilkel insan tarafından nedensel düşünme sonucu meydana geldiğini ispat etmeye çalışıyordu. Ancak Schmidt *Ursprung der Gottesidee/Tanrı Fikrinin Kökeni*, isimli dev eserini yayımladığı sırada Batı Dünyası, çok önemli akıldışı felsefelerin ve ideolojilerin ortaya çıktığına şahit oluyordu. Bergson'un *Elan vital* /Yaşama Atılım veya Yaratıcı Kuvvet kavramı, Freud'un bilinçdışını keşfetmesi, Lévy-Bruhl'un mantık öncesi mistik zihniyet olarak adlandırdığı bu konu üzerindeki araştırmaları, Rudolf Otto'nun *Das Heilige*'ı, Sürrealizm ve Dadaizm gibi Sanattaki Devrimler; modern akıldışıcılık tarihindeki gelişmelerin sadece bir kaçına işaret ediyordu. Bunun için çok az Etnolog ve Dinler Tarihçisi, Schmidt tarafından sunulan Tanrı fikrinin keşfinin mantıklı açıklamasını kabul edebilmişti.

Buna karşılık 1900-1920 Yılları arasındaki dönemde ise, ikinci animist öncesi teori olan *Mana inancı*, dinin başlangıcında, kişilerüstü ve belirsiz büyülü dini bir güce inanma teorisi olarak hâkim olmaya başlamıştı. Özellikle İngiliz Antropolog Marett, bu büyülü dini tecrübenin, ruh kavramını öngörmediğini ve netice olarak da Tylor'un tasvir ettiği Animizmden daha arkaik/Eski bir dönemi temsil ettiğini söyleyerek, *Mana*'ya inancın, Animist öncesi karakteri üzerinde ısrar ediyordu.

Dinin kökeni konusundaki bu hipotezlerin güçlü muhalefetinde bizi ilgilendiren şey; "**İlkel**"e duyulan ilgiydi. Buna benzer bir kaygı, hermetik metinlerin bulunuşundan sonra İtalyan filozofları ve hümanistlerinde de görülmüştü. Yine tamamen başka bir bağlamda ve farklı şekilde "ilkel"i araştırma olayı, XIX. Yüzyılın tarihçilerinin ve bilim ideologlarının faaliyetlerini de karakterize etmektedir. Bu iki animist öncesi teori, (bir Göksel Tanrıya olan ilkel inanç ve kişilerüstü olan kutsalın ilk tecrübesi) dini tarihte, Tylor'un Animizm teorisinden daha derin bir seviyeye ulaştığını söylüyordu. Gerçekten de her iki teori de, dinin mutlak başlangıcını keşfetmiş olduklarını iddia ediyordu. Ayrıca, her iki teori de dini hayatın tek yönlü evrimini gösteren Tylor'un hipotezini reddediyordu. Marett ve *Mana-Ekolü*, dinin gelişmesinin genel bir teorisini inşa ile meşgul olmuyordu. Schmidt ise, bütün çalışmalarını bu özel probleme tahsis etmişti. Schmidt, bu konuda tarihi bir problemin söz konusu olduğunu, tabiatçı bir problemin söz konusu olmadığını göstermeye çalışıyordu. Schmidt'e göre başlangıçta insan, yaratıcı, güçlü, tek bir Tanrıya inanıyordu. Daha sonra tarihi şartlar neticesinde insan, bu tek Tanrıyı ihmal etmiş ve unutmuştu. Böylece insan, kendisini sayısız Tanrılara, Tanrıçalara, ruhlara, mitolojik atalara dayanan gittikçe karmaşık hale gelen inançlara terketmiştir. Bu yozlaşma/bozulma, binlerce yıl önce başlamış olmasına rağmen, Schmidt yine de burada tarihi bir sürecin söz konusu olacağını iddia ediyordu. Çünkü insan, tarihi bir varlıktı. Böylece Schmidt, tarihi etnolojiyi büyük ölçüde, ilkel dinlerin incelenmesine dâhil etmiş oluyordu. İleride bu bakış açısının önemli değişikliğinin sonuçlarını göreceğiz.

Göksel Tanrılar ve Tanrı'nın Ölümü

Şimdi bir an için, Andrew Lang'a ve onun ilkel Göksel Tanrıya olan inancının keşfine yeniden dönelim. Lang'ın, **Nietzsche'yi okuyup** okumadığını bilmiyorum. Büyük ihtimalle okumamıştır. Fakat Lang'ın bu buluşundan yirmi yıl önce **Nietzsche**, sözcüsü Zerdüşt vasıtasıyla **Tanrının Ölümünü** ilan etmişti. Nietzche hayatta iken farkedilmeyen bu ilân, Avrupa'da, sonraki nesiller üzerinde çok önemli etki bırakmıştır. Bu ilân, Hıristiyanlığın kesin sonunu haber veriyordu ve yine modern insan için, içine kapanmış Tanrıdan yoksun, kendiliğinden varolmuş bir dünyada yaşama kehanetinde bulunuyordu. Oysa belirtmek gerekir ki Lang, ilkellerde Göksel Tanrıların varlığını açıklarken, farkında olmamasına rağmen, Tanrıların ölümünü ortaya koymuş oluyordu. Gerçekten Lang, bu Göksel Tanrıya inancın çok yaygın olmadığını ve bu Tanrılara yapılan kültün oldukça az olduğunu belirtmiştir. Yani bu Tanrıların, dini hayattaki gerçek rollerinin çok mütevazı olduğunu söylüyordu. Yine Lang, Yüce Tanrıların nihaî yokluğunda ve dejenerasyonunda, onların yerine başka dini figürlerin geçmesi olayına; bir açıklama bile getirmeye çalışıyordu. Lang'ın düşüncesine göre, Gök tanrı fikrinin yok olmasının en güçlü nedeninin, mitolojik imgeleme olduğunu düşünüyordu. Ancak Lang bu konuda yanılıyordu. Fakat bunun bizim konumuz için fazla önemi yoktu. Bu ilkel Göksel Tanrının *deus otiosus** olmasına, göklerin derinliklerine çekildiğine ve insanların işlerine karışmadığına inanılmıştır. Kısaca bu Tanrı, unutulmuş, bir başka ifade ile ölmüştür. Bu Tanrının unutulduğunu anlatan bir takım mitolojilerden değil, aksine Tanrının, dini hayattan ve mitolojilerden tamamen yok olması anlamına geliyordu.

Göksel Tanrının bu unutulma olayı, böylece onun ölümü anlamına gelmekteydi. Nietzsche'nin, **Tanrının Ölümünü** ilânı, Yahudi-Hıristiyan Batı Dünyası için yeni bir olaydı, Fakat **Tanrının Ölümü** olayı Dinler Tarihi için çok eski bir olaydı. Ancak aralarında bir fark vardı. Göksel Tanrının yok olması, daha canlı ve daha dinamik fakat daha değersiz bir Tanrılar panteonuna yol açmıştır. Oysa Nietzche'nin düşüncesindeki Yahudi-Hıristiyan Tanrı anlayışının ölümünden sonra insan, yalnızlık içinde, yani temelden kutsallığını kaybetmiş bir dünyada yaşamak zorundaydı. Fakat kendiliğinden olan ve köklü şekilde kutsallığını kaybeden bu dünya, tarihin dünyasıydı. Tarihi bir varlık olarak insan, Tanrıyı öldürmüş ve bu cinayetten sonra da, sadece tarih içinde yaşamaya mecbur kalmıştır. Şimdi tamda bu sırada, Schmidt'in İlkel Monoteizm (*Urmonotheismus*) teorisini, yani Göksel Tanrının unutulduğu ve onun yerine başka dini figürlerin geçtiğini söylediği teoriyi ve bunun da natüralist bir sürecin değil, aksine tarihi bir gelişmenin sonucu olduğunu söylediğini hatırlamak oldukça ilginç bir noktadır. Gerçek şu ki, ilkel insan, devşiricilik döneminden, ziraat ve çobanlık dönemlerine geçe-

---

* *deus otiosus:* Yarattığı dünyadan elini çekmiş, olup- bitenlere karışmayan Tanrı. (çev) rek, maddi ve kültürel ilerlemeler kaydetmiştir. Başka bir ifadeyle, tarih yapmıştır. Böylece ilkel insan, Bir Tek Yüce Tanrıya olan inancını kaybetmiş ve daha küçük sayısız Tanrılara tapmaya başlamıştır.

Lang'da ve Schmidt'de olduğu gibi Nietzsche'de de böylece yeni bir fikirle karşılaşıyoruz: Tanrının değersizleştirilmesi, unutulması ve en sonunda ölümünde, tarihin sorumluluğu. Ancak sonraki nesilerin bilginleri, tarihin bu yeni anlamıyla boğuşmak zorunda kalacaklardır. Bu arada, Dinlerin Karşılaştırmalı çalışması da büyük bir ilerleme gösteriyordu. Bu konuda yayımlanmış olan dokümanlar durmadan artıyor, bu alanda devamlı yazılıyor ve bütün dünyada Dinler Tarihi kürsüleri ard arda kuruluyordu.

Özellikle XIX. Yüzyılın ikinci yarısında, belli bir zaman boyunca, daha sonraki bilginlerin özenli, sentezci yorumlar yapabilmeleri ve özgür olabilmeleri için, bir, iki neslin kendilerini yalnızca yayıma ve dokümanların analizine adamaları gerektiği düşüncesinin hâkim olduğu bir dönem yaşandı. Gerçi Renan, *L'avenir de la science/İlmin geleceği* isimli kitabını kaleme aldığı zaman, buna inanmasına rağmen bu düşünce, bir hayalden öteye geçemedi. Diğer tarih disiplinleri gibi Dinler Tarihi de diğer bilimsel faaliyetler örneğini takip etmeye başlamıştı. Yani o da kendisini, "**bulgu**"ların toplanmasına ve tasnif edilmesine daha fazla adamıştı. Materyalleri karşısında Dinler Tarihçisinin bu dervişane alçakgönüllülüğü, aynı zamanda bir ihtişamdan da yoksun değildi ve neredeyse ruhani bir önemi de vardı. Dokümanları içine dalmış bir bilginin durumu, dokümanlar yığını ve ağırlığı altında gömülmüş gibi bir çeşit *descensus ad inferos*; cehenneme inme olayı olarak tasvir edilebilir. Bu iniş, derin, karanlık ve yeraltı bölgelerine inmeye benzer. Orada bilgin, canlı maddenin tohum evresi ile karşılaşır. Bazı durumlarda bu dokümanlara tamamen dalma, tam olarak manevi bir ölüme eş olmaktadır. Çünkü bu, âlimin yaratıcılığını, maalesef bu durum kısırlaştırabilir.

Bu tür *Cehenneme inme isteği,* yüzyılın başındaki batı zihniyetinin genel eğilimini yansıtmaktadır. Freud tarafından sunulan psikanalitik teknik için, *descensus ad inferos,* yani Cehenneme inişten daha uygun bir tabir olamazdı. Bu, insan ruhunun en derin ve en tehlikeli bölgelerine iniş demekti. Jung, ortak bilinçdışının varlığı hipotezini ileri sürdüğünde yani, arkaik insanlığın, resimleri, sembolleri, mitolojileri olan en eski hazinelerin keşfinde bu, Okyanus Bilimi/**Oşinoğrafi** ve Mağara Bilimi/**Speleoloji** tekniklerine benzetilmeye başlamıştı. Nasıl, denizin derinliklerine inenler veya mağaraların derinliklerine ulaşanlar, yeryüzünde yıllardan beri kaybolmuş basit organizmaları bulup ortaya çıkarıyorlarsa; psikanaliz de önceleri incelenemeyen derin birtakım ruhsal hayat şekillerini bulup ortaya çıkarıyordu. Mağara bilimi de, uzmanlara, biyologlara, üçüncü zaman organizmaları ve fosil olmaya elverişli olmayan ilkel zoomorfik şekilleri yani iz bırakmadan yeryüzünden kaybolan formları takdim ediyorlardı. Mağara bilimi, "**Canlı Fosiller**" bularak, arkaik hayat modelleri konusunda bilgimizi çok geliştirmişti. Aynı şekilde, psişik hayatın arkaik şekilleri; bilinç dışının karanlıklarına gömülmüş, "**Canlı Fosiller**" şimdi Freud ve başka derinlik psikologları tarafından geliştirilmiş olan teknikler sayesinde incelenebilir hale gelmişlerdi.

Freud'un bilinç dışını ve psikanalizi keşfederek bilime olan büyük katkısını belirtmek gerekir. Bu katkıyı çok sayıda pozitivist ideolojilerle, Freudcu ideolojiyi birbirine karıştırmamak gerekiyordu. Freud, aynı zamanda psikanalizin yardım ile medeniyetin ve dinin "ilkel" dönemine ulaştığını düşünüyordu. Freud, dinin ve kültürün kökenini, ilk cinayetle birleştiriyordu. Freud'e göre Tanrı, kovduğu çocukları tarafından öldürülen fiziki babanın yüceltilmesinden başka bir şey değildi. Şüphesiz bu hayret verici açıklama, birçok ünlü etnologlarca genel olarak eleştirilmiş ve reddedilmiştir. Ancak Freud, teorisini ne terketmiş ne de düzeltmiştir. Muhtemelen Freud, **Tanrı-Baba** cinayetinin delillerini, Viyanalı hastalarında bulduğuna inanıyordu. Pek tabii ki bu delillerin "**Keşfi**", Batılı modern insanların kendilerini,"**Tanrı öldürmenin**" sonuçlarını hissetmeye başladıklarını söylemekle aynı şeydi. Freud'un *Totem ve Tabu* isimli eserinin yayımlanmasından otuz yıl önce, **Nietzsche'nin** söylediği gibi, Tanrı ölüydü, daha doğrusu Tanrı insan tarafından öldürülmüştü. Freud de, Viyanalı hastalarının bazılarının nevrozunu, bilinçdışı olarak mitolojik bir geçmişte yansıtıyordu. "**Tanrının Ölümü**" ilkel insan tarafından bilinen bir şeydi, ancak bu ifade, onlar için Tanrının bilinmezliğini ve uzaklığını ifade ediyordu, Nietzsche'nin ilan ettiği gibi Tanrının insan eli ile "**öldürülmesini**" ifade etmiyordu. Freud'un düşüncesinin iki yönü, bizim konumuz için doğrudan önem taşımaktadır: **Birincisi** Freud'un, batılı bilginlerin çok iyi bilinen "**İlkel olanı ve Kökeni**" keşfetme arzusuna iyi bir örnek olduğudur. Öyle ki, Freud kimsenin yapamadığını yapmayı denemiş; zihin tarihinin çok ötesine inmeye çalışmıştır. Onun için bu çaba, bilinçdışına nüfuz etmeye teşebbüs anlamına geliyordu. **İkincisi**, Freud, medeniyetin ve İnsanî Kurumların başlangıcında biyolojik bir olay değil; tarihi bir olay olduğunu daha açk bir ifadeyle kendi oğullarının elleriyle öldürülen bir baba cinayeti olayı olduğunu söylüyordu. Böyle ilkel bir tarihi olayın, gerçekten olup olmadığını incelemek bizim tartışmamızla ilgisi olmayan bir konudur. Bizim için önemli olan, Freud'un açıkça Dinin Kökeninin, İlk Baba cinayeti gibi bir olaya bağlı olduğuna inanmasıdır. Diğer yandan binlerce psikanalistin, az veya çok kültürlü yüzlerce batılının, bugün Freud'un açıklamasının bilimsel olarak doğruluğuna inanmış olmasıyla bu önem, daha da büyük bir boyut kazanmış bulunmaktadır.

Tarihsellik ve Tarihselcilik

Kökenlere ve başlangıçta olana, ilkel'e, Batının duyduğu bu özlem, Batıyı, sonunda kesin olarak tarihle karşı karşıya getirmiştir. İşte o zaman "**Dinler Tarihçisi**", dinin menşeine ulaşmanın mümkün olmayacağını anlamıştır. Bunun için, başlangıçta olup biten (**ab origine**)şey, her ne kadar bir ilâhiyatçı veya bir filozof için problem olmaya devam etse de, artık Dinler Tarihi için, bir problem teşkil etmeyecekti. Böylece Dinler Tarihçisi, hemen hemen farkına varmadan kendisini, Max Müller, Tylor, hatta Frazer ve Marett'in kültürel çevresinden çok farklı bir kültürel muhit içinde kendini bulmuş oluyordu. Bu çevre, Nietzsche, Marx, Dilthey, Croce ve Ortega ile besleniyordu. Bu çevrede moda olan şey, artık tabiat değil, tarihti. Bu yeni çevrede tarihin altedilmezliğinin keşfi vardı. Yani insan, daima tarihi bir varlık olduğundan değil, verimsizleştirici bir tecrübeydi. Bununla beraber bu açık olay, Dilthey'den, Heidegger ve Sartre'a kadar varan bir grup ideolojilere ve izafiyetçi tarihçi filozoflara yerini çok erkenden bırakmıştı. Dilthey, yetmiş yaşında **"bütün beşer kavramlarının izafiyetinin, dünyanın tarihi görünümünün son noktası olduğunu"** haykırıyordu.

Burada, tarihselciliğin geçerliliğini tartışmaya gerek yok. Yine de Dinler Tarihçisinin gerçek durumunu anlamak için, insanın tarihselliğinin keşfinin ortaya çıkardığı ciddi krizi göz önünde bulundurmamız gerekmektedir. Tarihselcilik şeklindeki bu yeni boyut, birçok yoruma elverişlidir. Fakat belli bir görüş açısından her şeyden önce insanın tarihi bir varlık olarak düşünülmesi olayı; batının vicdanı için derin bir aşağılanma olduğunu gösteriyordu. Gerçekten Batılı, kendisini sürekli, Tanrının yarattığı bir varlık olarak hem de Vahyin yegâne sahibi, dünyanın hâkimi, evrensel olarak geçerli yegâne medeniyetin ustası, faydalı ve gerçek ilmin yaratıcısı olarak görüyordu. Fakat şimdi birdenbire, Batılı kendisini, bilinçsizlik ve tarihle şartlanmış başka milletlerle aynı seviyede olduğunun farkına varmıştı. Artık bu durumda o, yüksek medeniyetin yegâne yaratıcısı olmadığı gibi, dünyanın sahibi de değildi. Bilakis o da, kültürel anlamda yok olma tehdidi ile karşı karşıya idi. Bunun için Valery, " başka medeniyetler gibi şimdi biz de, ölümlü olduğumuz biliyoruz." diye haykırırken, âdeta Dilthey'in, kötümser historisizmini/tarihselciliğini tekrar ediyordu.

Yine de evrensel tarihi durumu keşfeden Batının bu küçültücü tavrı, olumlu sonuçlar doğurmuştur. İnsanın tarihselliğinin kabulü, her şeyden önce Batı insanına, idealizmin ve melekleşmenin son izlerinden kurtulmasına yardımcı olmuştur. Bunun için biz şimdi, insanın, *bu* dünyaya ait olduğu ve maddeye hapsedilmiş bir ruh olmadığı, gerçeğini daha ciddiye alıyoruz. İnsanın daima şartlandırılmış olduğunu bilmek aynı zamanda onun, yaratıcı bir varlık olduğunu, kozmik, psikolojik veya tarihi şartların zorluğuna, yaratıcı tarzda meydan okuyarak cevap verdiğini bilmek demektir. Bunun için artık, Dinlerin ve Kültürlerin tabiata uygun izahlarını kabul etmiyoruz. Bu konuda bir örnek verebiliriz: Şimdi, İlkel İnsanın tabiatçı bir dine sahip olmadığını, artık bilmekteyiz. Max Müller'in, Tylor'un döneminde ise uzmanlar, **"tabiatçı kült"**den ve Fetişizmden bahsediyorlardı. Pek tabii ki bununla da, İlkel İnsanın tabiî eşyalara taptığını kastediyorlardı. Fakat kozmik eşyalara duyulan saygı, Fetişizm olarak adlandırılamazdı. Çünkü saygı duyulan ağaç, kaynak veya taş değil; arkaik insanın, dini tecrübesinin kutsalı ifade etme araçlarıydı. Bu yeni anlayış şekli, tarih bilincimizin genişlemesinin bir sonucuydu. Netice de diyebiliriz ki, bu anlayışın içerdiği izafiyetçilik riskine rağmen; insanı yalnızca tarihi bir varlık olarak gören doktrin, yerini bir çeşit yeni bir evrenselliğe bırakıyordu. Şayet insan, tarih içinde var olmuşsa, onun geçmişte yapmış olduğu her şey hepimiz için çok önemli olmalıydı. Bu, Batı Bilincinin, sadece tek bir evrensel tarihi tanıdığını

Dinin Anlamı ve Sosyal Fonksiyonu

ve taşralı sayılan etnik merkezli tarihin aşıldığını söylemek demekti. Belki bir konuda uzman olmasa da, Dinler tarihçisi için bu, önemli hiçbir dini şeklin göz ardı edilmemesi gerektiği anlamına geliyordu.

Böylece, bir asırdan fazla bir zaman bitmek bilmeyen çalışmadan sonra bilginler, ancak tarihi vasıtalarla dinin kaynağını kavrama rüyasından vazgeçmek zorunda kaldılar ve mesailerini, dini hayatın muhtelif görünümlerine ve devrelerine tahsis ettiler. Yine de bu konuda tam olarak, Dinler Tarihinin katkısını sağlayıp sağlayamadığını kendi kendimize sorabiliriz. Yani, Dinler tarihinin son kararının bu olup olmadığını sorgulayabiliriz. Yoksa elimizdeki dini materyalleri tarihi dokümanlar olarak telakki ederek (yani, tarih boyunca muhtelif varoluşsal durumların açıklanması olarak) bu dini materyallerle, sonsuza dek çalışmaya mı mahkûm olacağız? Dinin *köken*ine ulaşamamamız olayı, aynı zamanda dini olguların özünü kavrayamamamız anlamına gelmez mi? Din, Kudüs'ün veya İstanbul'un düşmesi gibi tamamen tarihi bir olay mıdır? Dini inceleyen biri için, "**tarih**" demek, öncelikle tüm dini olguların, şartlanmışlığı anlamına gelmektir. Bunun için saf bir dini olgu mevcut değildir. Dini olgu, aynı zamanda daima sosyal, ekonomik, psikolojik ve tarihi bir olgudur. Çünkü din, tarihi zaman dilimi içinde meydana gelmiş ve önceden meydana gelmiş olan her şeyle bağımlı hale gelmiştir. Yine de koşullandırılmış sayısız sistemlerin, dini olguyu yeterince açıklayıp açıklayamadığını sormak hakkımızdır. Gerçekten, büyük bir keşif, insan zihninde yeni ufuklar açtığında, artık her şeyi bu yeni buluş ışığında ve bu buluşun referansında açıklama eğilimi ortaya çıkmaktadır. İşte bunun için XIX. Yüzyılın bilimsel buluşları, insanları ve bilginleri her şeyi madde aracılığıyla açıklamaya zorlamıştır. Bunu sadece hayat konusunda değil, ruh ve fonksiyonları konusunda da yapmıştır. Aynı şekilde asrımızın başında tarihin öneminin keşfedilmesi de çağdaşlarımızdan birçoklarını; insanı, tarihin boyutunda yani her insanın mecburen yer aldığı bir şartlanmaya indirgemeye sevk etmiştir. Fakat mevcut olan insan varlığını olduğu gibi yapan tarihi şartlarla, insanın varlığı gibi bir gerçeğin olduğunu karıştırmamak gerekir. Dinler Tarihçisi için, bir Mitin veya Dini Kuralın daima tarihle şartlanması olayı, bu Mitin veya Dini Kuralın bizzat varlığını açıklayamaz. Başka bir ifade ile dini tecrübenin tarihselliği, bize, dini tecrübenin ne olduğunu söylemez. Biz de kutsalı, sadece tarihi olarak şartlanan tezahürler yoluyla tanıyabileceğimizin farkındayız. Fakat bu tezahürlerin incelenmesi, bize ne Kutsalın ne olduğunu ne de Dini Tecrübenin gerçek anlamını vermeye yetmez.

Netice olarak moda olan bazı tarihi ve sosyolojik ekollerin relativizmini veya ampirizmini kabul etmeyen Dinler Tarihçisi, kendini oldukça zayıf hisseder. Çünkü o, münhasıran tarihi dokümanlarla çalışmaya mahkûm olduğunu bilir. Fakat yine de onda, dokümanların kendisine, onların yansıttığı birtakım basit olaylardan daha fazla şey söylediği hissi de vardır. Bunun için Dinler Tarihçisi, bu dokümanların kendisine, insan ve insanın kutsalla ilişkileri konusunda önemli hakikatler sunduğunu belli belirsiz hisseder. Fakat bu hakikatleri, nasıl kavrayacağını bilememektedir. İşte çağdaş birçok dinler tarihçisini meşgul eden problem budur. Bu konuda daha önce birkaç şey söylenmiştir. Yine de Dinler Tarihçisinin bu konuyu kendi kendine sorması, onun bu konuda verebildiği cevaplardan daha önemlidir. Geçmişte, çoğunlukla olduğu gibi akıllıca sorulan bir soru; bitmiş, tükenmiş olan ilme, yeni bir hayat verebilir.

IV.

KRİZ VE DİNLER TARİHİ'NİN YENİLENMESİ

Modern kültürde, Dinler Tarihinin veya Karşılaştırmalı Dinler tarihinin[77] çok mütevazı bir rol oynadığını burada, açıkça itiraf edebiliriz. XIX. Yüzyılın ikinci yarısı boyunca, Max Müller'in, dinlerin gelişimi ve mitolojinin kaynağı konusundaki yorumları ve Andrew Lang ile olan polemikleri, yine *Altın Dal*'ın önemli başarıları, *Mana*'ya, *Mantık Öncesi Zihniyet*'e veya Jung'ın *Mistik Katılımın*'a olan rağbeti ve son olarak *Les origines du Christianisme, the Prolegomena to the Study of Greek Religion* veya *Les Formes élémentaires de la vie religieuse* gibi eserlerin, babalarımızın veya dedelerimizin başucu kitapları olduğunu hatırladığımızda, içinde bulunduğumuz bugünkü durumu, üzülmeden geçemiyoruz.

Belki bugün artık, Max Müller, Andrew Lang veya Frazer gibilerin olmadığı şeklinde bir cevap verilebilir. Bu, belki doğrudur. Fakat bu, bugünün Dinler Tarihçilerinin onlardan aşağı-

---

[77] Dinler Tarihi veya Karşılaştırmalı Dinler Tarihi terimleri, son derece müphem terimlerdir. Bugün bunlar kullanıldıkları için ben de kullanmak zorunda kalıyorum. Genelde "Dinler Tarihi" veya "Karşılaştırmalı Dinler Tarihi" terimleriyle, dini realitelerin araştırılması kastedilmektedir. Yani burada, her hangi bir dinin bütünü, tarihi tezahürleri (kabilesi, etnik, milliyet ötesi) veya dini hayatın özel yapısı (kutsal şekiller, ruh, mitoloji, dini kurallar, müesseseler, dini tecrübe tipleri v.s.) söz konusudur. Ancak bu girişteki açıklamaların hedefi, bu sahayı sınırlandırmak ve Dinler Tarihinin kesin bir metodunu ortaya koymak değildir.

da oldukları anlamında değildir. Sadece bugünün Dinler Tarihçilerinin, daha mütevazı, daha çekingen ve daha ürkek oldukları anlamına gelmektedir. Benim burada esas üzerinde durduğum problem de budur. Dinler Tarihçiler, kendilerinin bu duruma gelmelerine neden izin vermişlerdir? Böyle bir soruya, onların önceki nesillerden ders aldıklarını veya başka bir ifadeyle olgunlaşmamış her hipotezin geçiciliğinin veya çok hırslı her genelleştirmenin tehlikesinin farkına vardıkları için diyerek cevap verebiliriz. Yine de herhangi bir disiplinde yaratıcı bir zekânın, selefleri tarafından elde edilen sonuçların sakatlığı nedeniyle, eserini tamamlamaktan vazgeçtiğini sanmıyorum. Aslında Dinler Tarihçilerinin bugün muzdarip olduğu bu tutukluklarının daha karmaşık nedenleri olduğu kanaatindeyim.

İkinci Rönesans

Şimdi bu nedenleri tartışmadan önce, modern kültürden buna bir misal vermek istiyorum. XIX. Yüzyılın başında, Upanişadların ve Budizmin keşfi, çok önemli sonuçları öngören kültürel bir olay olarak görülmüştür. Bu yüzyılda, Schopenhauer, Sanskritçe ve Upanişadların keşfini, İtalyan Rönesansı dönemindeki "Gerçek" Greko-Latin kültürünün keşfi ile kıyaslıyordu. Batı düşüncesinin Hint Felsefesi ile tanışmasıyla, batıda köklü bir değişmeye neden olması beklenmişti. Yine de bilindiği gibi bu "İkinci Rönesans" mucizesi, gerçekleşmemekle kalmamış; Max Müller tarafından ortaya atılan mitolojileştirme olayı bir tarafa bırakılırsa, Hint maneviyatının keşfi, batıda geniş kapsamlı hiçbir kültürel yaratım da meydana getirmemiştir. Bugün bu başarısızlığın nedenini açıklamak için iki şey ileri sürülmektedir: 1) **XIX. Yüzyılın ikinci yarısı boyunca pozitivist, materyalist ideolojilerin zaferi ve metafizik silinmedir;** 2) **Hint kültürü üzerine eğilen ilk neslin gayretinin, daha çok metinleri yayımlamaya, sözlüklere, filolojik ve tarihi incele-**

melere kendilerini vermeleridir. Çünkü Hint Düşüncesini anlama konusunda ilerleyebilmek için, her şeyden önce ne pahasına olursa olsun bir Filoloji kurulması gerekiyordu.

Hint Kültürü ile meşgul olunmaya başlandığından beri, büyük ve cesaretli sentezler eksik olmamıştır. Meselâ, Eugène Burnouf, 1844'de *Introduction à l'histoire du Bouddhisme İndien* isimli eserini yayımlamıştır. Albert Weber, Max Müller, Abel Bergaine, bir asırlık sert filoloji döneminden sonra bile, günümüzde bize dev görünen tasarılar önünde eğilmemişlerdir. XIX. Yüzyılın sonuna doğru ise, Paul Deunsen, Hint Felsefesi tarihini yazıyordu. Sylvain Lévi ise, bugün bir Hint Bilimcinin ancak mesleğinin zirvesinde ele alabileceği konularla ilgili eserlerin başlangıcını meydana getiriyordu. Lévi'nin eserlerinden birkaçını burada sayabiliriz: *La doctrine du Sacrifice dans les Brahmanas*, 1898; *Le Théatre İndien*, 2 cilt, 1890. Daha sonra ise, *Le Népal* (1905-1908) hakkında üç ciltlik muhteşem bir monografi yayımlamıştır. Hermann Olenberg de 1881'de, Buda ve erken dönem Budizm konusunda olduğu kadar 1894'de de Vedaların Dinleri konusundaki araştırmalarını sunmaktan çekinmemiştir.

Bu yüzden, Sanskirtçenin ve Hint felsefesinin keşfinin sonucu olduğu düşünülen "İkinci Rönesansın" başarısızlığı, Oryantalistlerin filoloji üzerine çok fazla eğilmelerinden kaynaklanmaz. Rönessans, basit bir nedenden doğmamıştır. Bu acizlik, İtalyan Rönesansında Yunanca ve klâsik Latince, sadece dilbilgisi uzmanları ve humanistler tarafından değil; aynı zamanda şairler, sanatçılar, filozoflar, Din Bilimciler ve bilim adamları tarafından da etüd edildiği halde, Sanskritçe ve diğer Doğu Dilleri çalışmalarının sadece filolog ve tarihçi çevrelerini aşamamasına bağlanamaz. Paul Deussen de Upanişadlar ve Vedanta konusunda bazı kitaplar kaleme almıştır. Bu kitaplarda muhteşem Hint Düşüncesini, Alman idealizmi ışığında yorumlayarak Hint Düşüncesine saygınlık kazandırmaya ve Kant'ın veya

Hegel'in bazı fikirlerinin, Upanişadlarda tohum halinde bulunduğunu göstermeye çalışmıştır. **Deussen**, Batı Metafiziği ile Hint Düşüncesi arasında mevcut olan benzerlikler üzerinde ısrar ederek, Hint Düşüncesine ilgi uyandırmayı umuyordu. Bununla beraber, Paul Deussen, çok büyük bir bilgindi fakat orijinal bir düşünür değildi. Bu konuda, meslektaşı Friedrich Neitzsche'yi düşünmek yeterli olacaktır. Nietzsche, yaratıcı Batı Düşüncesi ile Hint Düşüncesinin gerçek karşılaşmasını meydana getirecek fikre sahip olmak için kendisini, Hint felsefesi ve Sanskritçe etüdüne adamıştı. Bu hususta somut bir örnek vermek için yaratıcı karşılaşmanın, İslam tasavvufu ve Felsefesi ile olan sonuçları dikkate alınabilir. İşte bunu, Louis Massignon gibi dini bir dehâ, Hallac-ı Mansûr'dan öğrenmiş; Henry Corbin gibi, İlahiyattla mücehhez bir deha da Sühreverdî'nin, İbn Arabî'nin ve İbn Sina'nın düşüncelerini yorumlayarak ortaya koyabilmiştir.

Uzun zamandan beri, Hint Bilimciliği de, genel olarak Doğubilimciliği gibi saygın ve faydalı bir disiplin olarak kabul edilmektedir. Artık bu disiplin de Hümaniter/Beşeri bilimleri meydana getiren çok sayıda ki disiplinin arasında bulunmaktadır. Fakat yine de Schopenhauer'ın önceden tahmin ettiği büyülü gelecek bir türlü gerçekleşememiştir. Eğer Asya ve Hint Düşüncesiyle, ilham veren bir karşılaşmanın olması hâlâ umuluyorsa bu, Batılı Şarkıyatın çabalarıyla değil, Asyanın, tarihi bir aktüalite içinde ki mevcudiyeti sayesinde olacaktır. Artık tarihi bir aktüalite içinde ki mevcudiyeti sayesinde olacaktır. Bunun için bu karşılaşma, batılı bir oryantalizmin işi olacaktır.[78]

Avrupa, birçok defa, Avrupalılar dışındaki kültürlerle ve maneviyatlarla diyaloga ve alışverişe hazır olduğunu göstermiştir. Bu konuda ilk Japon resim sergisinin, Fransız empresyonistleri üzerinde meydana getirdiği etkiyi hatırlatabiliriz. Yi-

---

[78] **Zen'e** gösterilen çağdaş ilgi, büyük ölçüde D.T. Suziki'nin zeki ve sürekli faaliyetinin bir sonucudur.

ne Afrika heykelciliğinin, Picasso üzerindeki tesirini de düşünebiliriz. Bu arada "ilkel sanatın" keşfinin sonuçlarının ilk sürrealist nesil üzerindeki etkisi de dikkate şayandır. Ancak bütün bu örneklerde söz konusu olan **"yaratıcı karşılaşma,"** bilginler arasında değil, sanatçılar arasında olmuştur.

Eksiksiz ve Bütüncül Bir Yorumbilim Bilgisi

Dinler tarihi, Oryantalizmin başlamasından kısa bir süre sonra, bağımsız bir disiplin olarak ortaya çıkmış ve bazı yönlerden Oryantalistlerin araştırmalarına dayanarak, Antropolojinin gelişmesinden büyük ölçüde yararlanmıştır. Başka bir deyişle, Dinler Tarihinin başlıca iki belge kaynağı, **Asya Kültürleri** ve (daha uygun bir terim olmadığı için) "**İlkeller**"denilen halklar olmuştur ve hâlâ da olmaya devam etmektedir. Yarım yüzyıldan beri, özellikleden son on veya onbeş yıldan beri, bu halklar ve milletler, Avrupa'nın himayesinden kendilerini kurtarmışlar ve tarih içinde kendi sorumluluklarını üstlenmişlerdir. Hem Batının kültürel ufkunun genişlemesine, hem de Doğu ve Arkaik kültürlerin temsilcileri ile yakınlaşmaya katkıda bulunmak için, Dinler Tarihinden daha iyi Hümanist/Beşeri bir disiplinin varlığı düşünülemez. Yetenekleri ne kadar istisnai olursa olsun, en büyük Hint Bilimciler ve en yetenekli Antropologlar, alanları ne kadar sınırsız da olsa, kendi alanlarına yerleşmek zorunluğunu duymaktadırlar. Ancak Dinler Tarihçisi, kendi disiplininin hedeflerine sadık kaldıkça, Yahudilik, Hıristiyanlık ve İslamiyet gibi Akdeniz dünyasının ve eski Yakındoğu dinlerinin temel düşüncelerini bilmesi beklendiği gibi, Asya dinlerinin temel yönlerini de biliyor olması beklenir. Şüphesiz burada, filolog ve tarihçi olarak bütün bu sahalara hâkim olmak söz konusu değildir. Burada söz konusu olan, sadece uzmanların araştırmalarını kavramak ve onları Dinler Tarihinin özel perspektifi içine dâhil etmektir. İşte Frazer, Clémen, Pettazzoni ve Van der Leeuw, de çok çeşitli sahalarda gerçekleştirilen gelişmeleri takip etmeye bu şekilde kendilerini zorlamışlardır. Kimse, onların yaptıkları yorumları paylaşmasa da sundukları yorum örnekleri henüz değerini kaybetmiş değildir.[79]

Bunları, Dinler Tarihçilerinin imtiyazlı pozisyonlarından, az yararlanmış olmalarına üzüldüğüm için hatırlatıyorum. Onların üç çeyrek asırdan beri, bütün araştırma alanlarına yaptıkları katkıları da kesinlikle unutmuş değilim. Bugün, bu katkılar sayesindedir ki, Dinler Tarihinden bağımsız bir disiplin olarak bahsedebiliyoruz. Fakat Dinler Tarihçilerinin çoğunun, sadece disiplinlerini sağlam temellere oturtmak için fedakârca ve hararetle çalışmış olmalarına üzülmemek elde değil. Gerçekten Dinler Tarihi, aynı zamanda Arkeoloji veya Mümizmatik bir disiplindir. O, sadece tarihi bir disiplin değildir. Dinler Tarihi aynı zamanda tam anlamıyla bir yorumdur. Çünkü o, tarih öncesinden günümüze kadar, insanın kutsalla olan her çeşit karşılaşmasını açıklayacak ve ortaya koyacak bir ilimdir. Oysa tevazu ya da muhtemelen çok büyük bir çekingenlikle (değerli seleflerinin aşırılıklarından kaynaklanan), Dinler Tarihçiler, araştırmalarının sonuçlarını kültürel olarak değerlendirmede de tereddüt etmektedirler. Bunun için Dinler Tarihinin kültürel aktüalitesinin veya yaratıcılığının, Max Müller ve Andrew Lang'dan, Frazer ve Marett'e, Marett'den Lévy-Bruhl'dan günümüze kadar sürekli olarak azaldığını fark ediyoruz.[80] Eğer hâlâ tabudan ve totemizmden bahsediliyorsa, bu her şeyden çok, Freud'un şöhretinden ileri gelmektedir. Yine hâlâ ilkellerin dinleri ile ilgi-

---

[79] Özellikle bu yazarların isimlerini alıntılıyorum. Çünkü onlar, Dinler Tarihini bütüncül bir ilim olarak düşünmüşlerdir. Bu onların dinler tarihi sahasında yaptıkları kişisel değerlendirmelerine ve metodolojik tahminlerine katıldığım anlamına gelmemektedir.

[80] Gerçekten bir Rudolf Otto veya bir Gerardus Van der Leeuw, dini problemlere kültürel kesimin ilgisini çekmeyi başarmışlardır. Ancak onların durumları, da çok karmaşıktır; şöyle ki onlar, etkilerini Dinler Tarihçisi olarak değil; bilhassa İlahiyatçı ve Din Felsefecisi olarak göstermişlerdir.

leniliyorsa bu da Malinowski veya birkaç başka Antropolog sayesinde olmaktadır. Aynı şekilde Mitoloji ve Dini Ekol denilen şey hâlâ halkın dikkatini çekiyorsa, bu da İlahiyatçılar ve Edebiyat Eleştirmenleri sayesinde olmaktadır. Burada bir defa daha belirtelim ki, Dinler Tarihçilerinin bu yenilgiyi kabul eden tutumunun da (zaten onların çalışmaları halkın süregelen ilgisizliği ile ödüllendiriliyordu) Psikanalism'e, Fenomenolojiye, Yenilikçi Sanat Denemelerine bağlı olarak, özellikle Asya ve "ilkel" dünya ile karşılaşmalarının başladığı ve insan bilgisinin önemli şekilde arttığı bir zamanda, iyice belirginleşmesi de, bir hayli anlamlıdır. Şahsen ben bu olayı, paradoksal ve aynı zamanda da trajik görüyorum. Çünkü bu çekingenlik, batının keşfettiği "bilinmeyen dünyaların" açıklanması ve yorumu için, Dinler Tarihinin tam örnek bir disiplin olacağı sırada bilhassa yaygınlaşmıştır.[81]

Bununla beraber yine de, Dinler Tarihini, layık olduğu merkezi duruma yeniden getirmek imkânsız değildir. Bunun için Dinler Tarihçilerin, her şeyden önce, sınırsız imkânlarının farkına varmaları gerekiyor. İşin büyüklüğünden dolayı paralize/felç olmamaları ve bütün dokümanların toplanacağı ve uygun yorumların o zaman yapılacağı şeklindeki kolay mazeretlerinden de vazgeçmeleri gerekecektir. Bu konuda, diğer tüm Hümanist/Beşeri bilimleri, doğa bilimlerini de, benzer bir durumda görüyoruz. Zaten hiçbir bilim adamı da, daha önce bilinen olayları anlamaya teşebbüs için, bütün olayların toplanmasını da beklemez. Ayrıca tahlilin, bilimsel analizi meydana getirdiği ve hayatın daha ileriki bir çağında bir sentez veya genelleşme yapılabileceği kuruntularından Dinler Tarihçiler kendilerini kurtarmaları gerekir. Hiçbir hümanist/beşeri bilim veya disiplin yok ki, temsilcileri bir çalışma hipotezi veya genelleştir-

---

[81] Ben bu problem üzerinde birçok defa durdum. Özellikle bkz. *Mephistophelès et L'Androgyne*, (Paris, 1962).

me denemesi yapmadan, hayatlarını sadece analize vermiş olsunlar. İnsan zekâsı bu şekildeki bölümlü çalışmaya, ancak kendi yaratıcılığı ile ulaşabilir. Muhtemelen başka disiplinlerde de analiz safhasını hiç aşmayan bir takım ötesine hiç adım atamayan birtakım bilginler vardır. Fakat onlar, modern araştırmanın kurbanları sayılırlar ve onları örnek almamak gerekir. Çünkü bilim, hiçbir önemli keşfi, onlara borçlu değildir.

"Erginlenme"Töreni veya Kendine Yabancılaşma

Diğer birçok Hümanist/Beşeri disiplinlerde olduğu gibi, Dinler Tarihi için de analizin, filoloji ile eşdeğerde olduğunu düşünmektedir. Bunun için bir Filolojiye sahip olmaksızın yetkili bir bilgin olmak da mümkün değildir. Burada Filoloji kelimesi, dini incelenen toplumun, kültürünün, tarihinin ve dilinin bilgisini belirtmektedir. **Nietzsche**, haklı olarak Filolojiden, (onun durumunda klasik filolojiden)bir "**Erginlenme**" olarak bahseder. **Nietzsche'ye** göre, klasik Filolojide erginlenmeye ulaşılmadan yani uzmanlaşılmadan, Helenistik Maneviyatın sırlarına nüfuz edilemez. Fakat Friedrich Welckey'den, Erwin Rohde ve Willamowitz-Moelen Dorff'a kadar, XIX. Yüzyılın büyük klasikçilerinden hiçbiri, tam anlamda Filolojinin sınırları içinde kalmış değillerdir. Bunlardan her biri, kendine özgü batı kültürünü beslemeye devam eden, muhteşem sentez eserler meydana getirmişlerdir. Fakat bu eserler, Filolojik bakış açısından da, batı kültürüne fayda sağlamışlardır. Elbette, başka muhtelif Hümanist disiplinlere mensup olan çok sayıda bilgin de Filolojiden çıkmaya çalışmamışlardır. Yine de onların bu durumları, bizi kaygılandırmamalıdır. Çünkü yalnızca manevi dünyanın dış yönleri üzerine yönelen bu merkezileşme olayı, neticede kendi kendine bir yabancılaşma sürecine girmek demektir.

Başka Hümanist/Beşeri disiplinlerde olduğu gibi, Dinler Tarihi için de senteze giden yol, yorumbilgisinden geçmektedir. Bununla beraber Dinler Tarihinde, yorumbilim, daha karmaşık bir işlem olarak ortaya çıkmaktadır. Çünkü burada sadece, "**Dini Olayları**" yorumlamak ve anlamak söz konusu değildir. Bu dini olayların, bizzat tabiatları gereği üzerlerinde düşünebileceğimiz bir malzeme oluşturduklarını da bilmemiz gerekmektedir. Elbette insani müesseseler ve tarihleri üzerinde düşündüğümüzde, Montesquieu, Voltaire, Herder ve Hegel'in yaptığı gibi, yaratıcı bir şekilde düşünmemiz gerekecektir.

Ancak yaratıcı bir yorumbiliminin, Dinler Tarihçilerinin çalışmalarına daima rehberlik ettiği görülmemektedir. Belki de bu, bazı Hümanist disiplinlerdeki bilimciliğin zaferinin neden olduğu tutukluktan kaynaklanmaktadır. Meselâ Sosyal Bilimler ve Antropoloji daha bilimsel olma çabası gösterdikçe; Dinler Tarihçileri, daha tedbirli, hatta daha çekingen hale gelmektedirler. Fakat burada da bir yanlış anlaşılma söz konusudur. Çünkü ne Dinler Tarihi ne de başka hiçbir hümanist disiplin (çok eskiden olduğu gibi), Doğa Bilimlerinden alınmış modelleri kendilerine uygulayamazlar. Çünkü bu modeller artık eskimişlerdir. (özellikle fizikten alınanlar).

Dinler Tarihi, kendisine özgü varlık şekli ile, sadece âlimane monografiler değil; külliyatlar da meydana getirme durumundadırlar. Doğal bilimlerin ve onların modellerini takip etmeye çalışan sosyolojinin aksine, yorumbilim, bir kültürün canlı kaynaklarını incelemesine dâhil etmelidir. Çünkü her kültür, bir dizi yorumdan ve onun mitolojilerinin veya onların özel ideolojilerinin değerlendirilmesinden oluşmaktadır. Bunun için, ilkel görüşleri değerlendirenler ve bir kültürün temel fikirlerini yorumlayanlar, sadece "**Yaratanlar**" değil, aynı zamanda yorumlayanlardır. Meselâ, Yunanistan'da, Homeros'un yanı sıra, birçok trajedya şairi, Sokrat öncesi filozoflardan Platinos'a kadar birçok filozof vardır. Herodot'dan, Lukianos ve Plutarkhos'a kadar çok geniş bir mit derleyicileri, tarihçiler ve eleştiriciler kategorisi bulunmaktadır. Düşünce tarihinde, İtalyan Hümanizmi yazarlarından, yorumcuları, daha önemlidir. Bunun içindir ki, eleştirel yayımları, filolojik bilgisi, yorumları ve yazıları ile **Erasmus**, batı kültürünü yenilemiştir. Bu görüş açısından, Reform ve Karşı-Reform, çok geniş yorumlarıyla ve yoğun yorum çabalarıyla, Yahudi - Hıristiyan geleneğin yeniden değerlendirilmesini sağlamıştır.

Burada, bu misalleri çoğaltmanın bir anlamı yoktur. Bunun için bu konuda sadece, Jakob Burckhardt'ın *Kultur der Renaissance in Italien* (1860) isimli kitabının önemli yankılarını hatırlatabiliriz. Burckhardt'ın durumu, "yaratıcı yorumla" neyi kastettiğimizi gayet iyi şekilde açıklamaktadır. Gerçekten onun bu kitabını, saygın bir eser olarak söylememiz yetmez. Bu kitap, XIX. Yüzyılın geniş Historiyografik edebiyatı arasında söylenenden daha fazlasını hak etmektedir. Bu kitap, XIX. Yüzyılın historiyografik bilincinin oluşumuna çok katkı sağlamıştır. **Burckhardt,** önce kesin olarak bilinmeyen İtalyan Rönesansının bir boyutunu, açığa çıkararak Batı Kültürüne "**Yeni Bir Değer**" katmıştır.

Yorumbilim ve İnsanın Değişimi

Bir yorumun, yeni bir takım yeni kültürel değerlerin yaratılışına yol açması, **"onun nesnel"** olmadığı anlamına gelmez. Bir bakıma, **"yorumbilimini"** teknik veya bilimsel bir keşfe benzetebiliriz. Keşiften önce de, keşfedilen realite oradaydı. Sadece onu göremiyorduk veya anlayamıyorduk ya da ondan yararlanmasını bilmiyorduk. İşte aynı şekilde yaratıcı bir yorum da, önceden kavrayamadığımız birtakım anlamların örtüsünü kaldırıyor, onları belli bir belirginliğe kavuşturuyor ve bu yeni yorum hazmedildikten sonra ise, bu konuya ait anlayış aynı şekilde kalmıyor.

Netice olarak yaratıcı yorum, insanı değiştirmektedir. Bu Öğrenmekten daha daha fazla şey ifade etmekte ve bizzat varlığın kalitesini değiştirmeye elverişli manevi bir tekniği belirtmektedir. Özellikle bu, Tarihi-Dini yorum için daha geçerlidir. İyi bir Dinler Tarihi kitabı, okuyucu üzerinde bir uyanışa sebep olmalıdır. Tıpkı *Das Heilige* veya *Die Götter Griechlands*'da olduğu gibi. Bununla beraber, her Tarihi-Dini yorum, prensip itibariyle benzer bir sonuca sahip olmalıdır. Afrika, Okyanus, Avustralya mitolojilerini ve Dini Ritüellerini analiz ederek, Zerdüşt'ün İlahilerini, Taoist Metinleri, Şamanist Mitolojileri ve teknikleri yorumlayarak, Dinler Tarihçisi modern bir okuyucu için zor hayal edilen veya meçhul kalmış varoluşsal durumların örtüsünü kaldırabilir. Pek tabii, bu "**Yabancı**" dünyalar ile karşılaşma, sonuçsuz da kalmayacaktır.

Dinler Tarihçisi önce kesinlikle kendi yorum çalışmasının sonuçlarını farkedecektir. Bu sonuçlar, her zaman açıkça görülmüyorlarsa, bunun sebebi, Dinler Tarihçilerinin çoğunluğunun, dokümanlarının yüklü olduğu mesajlara karşı, savunma eğiliminde olmalarıdır. Bu tedbir, aşağıdaki nedenlerden dolayı rahatça anlaşılmaktadır: Dinler Tarihçilerinin, bazen aşırı, çoğu zaman da korkunç görünen yabancı dini şekillerle günlük temas sağlamaları, umursamazlığa götürmemelidir. Fakat Dinler Tarihçilerinin birçoğu, inceledikleri manevi dünyaları yeterince ciddiye almadan bitirmektedirler, yâda kendi kişisel dini inançlarına dönüyorlar veya hiçbir manevi darbeden etkilenmeden materyalizme yahut davranışçılığa sığınıyorlar. Diğer yandan da, aşırı uzmanlaşma, onların büyük bir çoğunluğuna, gençliklerinden beri alışık oldukları bir sektöre çekilmelerin sağlıyor.

Böylece, her uzmanlaşma, dini formları basitleştirmekle ve son olarak da anlamlarını silmekle sonuçlanmaktadır.

Bütün bu başarısızlıklara rağmen, "**Yaratıcı Yorum**"un Dinler Tarihinin ana yolu olarak tanınacağından şüphe etmiyorum.

İşte yalnız o zaman, bu disiplinin kültürdeki rolü, önemli olmaya başlayacaktır. Bu ise, sadece İlkel ve Egzotik bir dini veya Batı geleneğine yabancı bir varlık şeklini -*La Cité antique* ya da *Kultur des Renaissance Italien*'da olduğu gibi bir kültürü zenginleştirebilecek değerleri- anlamak için sağlanan çabadan çıkacak yeni değerlerden dolayı değil; özellikle, Dinler Tarihinin Batı Düşüncesine, Felsefeye olduğu kadar **artistik yaratıma**, yeni perspektifler getirip getirmemesine bağlı olacaktır.

Batı Felsefesinin, daralma riskiyle yüzyüze gelmeden, bir daralma hissi taşımadan kendi geleneği içinde sonsuza kadar kalamayacağını daha önce birçok defa belirtmiştim. Oysa Dinler Tarihi, bugün artık, çok "**önemli durumları**" ve başka türlü ulaşılmayan dünyanın varlık şekillerini açıklayacak, tahlil edecek ve inceleyecek durumdadır. Değilse bunlar, asla anlaşılamayacaktır. Burada, sadece ham malzeme sunma meselesi söz konusu değildir. Zira felsefeciler alışık olduklarından çok farklı fikirleri ve davranışları yansıtan birtakım dokümanlarla ne yapacaklarını bilemezler.[82] Bunun için yorum işi, Dinler tarihçiler tarafından yapılmalıdır. Çünkü sadece o, elindeki belgelerin semantik karmaşıklığını anlamaya ve değerlendirmeye hazırlıklıdır.

Yine de tamda bu noktada çok ciddi yanlış anlamalar olmaktadır. Araştırmalarının sonuçlarını ve düşüncelerini felsefi bir bağlamda bütünleştirmek isteyen nadiren de olsa bazı Dinler Tarihçiler, moda olan bazı felsefeleri taklit etmekle yetinmektedirler. Başka bir tabirle, profesyonel felsefi modellere göre, düşünmeye zorlanmaktadırlar. Elbette bu doğru bir yol değildir ve yanlıştır. Ne filozoflar ne de kültür adamları, meslektaşlarının ya da gözde yazarların düşüncelerini taklit etmemelidirler. Üstelik Dinler Tarihçisi, arkaik veya doğu düşüncesini,

---

[82] Mit problemleriyle ve dini sembolizmle ilgilenen ne kadar çağdaş filozofların, etnologlardan veya Dinler Tarihçilerinden ödünç aldıkları materyallerle çalıştığına bakmak yeterli olacaktır.

falanca kişi gibi düşünmeye karar verdiğinde, yanılmakta ve sapıtmaktadır. Oysa ondan beklenen davranışların ve bilmecevari durumların şifrelerini çözmektir ve onu açıklamaktır. Yani ondan, atlanmış, yanlış anlaşılmış veya unutulmuş anlamları yeniden düzenlemek veya toplayarak insanlığın bilgisini ileriye götürmesi beklenmektedir. Bu katkıların orijinalliği ve önemi, Dinler Tarihçilerin, sular altında kalmış veya kendisine zorlukla ulaşabilen spiritüel dünyaların, izah edilmesine ve aydınlatmasına bağlıdır. Sembolleri, mitleri, arkaik ve egzotik fikirleri çağdaş felsefecilerin âşina oldukları bir biçime büründürmek, sadece boş bir uğraşı değil, aynı zamanda boş bir çaba olacaktır.

Dinler Tarihi ve Kültürel Yenileşme

Nietzsche örneği, Dinler Tarihçilerine hem cesaret vermeli ve aynı zamanda da rehber olmalıdır. **Nietzsche**, Batı Felsefesini yenilemeyi başarmışsa, bu özellikle düşüncesini kendine uygun görünen vasıtalarla formüle etme cesaretini göstermesindendir. Ancak bu kesinlikle Dinler Tarihçisinin, Nietzsche'nin tarzını ve tavrını taklit etmeli demek değildir. Burada altı çizilen, onun ifade özgürlüğü örneğidir. **"İlkeller"**in Mitolojik Dünyaları, Yeni-Taoistlerin Teknikleri, Şamanist kabul merasimleri konusunda, analiz yapılmak istendiğinde; Çağdaş bir filozofun yöntemlerine, Psikolojinin, Kültürel Antropolojinin veya Sosyolojinin dil ve perspektifine, başvurmak zorunluluğu kesinlikle yoktur.

İşte bundan dolayı, yukarıda yaratıcı tarihi-dini bir yorumbilimin felsefi düşünceyi yenileştirebileceğini veya besleyebileceğini söylemiştim. Dinler tarihinin bize sunduğu bütün şeyler dikkate alınarak, bir çeşit *Phenomenology of the Mind (zihin fenomenolojisinin geliştirilmeyi beklediğini)* söyleyebiliriz. Böylece, Dinler Tarihçisinin sahip olduğu dokümanlara bağlı olarak, dünyada varlık şekilleri, zaman, ölüm ve hayat problemleri konusunda, çok önemli kitaplar yazılabilirdi.[83] Bu problemler, filozofların, şairlerin ve sanat eleştirmenlerinin ilgisini çekmektedir. Bunlardan bazıları, Dinler Tarihçilerini okumuşlar ve onların dokümanlarından ve yorumlarından yararlanmışlardır. Şayet, bu dokümanlardan bekledikleri yararı elde edememişlerse, hata, elbette Dinler Tarihçilerinin değildir.

Dinler Tarihinin, sanatçılar, yazarlar ve edebiyat eleştirmenleri için önemini yukarıda belirtmiştim. Maalesef, bilginlerin ve bilim adamlarının büyük çoğunluğunda olduğu gibi, Dinler Tarihçilerde de, modern sanat tecrübelerine, zaman zaman ve nâdiren ilgi göstermişlerdir. Onlara göre, sanatlar bilginin araçlarından birini oluşturmadığından, sanatların "ciddi" olmadıklarına dair bir önyargıları vardır. İnsan, kafa dağıtmak ve rahatlamak için şairleri ve romancıları okur; müzelere ve sergilere gider. Neyse ki kaybolma yolunda olan bu önyargı, bir çeşit kısıtlama olayını meydana getirmektedir. Bunun sonucunda bilim insanları ile, modern artistik tecrübeleri benimseyen, bilim ve bilginler arasında karşılıklı bir kuşku ve sıkıntı yaşanmıştır. Dilinin tereddüt edilerek, güç belâ konuşulduğu bir ilkel toplulukta, altı aylığına yapılan bir saha çalışmasının, ciddi bir çalışma teşkil edeceğine ve insan bilgisini ilerleteceğine safça inanılıyordu. Buna karşılık, sürrealizmin; James Joyce'un, Henri Michaux veya Picasso'nun, insan bilgisine sağladığı katkılar

---

[83] Marx ve Feuberbach'ın yabancılaşma olarak yaptığı meşhur din yorumu, hala çağdaş kültürü dolduran sayısız kişilere, özellikle acil düzeltmeler yapmalarını gerekli kılmaktadır. Bilindiği gibi Feuerbach ve Marx, dinin insanı dünyadan uzaklaştırdığını ve onun tamamen insan olmasına mani olduğunu ilan ediyordu. Bu şekildeki düşünüş doğru olsa bile; dinin bu şekildeki eleştirisi, ancak Yahudi-Hıristiyanlık veya Hint-Veda gibi daha sonraki dini şekillere uygulanabilirdi. Yani, "öbür dünyalılık" anlayışının önemli rol oynadığı bir takım dinlere uygulanabilirdi. Yabancılaşma ve insanın dünyadan uzaklaşması kozmik tipli bütün dinlerde (ilkel olduğu kadar doğu dinlerinde de) bilinmez. Çünkü bu dinlerde (tarihin tanıdığı dinlerin birçoğunda) dini hayat, insanın, hayatla ve doğayla bütünlüğünü yüceltmekten ibarettir.

görmezlikten geliniyordu. Hâlbuki çağdaş sanat tecrübeleri, Dinler Tarihçilerine kendi araştırma alanlarında yardım edebilirdi. Diğer taraftan, gerçek Tarihi-Dini bir yorum, sanatkârları, yazarları, eleştirmenleri uyanmaya teşvik edici olabilirdi. Bu, her iki tarafta da "aynı şeyin" bulunduğundan dolayı değil; karşılıklı aydınlatılabilecek durumlarla karşılaşıldığındandır. Burada belirtmekte yarar vardır ki, Sürrealist Sanatın, geleneksel Sanat şekillerine karşı olan isyanları; Burjuva toplumuna ve ahlakına karşı onların hücumlarında, sadece devrimci bir estetik anlayışı hazırlamamışlar, aynı zamanda insanın durumunu değiştirmeyi ümit ettikleri bir teknik de hazırlamışlardır. Oysa bu egzersizlerin birçoğu (mesela aynı anda uyanıklık ve uyku haline iştirak ederek bir "var olma şekli" elde etmek veya "bilinçle, bilinçsizliğin birlikteliği"ni gerçekleştirmek gibi hareketler), bazı yoga veya zen pratiklerini bize hatırlatmaktadır. Ayrıca, Sürrealizmin ilk hızı içinde ve özellikle Andre Breton'un şiirlerinde ve teorik tezahürlerinde "**ilkel bütünlüğ'**"e olan özlem, zıtlıkların tesadüfünü gerçekleştirme isteği, hayata gerçek güç ve saflıkla yeniden başlayabilmek için, tarihi iptal edebilme ümidi ortaya çıkmıştır. Bu özlemlere ve ümitlere Dinler Tarihçileri oldukça aşinadırlar.

Diğer yandan, bütün modern sanat hareketleri, bilerek veya bilmeyerek, geleneksel estetik dünyaların yıkılışını, "**Yenidünyalar**" yaratmak ümidi içinde, "**Form**"ları, tohum, embriyon gibi temel oluşumlara indirgemeye çalışmaktadırlar. Diğer bir tabirle, modern sanat hareketleri, sanat tarihini ortadan kaldırıp, insanın ilk defa dünyayı gördüğü anı devreye sokmak istemektedir. Burada bütün bunların, sembolik bir tahrip ve evrenin (taze, güçlü, verimli dünyada düzenli olarak "**Saf**" bir varlık ile başlaması için gerekli olan) yeniden yaratılmasını içeren, daha iyi bilinen mitolojik sisteme aşina olan Din Tarihçilerini ne kadar ilgilendirdiğini bahsetmeye gerek yoktur.

Burada, modern sanat deneyleriyle, Dinler Tarihçilerinin alışık olduğu bazı inançlar, davranışlar ve sembolizmler arasındaki yakın benzerlikleri geliştirmek söz konusu değildir. Aşağı yukarı bir nesilden beri, özellikle Amerika'da eleştirmenler, edebi eserlerin yorumunda, Tarihi-Dini dokümanları kullanmaktadırlar. İlerleyen bölümlerde, edebiyat eleştirmenlerinin Giriş **Ritüellerine/Giriş törenlerine ve sembolizme** olan ilgilerinin, altını çiziyoruz. Bu yazarlar, bazı eserlerdeki gizli mesajı açıklamak için, bu dini karmaşıklığın önemini gerçekten doğru kavramışlardır. Tabii burada benzer olayların varlığı söz konusu değildir. Dinler Tarihçisi, yaşanmış tecrübelerle ve birtakım geleneksel kurumlarla meşgul olmak zorundayken; Erginliğin/Giriş törenlerinin izlediği yol, hayal dünyasının bir yapısı olarak edebiyatta varlığını korumaktadır. Modern insanın hayal dünyasında -edebiyatta, rüyalarda- devam eden erginliğin izlediği bu yol, Dinler Tarihçisini, kendi dokümanlarının değeri üzerinde daha dikkatli düşünmeye davet etmektedir.

Karşı Fikirler/İtirazlar

Kısaca Dinler Tarihi, insanı değiştirmeye elverişli olduğundan, terimin en kuvvetli anlamı içinde, kendisini, hem bir "**pedagoji**" olarak tanımlar hem de historiyografik, felsefi, ya da sanatsal olarak "Kültürel değerleri" yaratma kaynağı olarak takdim eder. Dinler Tarihi tarafından üstlenilen bu fonksiyonun, açıkça olmasa da, İlahiyatçılar kadar, bilim adamları tarafından da kuşku ile karşılanmış olması beklenebilir. Çünkü bilim adamları, dinin tekrar değerlendirmesine/yükseltilmesine olan gayretlere endişe ile bakmaktadırlar. Batı toplumlarının baş döndürücü sekülerleşmesinden, tatmin olan bilim adamları, dinin muhtelif formları içinde, hurafe, cehalet ya da en iyi ihtimalle bilimsel düşüncenin ilerlemesi ve teknolojinin zaferiyle geride bırakılan, psikolojik davranışlar, sosyal kurumlar ve basit ideolojilerden başka bir şey gören yazarlara duyulan özlemlerden veya bilim karşıtlığından kuşkulanma eğilimindedirler. Bu kuşku, tam olarak sadece bilim adamlarına özgü değildir. Bu kuşku, aynı şekilde çok sayıda Sosyolog, Antropolog, araştırma konuları karşısında Hümanist bir tutumla değil; Naturalist bir tutumla hareket eden birtakım Sosyal Bilim uzmanları tarafından da paylaşılmıştır. Yine de bu karşıt görüşleri, gönül hoşnutluğu ile kabul etmek gerekmektedir. Çünkü tam bir hürriyetle hâlâ gelişmekte olan bir kültür için, bu karşıt fikirler, kaçınılmazdır.

İlahiyatçılara gelince, onların tereddütlerinin de birçok nedenleri vardır: Bir yandan, senkretizmi, dini aktörlüğü veya daha kötüsü Yahudi-Hıristiyan Vahyinin benzersizliği konusunda şüphe uyandırmaya elverişli Tarihi-Dini yorumlar karşısında, İlahiyatçılar oldukça kuşku içindedirler. Diğer yandan ise, Dinler Tarihi, neticede kültürel *Yaratılışı* ve insanın *Değişimi*ni hedef olarak seçmiştir. Böylece Hümanist Kültür, İlahiyatçılara ve genelde Hıristiyanlara can sıkıcı bir problem sunmaktadır: Atina ile Kudüs arasında ortak olan nedir? Burada, hâlâ bazı İlahiyatçıların kafasına takılan bu problemi tartışmak niyetinde değiliz. Fakat hemen hemen bütün çağdaş felsefelerin ve ideolojilerin, evrende, insanın özel varlık şeklinin; insanı, kültürün yaratıcısı olmaya zorladığını göz ardı etmek anlamsızdır. İnsanı tanımlamaya çalışan bir analiz, hareket noktası ne olursa olsun, ister psikolojik, sosyolojik, varoluşsal, ister klasik felsefelerden ödünç alınan başka kriterlerden yararlanmış olsun; dolaylı ya da doğrudan insanı, kültürün (dilin, kurumların, tekniklerin, sanatın vs.) yaratıcısı olarak tanımlayacaktır. İnsanın özgürleşmesi yöntemleri (ekonomik, politik, psikolojik), insanı, ruh dünyasına doğru yöneltmek ve onu *kültürel yönden yaratıcı* duruma getirmek için, komplekslerinden ve bağlı olduğu zincirlerinden kurtarmaya yönelmektedir. Diğer yandan bir İlahiyatçının (hatta bir Hıristiyanın) kültürel alanından uzaklaşarak düşündüğü şey, (yani imanın sırrı, kutsal hayat gibi) bir inançsız veya dinsiz için kültürel yaratılışın içinde bulunmaktadır. Yine en azından tarihi ifadeleri içinde, Hıristiyan dini tecrübesinin "bir kültürel olay" karakterine sahip olduğunu inkâr edemeyiz. Çağdaş birçok İlahiyatçı, önceden, din sosyolojisinin varsayımlarını kabul etmiş ve teknolojinin kaçınılmazlığını da kabul etmeye hazır hale gelmişlerdir. Zaten kültüre dayalı ilahiyatın varlığı, çağdaş ilahiyat düşüncesinin ilerleme istikametini de göstermeye başlamıştır.[84]

Bir Dinler Tarihçisi için problem, başka türlü ortaya konulmaktadır. Fakat ille de kültür ilahiyatı ile bu çelişki içinde değildi. Dinler Tarihçisi, **"Din dışı kültür"** diye adlandırılan şeyin, Dini-Düşünce tarihi içinde bir hayli yeni bir karşılaştırmalı görünüm olduğunun farkındadır. Başlangıçta, her kültürel yaratılış (alet, kurum, sanat, ideoloji vs.) bir dini ifadeydi veya dini bir gerekçeye yahut bir dini kökene sahipti. Bu her zaman uzman olmayanlar için açık bir durum olmayabilir. Çünkü onlar, dini, Batı toplumlarına veya büyük Asya Dinlerine özgü formalarda algılamaya alışıktırlar. Başlangıçta, dansın, şiirin veya aklın dini olması kabul edildiği halde, beslenme, seksüalite, ikamet, birtakım temel işler (avcılık, balık avlama, tarım) ve bu işlere bağlı olan aletlerin aynı şekilde kutsal olanla eşit derecede yer aldığını hayal etme de zorlanılmaktadır. Yine de, Dinler Tarihçileri en çok sıkıntıya sokan güçlüklerden birisi de "**kökenlere**" yaklaştıkça, "**dini bulgular**"ın artmış olması olayıdır. Öyle ki, insanın, bazı hallerde (meselâ, arkaik veya tarih öncesi topluluklarda) neyin kutsal, neyin kutsal olamadığını sorgulaması gerekmektedir.

---

[84] Yeni anti-kültürel krizler bizi, fazla etkilememektedir. Çünkü kültürün hor görülmesi ve reddedilmesi düşünce tarihinin diyalektik zamanlarını teşkil etmektedir.

Demistifikasyon/Gizemden Arındırma Yanılgısı

Politik, sosyal, ekonomik sebepleri bilinç dışı yansıması olduğunu göstererek, **Homo Religosus/Dindar Adam ideolojilerini ve davranışlarını,** indirgemeci bir yaklaşımla açıklamak ve gizemlerinden arındırmak, boşuna bir çaba olacaktır. Burada, her nesilde yeni bir güçle yeniden görünen, oldukça dikenli bir probleme dokunmuş oluyorum. Şüphesiz bu problemin birkaç satırda tartışılması söz konusu değildir. Daha önce bu konuda birçok şey yazdım.[85] Burada hemen bir örneği hatırlatmak istiyorum. Birçok geleneksel arkaik kültürlerde, köyün, mabedin veya evin "**Dünyanın Merkezinde**" bulunduğuna inanılmaktadır. Şimdi okuyucunun dikkatini, dünyanın merkezinin olmadığı ve her halükarda bu merkezlerin çokluğunun saçma ve kendiyle çelişen bir fikir olduğu üzerine çekerek, bu inancın üzerindeki gizemi kaldırarak açıklamaya çalışmanın hiçbir anlamı yoktur. Aksine, bu inancı ciddiye alarak onun, kozmolojik, sosyal ve ritüel açıdan sonuçlarını açıklamaya çalışarak, dünyanın merkezinde olduğuna inanan bir adamın varoluşsal durumu daha iyi anlaşılmış olacaktır. Böylece, onun her davranışı, dünya görüşü, onun hayata ve kendi varlığına atfettiği değerler ortaya çıkacak ve sistemleşecektir. Bu inanca göre de onun evi veya köyü, *axis mundi* [Dünyanın Ekseni] yakınında bulunacaktır.

Bu misâli, demistifikasyonun [gizemi kaldırma] yoruma, hizmet etmediğini hatırlatmak için verdik. Netice olarak, en eski zamanlarda, insan faaliyetleri, hangi nedenle olursa olsun dini bir değerle yüklenmiş olursa olsun, Dinler Tarihçisi için, bu faaliyetlerin, birtakım dini değerlere sahip olması olayı, çok önemlidir. Bu demektir ki, Dinler Tarihçisi, insanlık tarihinde, gizli bir manevi birlik bulmaktadır. Başka bir ifadeyle, Avustralyalıları, Vedaya inanan Hintlileri veya herhangi bir etnik

---

[85] Bak: İmages et Symboles, paris, 1952, s. 13; Mythes, Rêves et Mystères, Paris, 1957, s. 10, 156; Mephistophélès et l' Androgyne, s. 194 v.d.

grup veya kültürel sistemi inceleyerek, Dinler Tarihçisi, kendisine tamamen yabancı bir dünyada hareket ettiği hissine sahip değildir. Şüphesiz insan türünün birliği, dilbilimleri, antropoloji ve sosyoloji gibi diğer disiplinler tarafından fiilen kabul edilmiştir. Fakat Dinler Tarihçisinin bu birliği en yüksek seviyede yakalama imtiyazı vardır ve böyle bir deneyim onu, değiştirmiştir ve zenginleştirmiştir. Bugün tarih, ilk defa gerçekten evrensel hale gelmiş ve kültür de dünyasallaşma sürecinde ilerlemektedir. İnsanlık tarihi, yontma taş devrinden günümüze kadar, milli veya mahalli yorumlar ne olursa olsun, Hümanist eğitimin merkezi sorunu olmaya davet etmiş bulunmaktadır. Kültürün evrenselleşmesine doğru yönelen bu çaba içinde, Dinler Tarihi, esas rolünü oynayabilecektir. Böylece de evrensel bir kültürün yaratılmasına katkıda bulunabilecektir.

Tabii ki tüm bunlar, hemen yarın gerçekleşmeyecektir. Dinler tarihçisi sorumluluklarının bilincinde olursa, diğer bir ifadeyle, geçen elli yılın aşağılık kompleksini, mahcubiyetlerini aştığı zaman, ancak bu rolü oynayabilecektir. Dinler Tarihçilerine, kültüre yaratıcı şekilde katkıda bulunduklarının farkında olduklarını hatırlatmak gerekecektir. Onların sadece yayımlarla katkı sağlamaya haklarının olmadığını hatırlatmak, aynı zamanda kültürel değerler de yaratmaya hakları olduğunu hatırlatmak, onların "kolay sentezler" ve birtakım aceleci genelleştirilmeler yapacakları anlamına gelmez. Bunu, Rohde, Pettazzoni ve Van der Leeuw örneği üzerinden düşünmek gerekir. Yoksa şu veya bu başarılı gazeteciler üzerinden değil. Bu disiplinin gelecekteki yenilenişi düşünüldüğünde, değişmesi gerekecek olan kendi disiplininin karşısında Dinler Tarihçilerinin tutumudur. Dinler Tarihçileri, çağdaş kültürün yaşayan akımı içinde araştırmalarını bütünleştirmekten kaçındıkça, **"genelleştirmeler"** ve **"sentezler"**, amatörler ve gazeteciler tarafından yapılacaktır. Ya da Dinler Tarihinin perspektifinde yaratıcı bir yorum yerine, psikologların, sosyologların veya çeşitli indirgemeci ideolojilerin savunucularının yaptıkları alakasız ve küstah yorumlara boyun eğmeye devam edecek olmamızdır. Böylece bir veya iki nesil daha, dini realitelerin, çocukluk yıllarında maruz kalınan travmalara, sosyal organizasyonla veya sınıf çatışması vs. ile açıklanacağı birtakım kitapları okumak zorunda kalacağız. Amatörler bunları yaptıkça ve çeşitli indirgemecilik savunucuları böyle çalışmalar yaptıkça, şüphesiz bu tür kitaplar belki de başarı ile çıkmaya devam edecektir. Bu yayımların yanında, Dinler Tarihçiler tarafından yazılan ciddi kitaplar bulunursa, kültürel çevre aynı olmayacaktır. (Şu şartla ki, bu sentez kitapları, bazen çok meşhur bilginlerde bile olduğu gibi, bir yayınevinin isteği üzerine doğaçlama sonucu hazırlıksız yazılmış olmamalı. Çünkü "**analiz**" gibi, "**sentez**"in de doğaçlama sonucu meydana gelmesi mümkün değildir.)

Bana öyle geliyor ki, Dinler Tarihçiler, disiplinlerinin yaratıcı imkânlarının hiç farkında değillerdir. Afrika'nın, Okyanusya'nın ve Güneydoğu Asya'nın bize açtığı spritüel dünyaları, kültür yönünden içimize nasıl sindirebiliriz? Çünkü bütün bu spiritüel dünyaların bir dini kökeni ve yapısı bulunmaktadır. Şayet bunlara, Dinler Tarihi perspektifi içinde yaklaşamazsak, spiritüel dünyalar olarak bunlar kaybolacak ve bunların sosyal organizasyonları, ekonomik rejimleri, koloni ve koloni öncesi tarihinin devirlerini ilgilendiren bilgiler seviyesine indirilmiş olacaktır. Daha doğrusu bunlar spiritüel yaratılışlar olarak kavranamayacak, hem batı ve hem de dünya kültürünü hiçbir zaman zenginleştiremeyecektir. Aksine bu bilgiler, arşivlerde tasnif edilen, dokümanlara elektronik bilgisayarlara, yüklemesini bekleyerek, sayısız belgelere eklenecektir.

Bu defa da, Dinler Tarihçiler, aşırı utangaçlığa yenilip, bu manevi dünyaların yorum işini, başka disiplinlere bırakma günahına gireceklerdir. (Ne yazık ki bu spiritüel dünyalar çok hızlı şekilde değişmeye ve belki de kaybolmaya başladı bile.) Yine muhtelif nedenlerden dolayı belki de Dinler Tarihçileri, son zamanlarda kabul ettikleri bu ikinci pozisyonda kalmaya devam etmeyi, tercih etmiş olacaklardır. Bu durumda Dinler Tarihinin yavaş fakat geri alınamaz bir dağılma sürecine gireceğini kabul etmeliyiz. Böylece bu durum, özerk bir disiplin olarak Dinler Tarihinin yok olmasıyla sonuçlanacaktır. Dolayısıyla bir veya iki nesil içinde, Roma Din Tarihinde uzmanlaşmış Latincilere, Hint Dinlerinden birinde uzmanlaşmış Hindiologlara vs. sahip olmuş olacağız. Başka bir ifadeyle, Dinler Tarihi, sürekli parçalanacak ve onun parçalarına da günümüzde hâlâ kendi yorum bilgisini besleyen, belge ve kaynakları, farklı filolojilerde yeniden görmeye başlayacağız.

Mitoloji, ritüel, dini sembolizm, ölüm kavramları, erginlenme v.s. gibi daha geniş konularla ilgili olan problemlere gelince, bunlar, (özellikle Dinler Tarihi disiplininin başlangıcında olduğu gibi) sosyologlar, antropologlar, psikologlar ve felsefeciler tarafından ele alınacaktır. Bütün bunlar bizi, Dinler Tarihçilerini bugün meşgul eden problemlerin kendi kendine yok olmayacağını söylememe neden olmayacaktır. Belki bu problemler, başka perspektifler içinde, başka hedefler ve metodlarla incelenmiş olacaktır. Bağımsız bir disiplin olarak Dinler Tarihinin yokluğu ile ortaya çıkacak boşluk; doldurulamayacak, ancak sorumluluğumuz, ağırlığını korumaya devam edecektir.

V.

KOZMOGONİK MİTOLOJİ VE "KUTSAL TARİHİ

Yaşayan Mitoloji ve Dinler Tarihçileri

Dinler Tarihçisi, Mitoloji problemine kaygı ile yaklaşmaktadır. Bu sadece "**Mitoloji ile ne istenmektedir?**" sorusu yüzünden değil; aynı zamanda bu soruya verilen cevapların da çoğunlukla bilim adamı tarafından seçilen dokümanlara bağlı olması yüzündendir.

Platon ve Fontenelle'den, Schelling ve Bultmann'a kadar, Felsefeciler ve İlahiyatçılar, Mitolojinin birçok tanımını yapmışlardır. Fakat bunların hepsinin ortak yanı, Yunan mitolojisine dayanmış olmalarıdır. Oysa bir Dinler Tarihçisi için bu seçim, hiçte iyi bir seçim değildir. Mitolojilerin, yalnızca Yunanistan'da, tiyatroya, epik şiire olduğu kadar, plâstik sanatlara da ilham kaynağı olduğu doğrudur. Ancak yine Yunan kültüründe, mitlerin uzun ve nüfuz edici bir analize tabi tutulduğu da bir gerçektir. İşte bu analizden o, tamamen mitoloji olmaktan uzaklaşarak çıkmıştır. Şayet bütün Avrupa dillerinde "mitoloji" kelimesi bir "**kurmacayı=tasarlamayı**"yı ifade ediyorsa, bu, Yunanlıların yirmi beş asır önce bunu böyle ilân ettikleri içindir.

Dinler Tarihçisi için daha da ciddi olan, ritüel bağlamda bir tek Yunan mitolojisi bile bilmememizdir. Tabii ki bu, Paleo-Oriyantal ve Asya kökenli dinler için, özellikle de ilkel denen dinler için söz konusu değildir. Gerçekte "**Yaşayan Mitoloji**" daima bir dini davranışı doğrulayan ve ilham veren bir külte bağlıdır. Bunların hiç birisi, Yunan mitolojisini, efsanevi olguların incelemesine dâhil etmemeli demek değildir. Fakat bizim araştırmamız için, Yunan mitolojisi çalışmalarıyla başlamak özellikle, bu tahlilleri, bu dokümanlar ile sınırlandırmak, pek akıllıca bir iş olmayacaktır. Homeros' u Hesiodos'u ve Tragedya şairlerini besleyen mitolojinin bir kısmı, artık anlaşılamaz hale gelen arkaik materyallerin yorumunu ve seleksiyonunu temsil etmektedir. Oysa mitolojik düşüncenin yapısını anlamadaki en iyi şansımız, mitolojinin "yaşayan bir şey olduğu,, dini hayatın bizzat temelini oluşturan kültürleri incelemektir. Orada mitoloji, bir kurmacayı değil, mükemmel bir gerçeği ifade etmektedir.

Bunun için, yarım asırdan fazla bir zamandan beri antrolopologlar "ilkel toplumlar" üzerinde yoğun şekilde çalışmaktadırlar. Burada, Frazer'in, Lévy-Bruhl'un, Malinowski'nin, Leenhardt'ın veya Lévi-Strauss'un yorumlarını hatırlatmanın yararı yoktur. Bazı etnolojik araştırmaların sonuçlarını ilerde yeniden gözden geçireceğiz. Fakat burada itiraf edelim ki Dinler Tarihçisi, ne antropolojik tutumdan ne de onların sonuçlarından daima tatmin olmuş değildir. Yanlış kıyaslamaya karşı reaksiyon gösteren yazarların çoğu, özellikle yakın doğu mitolojileri gibi diğer mitolojilerin dikkatli etüdü ile antropolojik araştırmalarını tamamlamayı ihmal etmişlerdir. Bu mitolojiler, özellikle Mezopotamya, Mısır, Hint-Avrupa mitolojileri, antik ve ortaçağ Hindistan'ının yüce ve hayat dolu mitolojileri ve nihayet Türk-Moğol, Tibet Güney doğu Asya'nın Budistleşmiş ve Hindulaşmış halklarının mitolojileridir. "İlkel" mitolojilere bir araştırma sınırlandırması koymak, arkaik düşünce ile antik tarihte önemli rol oynamış insanlar arasında bir devamlılık olmadığı izlenimi verme riski taşımaktadır. Artık böyle bir devamlılık çözümü de mevcut değildir. Dahası, araştırmayı ilkel topluluklarla sınırlandırarak, antik Yakındoğu ve Hint dinleri gibi kompleks dinlerdeki mitolojinin rolünü ölçmekten mahrum kalmak demektir. Örnek verecek olursak, Gılgamış destanındaki veya *Enuma elish*'deki mitolojilerin kökenini ve kozmogonik mitolojileri göz ardı edersek; genelde, Mezopotamya kültürünün biçimini ve dinini anlamak imkânsız hale gelir. Gerçekte her yeni yılda *Enuma Elish*'de anlatılan masalsı olaylar, ritüel olarak canlandırılmaktadır. Her yeni yılda, dünya yeniden yaratılmalıdır. İşte bu gereklilik Mezopotamya düşüncesinin derin boyutunu göstermektedir. Ayrıca insanın kökeni mitolojisi, hiç değilse kısmen bize, Mezopotamya kültürünün karamsar karakterini ve trajik dünya görüşünü göstermektedir. Buna göre insan, Marduk tarafından çamurdan yaratılmıştır. Yani, ilk canavar olan Tiamat'ın bedeninden ve baş Şeytan Kingu'nun kanından yaratılmıştır. Bu mitoloji, Tanrılara geçinecek malzeme sağlaması için insanın, Marduk tarafından yaratıldığını açıkça belirtmektedir. Gılgamış destanı, insanın niçin ölümsüzlüğü elde etmediğini de açıklayan aynı karamsarlıkta bir görüş sunmaktadır.

Dinler Tarihçilerinin, Raffaelle Pettazzoni veya Gerardus van der Leeuw gibi meslektaşlarının yaklaşımını yahut yüksek kültürlerin insanlarının olduğu kadar, ilkellerin de mitolojik yaratıcılığının bütün kategorileri üzerinde çalışan Adolf Jensen veya H. Baumann gibi karşılaştırmalı Antropoloji alanındaki bilim adamlarının yaklaşımını tercih etmelerinin sebebi işte budur. Belki onların vardıkları sonuçlar üzerinde hem fikir olmayabiliriz. Fakat geçerli genellemeler oluşturmak için onların dokümanlarının yeterince kapsamlı olduğunda da şüphe yoktur.

Eksik belgelemelerden kaynaklanan fikir ayrılıkları, Dinler Tarihçileriyle başka disiplinlerdeki meslektaşları arasındaki diyaloga, tek engel değildir. Örneğin onları, antropologlar ve psikologlardan ayıran bizzat yaklaşımlarıdır. Dinler Tarihçisi, belgelerinin hepsini aynı planda tasnif etmemek için Aksiyolojik/Eksen farklılıklarının bilincindedir. Farklılıklara ve nüanslara dikkat ederek, Dinler Tarihçisi, bir dine hâkim olan ve onu karakterleştiren büyük mitolojilerin ve daha az önemli olan, kendini tekrarlayan, parazitli, ikinci derecedeki mitolojilerin mevcut olduğunu göz ardı edemez. Mesela *Enuma Elish*, dişi şeytan Lamashtu mitolojisi ile aynı seviyede bulunamaz. Polinezya kozmogonik mitolojisi, bir bitki kökenli mitolojiyle tamamen farklı bir ağırlığa sahiptir. Çünkü kozmogonik mitoloji önce gelmekte ve diğer mitolojilere modellik görevi yapmaktadır. İşte bu gibi diğer farklılıklar, antropologa veya psikologa önemli görünmeyebilir. Örneğin XIX. Yüzyıl Fransız romanını inceleyen bir sosyolog veya Edebi imgelemeleri inceleyen bir psikolog, sanatlarının kalitesine bakmadan Balzac'dan ve Eugène Sue'den, Stendhal ve Jules Sandeau'dan ayırım gözetmeden bahsedebilir. Ancak bir Edebiyat eleştirmeni için böyle bir yaklaşım düşünülemez. Çünkü bu, yorum prensiplerine aykırı bir tutumdur.

Bir veya iki nesil, belki de daha sonra, Melanezyalı, Afrikalı veya Avustralyalı kabile topluluklarından gelen Dinler Tarihçilerimiz çıktığında, Batılı araştırmacılara, bu yerli değerlere karşı olan ilgisizliklerinden dolayı sitem edeceklerinden şüphem yok. Bir Yunan kültür tarihi düşünelim ki orada Homeros, Trajedya şairleri ve Platondan söz edilmezken, Efesli Artemidorus'un rüya yorumu kitabı ve Emesalı Heliodorus'un romanı, Yunan dehasının özel karakterlerini daha iyi açıklamak ve onun kaderini anlamamıza yardım etmek bahanesiyle ciddi şekilde tahlil edilmiş olsun. Konumuza tekrar dönecek olursak, *mitolojileri bütünlüğüyle* ve aynı zamanda dolaylı olarak ve doğrudan içerdiği *değerler ölçütü*yle göz önüne almazsak, kuruluşunda mitlerin olduğu bir toplumdaki mitolojik düşüncenin fonksiyonunun ve yapısının anlaşılmasına imkân yoktur.

Oysa ne zaman kaybolma yolunda olmayan henüz canlı bir geleneği bulmuş olsak, hemen gözümüze çarpan şey, mitolojinin sadece söz konusu olan kabilenin "**kutsal tarihini**" oluşturması, onun reel bütününü açıklaması ve çelişkilerini doğrulaması değil; aynı zamanda mitolojinin anlattığı masalsı olaylar zinciri içinde bir hiyerarşiyi de ortaya koymasıdır. Genel olarak denebilir ki, her mitoloji, bir şeyin nasıl varlık şekline geldiğini anlatmaktadır. Yani, dünyanın, insanın, bir hayvan türünün veya bir sosyal kurumun nasıl oluştuğunu açıklamaktadır. Fakat dünyanın yaratılışı, diğer her şeyden önce geldiği için, kozmogoninin, kendine özgü bir itibarı vardır. Daha önce göstermeye çalıştığım gibi,[86] kozmogonik mitoloji aslında bütün mitolojilere modellik yapmaktadır. Çünkü hayvanların, bitkilerin veya insanın yaratılması, bir dünyanın varlığını gerekli kılmaktadır.

Dünyanın yaratılışı mitolojisi, kelimenin dar anlamı içinde Hint, Polinezya veya *Enuma Elish*'de anlatılan mitolojiler gibi kozmogonik bir mitoloji olmadığı kesindir. Meselâ, Avustralya'nın büyük bir bölümünde bu tür kozmogonik mitolojiler bilinmez. Fakat dünyanın bugünkü şeklini almadan önce başlangıcını tasvir eden merkezi bir mitoloji daima olmuştur. Öyleyse daima bir *ilk tarih* bulunmaktadır ve bu tarihin bir *başlangıcı* vardır. Kısaca kozmogonik mitoloji veya bize dünyanın ilk durumunu tasvir eden mitoloji, başlangıçtan bahseden mitolojidir. Bu başlangıç, daima, dünyanın zuhuru veya yaratılmasından sonra olan masalsı olayları anlatan mitolojiler serisi içine veya bitkilerin, hayvanların ve insanın yahut ölüm, evlilik ve aile mitleri içine yerleştirilmiştir. Bu köken mitleri, tutarlı bir tarih teşkil etmektedirler. Çünkü onlar, dünyanın nasıl değişikliğe uğradığını, insanın nasıl bugünkü haline geldiğini, ölümlü olduğunu ve yaşamak için çalışmaya nasıl mecbur olduğunu, na-

---

[86] Bkz. Le Mythe de l'Eternel Retour (Paris, 1949); Aspects du Mythe (Paris, 1963).

sıl cinsiyet yönünden çeşitlendiğini ortaya koymaktadırlar. Yine bu mitolojiler, doğaüstü varlıkların, kültür kahramanlarının,* mitolojik ataların yaptıklarını ve onların niçin yeryüzünden uzaklaştıklarını veya kaybolduklarını açıklamaktadırlar. Düzgün bir formda hala ulaşılabilir olan her mitoloji, sadece bir başlangıcı içermez; aynı zamanda doğaüstü varlıkların, kahramanların veya ataların son tezahürleri ile belirlenmiş bir de sonucu içermektedir.

Öyleyse önemli mitolojilerin bütünlüğü tarafından oluşturulan bu ilk kutsal tarih, temeldir. Çünkü dünyanın, insanın ve toplumun varlığını aynı zamanda o açıklamaktadır. İşte bunun için mitoloji, aynı zamanda "*gerçek tarih*" olarak kabul edilmiş (çünkü o, reel şeylerin nasıl varlık haline geldiğini hikâye etmektedir) ve insan faaliyetlerini doğrulanmasının örnek modeli olarak görülmüştür. Böylece ölümlü olmanın ve cinsiyetin anlamı anlaşılmış oluyor ve bu durum kabulleniliyor. Çünkü mitolojiler, ölüm veya cinsiyetin dünyadaki tezahürlerinin nasıl meydana geldiğini anlatmaktadırlar.

Belli bir av veya tarım tipi uygulanmaktadır. Çünkü mitolojiler, kültür kahramanlarının, atalarına bu teknikleri nasıl öğrettiklerini anlatmaktadırlar. Önceki birçok çalışmada, mitolojinin bu örnek fonksiyonu üzerinde ısrarla durduğumuz için, burada tekrar bu konuya dönmemize gerek yoktur.

Büyük mitlerde muhafaza edilen kutsal tarih adını verdiğimiz şey üzerinde, durarak devam edeceğiz. Fakat bu nasıl yapılacak? Bizi bu konuda ilk bekleyen güçlük maddidir. Bir mitolojiyi veya bir mitolojik konuyu uygun şekilde yorumlamak ve analiz etmek için, elde edilebilecek bütün dokümanları dikkate almak gerekir. Bu ise, ne bir konferansın ne de küçük bir kitabın

---

* *Culture Hero*: Bazı etnik, kültürel ya da dini grupların inancına göre dünyayı buluş veya keşif yoluyla değiştiren mitolojik kahraman. (çev)

sunduklarıyla olacak iş değildir. Claude Lévi-Strauss, sadece Güney Amerika mitolojileri grubunun analizine üç yüzden fazla sayfa tahsis etmiştir. Yine de Fuegianlar ve başka milletlerin mitolojilerini, Amazonluların ana mitolojileri üzerine eğilebilmek için bir kenara bırakmak zorunda kalmıştır.

Bu yüzden biz kendimizi bir veya iki karakteristik örnekle sınırlandırmaya zorladık. Önce, yerlilerin mitolojilerindeki temel olan şeyi incelemeye çalışacağız. Belki bu özetler bile, okuyucuya uzun görünebilir. Fakat az bilinen mitolojilerle ilgilendiğimizden dolayı Enuma *Elish*'de veya Yunan ve Hint mitolojilerinde olduğu gibi, bunlardan sadece bahsedip geçemeyiz. Ayrıca, her yorum bir filolojiye dayanmaktadır. Bu durumda az bile olsa belli miktarda doküman elde etmeden, bu mitolojilerin yorumunu sunmak anlamsız olacaktır.

Kozmogonik Mitolojinin Anlamı ve Görevi/İşlevi

İlk örneğimiz Borneo'dan Ngadju Dayaklarının mitolojisi olacaktır. Bu örneği seçtim, çünkü bu konuda klâsik olmayı hak eden Hans Scharer'in[87] *Die Gottesidee der Ngadju Dajak in Süd-Borneo* (Leiden, 1946) isimli bir eserine sahibiz. Yazar bu halkı, uzun yıllar boyunca incelemiştir. Topladığı dokümanlar, eğer basılmış olsaydı, on iki bin sayfayı bulacaktı. Scharer yalnızca yerlilerin dillerinde uzmanlaşmakla kalmamıştı; âdetlerini de öğrenmişti. Diğer yandan, Dayakların hayatında mitolojinin oynadığı rolü ve yapısını da çok iyi derecede anlamıştı. Başka arkaik toplumlardaki gibi Dayak kozmogonik mitolojisi de, dünyanın ve insanın yaratılış dramını, insan hayatını ve kozmik süreci yöneten prensipleri ortaya koymaktaydı. Arkaik halkın hayatında her şeyin ne kadar tutarlı olduğunu, mitolojilerin birbi-

---

[87] İngilizce çevirisi için bkz. Rodney Needham, *Ngaju Religion. The Conception of God among a South Borneo people* (The Hague, 1963).

rini nasıl takip ettiğini ve her bireyin hayatında olduğu kadar, toplum hayatında da sürekli tatbik edilen kutsal tarih içinde, nasıl belirginleştiklerini anlamak için bu kitabı mutlaka okumak gerekir. Kozmogonik mitolojiler yoluyla Dayaklar, gerçeğin yapılarını ve onun kendine özgü varlık şeklini keşfediyorlar. Başlangıçta olup biten, hem ilk mükemmelliği, hem de her bireyin kaderini belirtmektedir.

Mitolojiye göre, başlangıçta kozmik bütünlük, su yılanının ağzında hâlâ gizli güç halinde bulunmaktaydı. Sonunda iki dağ, yükselmiş ve onların tekrarlayan çarpışmalarından, bulutlar, tepeler, güneş, ay vs gibi kozmik realiteler var olmuştur. Bu iki dağ, iki yüce Tanrının makamıydı. Hatta aynı zamanda dağlar, bu iki Tanrının da ta kendisiydi. Ancak yaratılışın ilk safhasının sonunda, insan formlarını ortaya çıkarmışlardır. Antropomorfik veçheleri altında iki yüce Tanrı olan Mahatala ve eşi Putir, kozmogonik esere devam etmişler, yukarı ve aşağı dünyayı yaratmışlardır. Fakat henüz insanın yaşayacağı orta dünya yoktur. Erkek ve dişi iki kuş/Guguk Kuşu, yaratılışın üçüncü safhasını yürüteceklerdir. Onlar, zaten, iki Yüce Tanrıyla aynıdırlar. Mahatala, "Merkez"de **"Hayat Ağacı"**nı birden ortaya çıkarırlar, iki kuş onun etrafında uçarlar ve ağacın dallarında buluşurlar. Aralarında öfkeli bir kavga çıkar ve bunun sonucunda da hayat ağacı, çok büyük bir zarar görür. Hayat ağacının geriye kalan parçalarından ve dişi kuşun boğazından, Dayakların ataları olacak olan genç bir erkek ve kız doğar. Neticede hayat ağacı yıkılır ve iki kuş birbirini öldürür.

Kısaca yaratılış sırasında Tanrılar, üç farklı şekil altında kendilerini gösterirler: Kozmik (iki dağ), Antropomorfik (Mahatala ve Putir), Teriyomorfik (iki kuş). Fakat bu zıt görünümler, Tanrının sadece bir yüzünü temsil etmektedir. Şüphesiz Tanrının bütüncül görünümleri olarak ilk su yılanı veya hayat ağacı önemlidir. Schärer'in değişken görünümlü Tanrısal bütünlük olarak adlandırdığı bu bütünlük, bizzat Dayakların dininin temelini teşkil etmektedir. Bu bütünlük sürekli olarak sayısız bağlamda ilan edilmiştir. Netice olarak Dayaklar için diyebiliriz ki, her kutsal şekil, aynı zamanda zıddını da içermektedir. Mesela, Mahatala, aynı zamanda kendi eşi olarak, su yılanı da kuş olarak görülmektedir.

Kozmogonik mitoloji bize, Dayakların kültürlerini, sosyal teşkilatlarını ve dini hayatlarını anlamamıza imkân vermektedir. Dünya, iki kutupsal prensip arasındaki çarpışmanın sonucu olarak var olmuş ve bu çarpışma sonunda, onların bedenleşmesini temsil eden hayat ağacı yıkılmıştır. Fakat tahrip ve ölümden, Kozmoz ve yeni bir hayat meydana çıkmıştır. Bu yeni yaratılış, kökenini ölümden, hatta Tanrısal bütünlükten[88] almaktadır. Doğum, erginlenme, evlilik, ölüm gibi merasimleri içeren en önemli dini merasimlerde, bu yaratıcı mücadele, sürekli tekrarlanmaktadır. Orada her şey, kozmogonik mitolojide anlatılan olayların tekrar ve örnek modellerin taklidinden başka bir şey değildir. Köy de ev gibi, evreni temsil eder ve her ikisi de dünyanın merkezindeymiş gibi tasavvur edilir. Bu örnek ev, bir *imago mundi*dir: Su yılanının omurgası üzerine inşa edilmiştir; dik çatısı, Mahatala'nın makamı olan dağı sembolize etmekte ve dallardan yapılan şemsiye de dalları arasında iki mitolojik kuşun farkedildiği hayat ağacını sembolize etmektedir.

Meselâ, evlenme merasiminde çiftler, mitolojilere özgü, ilk zamanlara dönmektedirler. Bu dönüş, genç çiftlerin sarıldıkları hayat ağacının bir kopyası ile gösterilmektedir. Schärer'e anlatıldığına göre, düğün, yaratılışın canlandırılmasıdır ve yaratılışın canlandırılması da Hayat Ağacından doğan ilk insan çiftinin yaratılışıdır.[89] Doğum da aynı şekilde ilk zamanlar ile ilgilidir. Doğum Odası, sembolik olarak ilk suların içine kurulmuştur.

---

[88] Hans Schärer, *Ngadju religion*, s. 34.
[89] a.g.e., s. 85.

Aynı şekilde ergenlik törenleri esnasında genç kızların kapatıldığı oda, ilk okyanusun içinde imiş gibi tasavvur edilir. Böylece genç kız, yeraltına iner ve su yılanı şekline bürünür. Yeryüzüne bir başka şahıs olarak geri gelir ve böylece, dini olduğu kadar sosyal da olan yeni bir hayat başlar.[90] Ölüm de yine, daha zengin daha gerçekçi yeni bir hayata geçiş olarak algılanır. Ölü, ilkel zamanlara geri dönmektedir. Bu mistik yolculuk, tabutun dekorasyonu ve şekli ile belirtilmiştir. Şöyle ki tabut kayık şeklindedir ve her iki yanına su yılanı, hayat ağacı ve ilk dağlar resmedilmiş bulunmaktadır. Bu da kozmik kutsal bütünlüğü göstermektedir. Başka bir deyimle ölü kişi, başlangıçta mevcut olan Tanrısal bütünlüğe geri dönmektedir.

İnsan, her kriz ve her geçiş merasimi vesilesi ile dünyanın başlangıçtan beri olan dramını yeniden yaşamaktadır. Bu işlem, iki kez gerçekleşmiştir: İlkel bütünlüğe dönüşte ve kozmogoninin tekrarında; yani ilkel birliğin bölünmesi sırasında. Aynı işlem, yıllık kollektif bayram esnasında da tekrarlanmaktadır. Schärer, senenin sonunun, bir çağın ve dünyanın bitimini gösterdiğine işaret ederek[91] buna refakat eden merasimlerin açık olarak onların sonunu ifade ettiğine dikkat çekmektedir. Yani, yaratılışın önceki zamanına dönüşünü. Yani hayat ağacı veya su yılanı ile figürleşen, kutsallaşan ve tamamı ile canlı olan dönüşü. Gerçekten, *helat nyelo* olarak isimlendirilen "**Yılların arasındaki zaman**" bütün şeylerle, bu kutsal dönem esnasında hayat ağacının bir kopyası/replikası, köyün ortasına dikilmiş ve halk, kozmik öncesi döneme yönelmiştir. İşte bunun içindir ki, kanunlar ve yasaklar askıya alınmaktadır. Çünkü dünya, var olmayı durdurmuştur. Yeniden yaratılmayı beklerken, insanlar Tanrının yanında, daha doğrusu tam orijinal Tanrıda yaşarlar. Yıllar arasındaki bu zaman aralığının, Orgiastik karakteri/Eğ-

---

[90] a.g.e., s. 87.
[91] a.g.e., s. 94

lence karakteri, kutsallığını bizden saklamaz. Burada düzensizliğin değil, bir başka düzenin söz konusu olduğunu ifade eder Schärer.[92] Bu kutsal/Tanrı ile bütünleşme devresi esnasında, aynı zamanda kozmik, sosyal ve seksüel olan başlangıçtaki birliğe, bir bütünlüğe geri gelinmektedir Bu durumda orjiler, Tanrısal emre itaat eder ve buna iştirak edenler de Tanrısallığı bizzat kendilerinde yeniden bulurlar. İlkel olduğu kadar tarihi olan başka birçok dinlerde de belli aralıklarla gerçekleşen orjiler, mükemmel bütünlüğün, muhteşem bir parçası olarak kabul edilmiştir. İşte bu bütünlük, Dayaklarda, Mezopotamyalılarda olduğu gibi, yeni bir yaratılışın hareket noktası olarak görülmektedir.

İlk Başlangıç ve Bütünlük

Bu özet ne kadar kısa olursa olsun, yine de bize, arkaik toplumlarda kozmogonik mitolojilerin oynadığı rolün önemini göstermektedir. Burada mitoloji, Dayaklardaki Dini Düşünceyi bütün derinliği ve karmaşıklığı içinde ortaya koymaktadır. Biraz önce görüldüğü gibi burada, bireysel ve kollektif hayat, kozmolojik bir yapıya sahiptir. Şöyle ki her hayat bir devir daimden oluşmaktadır. Bu devr-i daimin modeli, yaratılış, yıkım ve dünyanın sürekli yeniden yaratılmasıdır. Böyle bir anlayış, sadece Dayaklarla ve hatta aynı kültür düzeyindeki başka milletlerle de sınırlandırılamaz. Bu olay bize, Dayak mitolojisinin, etnografik sınırları da önemli şekilde aştığını göstermektedir. Bu mitolojide en çarpıcı olan şey, *ilk bütüne* atfedilen büyük önemdir. Dayakların, kutsalın iki özelliği olan "**İlklik**"le ve "**Bütünlük**"le, meşgul olduklarını söyleyebiliriz. Bu hiç bir zaman, onların yaratılış olayını küçümsedikleri anlamına gelmemektedir. Dayakların kozmos ve hayat anlayışında Gnostik ve Yerel bir kötümserlik asla yoktur. Dünya, iyi ve önemlidir. Çünkü Kutsaldan gelmektedir. Çünkü Hayat Ağacından, yani,

---

[92] a.g.e., s. 97.

bizzat Tanrıdan doğmuştur. Fakat mükemmel olan sadece, ilk Tanrısal bütünlüktür. Eğer Kozmos düzenli olarak yok oluyor ve yeniden yaratılıyorsa, bu ilk yaratılış başarısız olduğu için değil; yaratılıştan önceki durumun, yaratılmış olan dünyada erişilemeyen bir güzelliği ve mükemmelliği temsil etmesinden dolayıdır. Diğer taraftan mitoloji, "**İlkel Birliğin**" bölünmesi gerekliliğine işaret etmektedir. Orijinal mükemmellik, bu ilkel birlikte düzenli olarak bütünleşmektedir. Fakat böyle bir mükemmellik daima geçicidir. Dayak Mitolojisi, yaratılışı ve onun mümkün kıldığı kültürü, toplumu, insan hayatını kesin olarak kaldıramayacağımızı ilan etmektedir. Başka bir ifade ile "**kutsal bir tarih**" vardır ve tarih düzenli tekrarlarla, sürekli hale getirilmektedir. Gerçekliği, başlangıçtaki ilkel Tanrısal bütünlük içinde olduğu gibi dondurmak mümkün değildir.

Bütün insanlık tarihinin modeli ve temeli olan "**kutsal tarih**"e yüklenen bu istisnai değer önemlidir. Diğer birçok ilkel mitolojide de bu değeri görsek de, antik Yakındoğu ve Asya mitolojilerinde de buna özel bir önem verilmiştir. Bir mitoloji, bütünlüğü içinde incelenirse, aynı zamanda söz konusu olan halkın kendine has "**kutsal tarihi**"de ortaya çıkarılmış olur. Mitolojide, daima temel olayların tutarlı bir intikali vardır. Fakat her toplum, bu olayların arasından bazılarına fazla önem vererek, bazılarını da geri plana atarak veya bizzat onları ihmal ederek değerlendirmiştir. Yaratıcı Tanrıdan uzaklaşma miti olarak adlandırabileceğimiz durumu ve onun *deus otiosus*'a dönüşümünü incelediğimizde, benzer bir yargıyı içeren aynı sürecin olduğunu fark edeceğiz. Yani temel yaratıcı olaylar arasında, insan hayatında esas olan şeyler yüceltilmiş ve diğerleri ihmal edilmiştir. Başka bir ifade ile, yine de bu tarihi olayların tutarlı bir devamını oluşturan kutsal tarih sürekli hatırlanıp, yüceltilirken, bu tarihten önce mevcut olan her şey -ve her şeyden önce de yaratıcı Tanrının muhteşem ve yüce varlığı- yok olup gitmektedir. Şayet Göksel Tanrı hâlâ anılıyorsa, dünyayı ve insanı yaratan olarak inanıldığı içindir. Böyle Yüce bir Tanrı, yaratılış işini tamamlayarak rolünü bitirmiş olarak kabul ediliyordu. O'na Kült yapılmıyordu ve ona dair mitoloji de yoktu. Mitoloji olsa bile, bunlar önemsiz mitolojilerdi. Bu Tanrı, sadece aşırı sıkıntılı durumlarda hatırlanmaktaydı.

Büyük Ata ve Mitolojik Atalar

Bu ilkel mitolojilere dair vereceğim bilgiler, özellikle açıklayıcı bilgilerdir. Çünkü bu, bize, hayat ve bereket Tanrılarına doğru dönerek, insanın gittikçe varlık haline geldiğini göstermektedir. Diğer taraftan bu mitoloji dersi bize, arkaik insanın kendine göre hem merkez hem de kurban olduğu bir "**Tarih**" varsaydığını açıklamaktadır. İlk insan için, mitolojik ataların döneminde olup biten her şey, onun ortaya çıkmasından önceki dönemden daha önemli olmuştur. İşte bu süreci sayısız misallerle açıklayabiliriz. Nitekim bunu, birçok çalışmada gösterdik.[93] Fakat bugün yarım asırdan beri antropologlar, sosyologlar ve psikologlar arasında büyük itibar gören bir topluluktan bahsetmek istiyorum. Bu Orta Avustralya'daki Aranda kabilesidir. Bu bilgileri, Durkheim zamanında yazıları çok tartışmaya neden olan meşhur misyoner Carl Strehlow'un oğlu olan T.G.H. Strehlow'un derlediği bilgilerinden alıyoruz.[94] Hayatta olan en iyi otoriteyi seçtiğimizi ümit ediyorum. Çünkü Arandalıların dilini ilk olarak Strehlow konuşmuştur ve Strehlow, otuz yıl boyunca bu toplulukların içinde yaşamış ve onları incelemiştir.

---

[93] Bkz. *Aspects du Mythe*, bölüm VI.
[94] Öncelikle *Aranda Tradition* (Melbourne, 1974) ve onun yeni makalesi "Personal Monototemism in a Polytotemic Community," *Festschrift Für*, Ad. Jensen, (München, 1964), s. 723-754; yine "La gémellité de l'ame humaine" *La Tour saint-Jaques*, (Paris, 1957), not. 11-12, s. 14-23. Ayrıca bkz. M. Eliade "Australian Religion: An Introduction. Part II" *History of Religions*, VI, (1967), s. 208-235, özellikle s. 209.

Arandalara göre gök ve yer, hep var olmuş ve doğaüstü varlıklar tarafından mesken tutulmuştur. Gökte, devekuşu ayaklı karısı ve çocukları olan, yine devekuşu ayaklı bir şahıs bulunmaktadır. İşte bu "**Ebedi Gençlik**" (*altjira nditja*) diye adlandırılan (*knaritja*) "**Büyük Atadır**." Tüm bu doğaüstü varlıklar, çiçeklerle ve meyvalarla dolu, Samanyolu'nun boydan boya katettiği, sürekli yeşil bir ülkede yaşamaktadırlar. Hepsi ebediyen gençtir ve "**Büyük Ata**" çocukları gibi genç görünmektedir. Onlar, yıldızlar gibi ölümsüzdürler çünkü ölüm, onların evine asla girmeyecektir.

Strehlow haklı olarak, "**Bu devekuşu ayaklı Büyük Ata**"nın bazı Güneydoğu Avustralya'nın semavî atalarına benzeyen "**Yüce bir varlık**" gibi kabul edilmesinin imkânsız olduğunu düşünür. Gerçekte o, ne yeri yaratmış ve şekillendirmiş, ne bitkileri hayvanları ve totemik ataları yaratmış ne de ataların eylemlerini kontrol etmiştir. Büyük Ata ve göğün diğer sakinleri, yeryüzünde olup bitenlerle asla ilgilenmemişlerdir. Günahkârlar, semavî Büyük Ata'dan korkmazlar fakat totemik ataların gazabından ve kabilevi otoritelerin cezalarından korkarlar. Çünkü bir an için, bütün anlamlı ve yaratıcı işlerin, yerden çıkmış olan totemik atalar tarafından yapıldığını görmekteyiz. Kısaca burada söz konusu olan "**Semavî Bir Varlığın/Gök Tanrının**" tam olarak *deus otiosus/Göklerin Derinliklerinde olan bir Tanrı* haline dönüşmüş olmasıdır. Bir sonraki adım, bu Tanrının tamamen unutulmuş olmasıdır. Bu durum muhtemelen, Strehlow'un, Gök Tanrılarla kıyaslayabileceği benzer inançları bulamadığı Batı Arandalıların dışında meydana gelmiştir.

Yine de bazı karakteristik özellikler, kayıtsız, aylak ve Yüce olan Ebediyen Genç ve Büyük Ata'yı, Yüce Varlıkların arasına koymaya imkân vermektedir. Her şeyden önce Onun da ölümsüz, genç ve mutluluk veren bir varlığı vardır. Sonra, onun Totemik Atalara göre kronolojik bir önceliği de vardır. Çünkü Totemik Atalar, yeryüzünün üstüne çıkmadan uzun zaman önce O, gökte mevcuttu. Nihayet **göğün dini değeri** mitolojilerde sık sık tekrar edilmiştir. Mesela ağaçların ve merdivenlerin, yer ile göğü birbirine bağladığı mitsel geleneklerde, ölümsüzlüğü feth eden bazı kahramanların mitolojilerinde ve özellikle Aranda inançlarında göğün dini değeri, daima belirtilmiştir. **Aranda inançlarına göre ölüm, cennetle olan iletişim kesildiği için ortaya çıkmıştır.** Strehlow, cennet ile yeri birbirine bağlayan bir merdivenden bahseden birçok gelenekler hatırlatmakta ve efsaneye göre, dev ağaçların yükseldiği ve onların sayesinde bazı ataların göğe çıkmayı başardıkları yerleri tasvir etmektedir. Birçok arkaik dinlerde de buna benzer inançlar bulunmaktadır. Mitolojiler, yer ile gök arasındaki iletişimlerin kopmasından sonra, Tanrıların çekildikleri ve neredeyse *dii otiosi* [Göksel Tanrı] haline geldiklerini anlatmaktadırlar. İşte o zamandan beri, sadece birkaç imtiyazlı varlık (kahramanlar, şamanlar ve büyücüler) göğe çıkabilmektedirler. Biz Arandalarda buna benzer bir mitsel temanın olup olmadığını bilmiyoruz. Arandalarla, semavî varlıklar arasındaki karşılıklı ilgisizliğe rağmen, göğe çıkarak elde edilen ölümsüzlüğün akıldan çıkmayan anısı ile beraber, Cennetin dini itibarı da hâlâ devam etmektedir. Yine bu mitoloji parçalarında telâfi edilemez bir şekilde kaybolmuş ilkel bir duruma, özlemin de var olduğu söz konusudur.

Her durumda, semavî Büyük Ata tarafından temsil edilen *primordium'un* Arandalar için doğrudan doğruya bir anlamı yoktur. Aksine Arandalar, yeryüzünde olup biten ile meşgul olmuşa benzemektedir. Böyle durumlar, oldukça önemlidir, özellikle bizim açımızdan dini bir değeri de vardır. Çünkü mitolojik zamanlarda vukû bulan olaylar, toplumun, hayatın ve dünyanın sürekliliği için, insanın takip etmesi ve tekrar etmesi gereken örnek tarihi oluşturmaları yönü ile dini olaylardır.

Büyük Ata ve ailesi gökte bir çeşit cennetsel ve sorumsuz bir hayat yaşarken, yeryüzünde çok eski zamanlarda, biçim kazanamamış yarım embriyonlar ve olgunluğa ermemiş çocuk kitleleri mevcuttu. Onlar gelişemiyorlardı fakat yaşlanıp ölmüyorlardı da. Çünkü yeryüzünde henüz ne hayat vardı ne ölüm vardı. Bütünüyle hayat yerin altında uyuklayan doğaüstü varlıklar formunda mevcuttu. Bu varlıklar, zaten aynı zamanda yaratılmamıştı (aslında bunlar "Kendi ebedîliklerinden doğanlar," *altjirana nambakala* diye adlandırılıyorlardı). Sonunda bu varlıklar, uykularından uyanmışlar ve yeryüzüne çıkmışlardır. Onların yeryüzüne çıktığı yerler, hayat ve güçle dolmuştur. Bu yüce varlıklardan biri güneştir. O doğduğu zaman, yeryüzü ışığa boğulmuştur. Bu varlıkların şekilleri, farklılık göstermiştir; bazıları hayvan, bazıları da, erkek ve kadın formunda oluşmuşlardır. Fakat hepsinin de ortak bir noktası vardır. Meselâ, Teriyomorfikler [hayvan formunda olanlar], insani varlıklar gibi davranıyor ve düşünüyorlar; insan formunda olanlar ise istediklerinde belli bir hayvan formuna girebiliyorlardı.

Genel olarak Totemik Atalar terimi ile belirtilmiş olan bu yer altına ait varlıklar, yeryüzünde dolaşmaya başlamışlar ve Orta Avustralya topraklarına bugünkü fiziki özelliklerini vermişlerdir. Bu işler, kısaca bir kozmogoni teşkil etmektedir. Şöyle ki Atalar, yeryüzünü yaratmamışlardır fakat ilk maddeye (*materia prima*) bir şekil vermişlerdir. Anthropogeny [insan kökenlerinin araştırılması] kozmogoniyi tekrar etmektedir. Bu totemik atalardan bazıları, kültür kahramanlarının rolünü üstlenmişlerdir. Şöyle ki, bu kahramanlar, ilk insan örneği kitlesini parçalara ayırmışlar ve daha sonra, parmakları ve ayak parmaklarını birleştiren perdeleri ayırarak, kulak, göz ve ağız boşlukları açarak her bireyi biçimlendirmişlerdir. Diğer kültür kahramanları, onlara ateş yakmayı, alet yapmayı, yemek pişirmeyi göstermişler ayrıca sosyal ve dini kurumları öğretmişlerdir.

Bütün bu işlerin neticesinde aşırı yorgunluk onları altetmiş ve yerin altında kaybolmuşlar veya kayalara, ağaçlara ya da ritüel nesnelere (*tjuruga*) dönüşmüşlerdir. İstirahat ettikleri yerler, tıpkı doğdukları yerler gibi, kutsal mekân haline gelmiş ve aynı isimle anılmışlardır. Yine de ilk dönemi tamamlayan bu ataların kaybolması, nihai olmamıştır. Şöyle ki bir yandan yerin altında ilk uykularına dalmalarına ve yeniden uyanmalarına rağmen, insan davranışlarını da gözetlemektedirler. Diğer yandan da onlar, sürekli reenkarnasyon geçirmektedirler. Gerçekte Strehlow'un, her ferdin ölümsüz ruhu[95] adını verdiği bu şey; bir atanın hayatının bir parçasını temsil ediyordu.

Ataların yeryüzünde gezip dolaştığı bu masalsı dönem, Arandalar için Cennetsel hayata denk düşüyordu. Yerin oluşumundan hemen sonra, yeri bir Cennet olarak tasavvur ediyorlardı. Orada av, kolayca yakalanıyordu. Su ve meyveler bol miktarda bulunuyordu. Fakat atalar, bazı gelişmiş toplumlarda mevcut olan kısıtlama ve yasakları tanımayan özgür bir hayat sürüyorlardı.[96] Henüz iyi ve kötü mevcut değildi. Netice itibarı ile insan hayatını düzenleyen kanunlar ve yasaklar da yoktu. Bu ilk Cennet hayatı, hâlâ Arandaların aklından çıkmıyordu. Belli bir zaman diliminde yaşanan eğlence şöleninde/Bayramda, bütün yasaklar ve kısıtlamalar askıya alındığında, bu sefahat âlemi geçici bir dönüş olarak yaşanmış olmaktadır. .

O halde bu yeryüzüne ve cennete ait olan ilk başlangıç (bu aynı zamanda bir tarih ve bir ilk eğitimi meydana getirir) Arandaları ilgilendirmektedir. İşte, insan bugünkü şeklini, bu mitolojik zaman içinde almıştır. Bu zaman içinde o, sadece şekillenmemiş ve ataları tarafından yönlendirilmemiş, aynı zamanda atalarının o zamanda (*illo tempore*) yaptıkları bütün şeyleri

---

[95] "Personal Monotemism in a Polytotemic Community," s. 730.
[96] a.g.e., s. 729, yine totemik ataların üzerine. bkz. *Aranda Traditions*, s. 36, "L'Age d'Or." krş. Aranda Traditione, s.36

tekrar etmek zorunda kalmışlardır. İşte mitolojiler, bu kutsal ve yaratıcı tarihi ortaya koymaktadırlar. Ayrıca, erginlenme esnasında her Aranda genci, sadece başlangıçta (*in principio*) olup biteni öğrenmiyor, aynı zamanda orada olduğunu ve âdeta bu muhteşem olaylara katıldığının farkına da varıyordu. Erginlenme töreni beraberinde bir anamnezi/Hatırlamaya yol açmaktadır. Çünkü merasimin sonunda aday, onunla iletişim kuran mitin kahramanın bizzat kendisi olduğunu öğrenmektedir. Ona, kutsal ve iyi muhafaza edilmiş bir ritüel nesnesi, *tjurunga* gösterilir ve ona, yaşlı bir adam şöyle der: "**Bu, senin kendi bedenindir.**" Çünkü bu, Ata bedenini temsil etmektedir. Ebedi Ata ile onda yeniden bedenleşen kişi arasındaki benzerliğin gün ışığına çıkışı, Upanişadlardaki *tat tvam asi/Sen busun* ile kıyaslanabilir.

Bu inançlar, sadece Arandalara özgü değildir. Meselâ Avustralya'nın kuzeydoğusundaki kabileden bir **Unambal, Wondjina** (Bunlar, Orta Avustralya'nın Totemik atalarına denktir) resimlerinin bulunduğu mağaralara yöneldiği zaman şöyle der: "**Şimdi, ben yeniden doğacağım ve güçleneceğim. Yağmur yağsın diye kendimi yeni baştan çizeceğim.**"[97]

Gök ile Yer arasındaki iletişimin kopması sonucu meydana gelen ölüme, Arandalar, bir ruh göçü teorisi ile cevap vermişlerdir. Bu teoriye göre, ataların devamlı şekilde hayata döndüklerine inanılıyordu. Öyleyse, bu iki özlem türünün cevap verdiği iki tip ilksellik vardı: 1) Semavî Büyük Baba ve sıradan insanların ulaşamadığı göksel ölümsüzlüğün temsil edildiği ilk evre; 2) Hayatın ve insan hayatının ortaya çıktığı ataların masalsı dönemi. **Arandalar,** en çok bu ikinci evre tarafından temsil edilen yeryüzü cennetine özlem duymaktadırlar.

---

[97] Mircea Eliade, "Australian Religions: An Introduction Part II," s. 227.

İki Başlangıç Tipi

Buna benzer bir süreç, diğer dinlerde de, hatta en karmaşık olan dinlerde bile bulunmaktadır. Meselâ, Tiamat'ın ilkselliği ve kozmogonik, antropojenik ve yeni bir Tanrısal hiyerarşinin kuruluşu ile birlikte, Marduk'un zaferi ile temsil edilen yaratıcı ilksel döneme geçişten bahsedebiliriz. Yine, Uranüs'un ilkselliğini, Zeus'un Yüceliğinin kuruluşunu veya neredeyse unutulmuş Dyaus'tan Varuna'ya kadar ve daha sonra sırasıyla Indra, Shiva ve Vishnu'nun Yüceliği ile kıyaslayabiliriz. Bütün bu örneklerde açıkça bir kozmogoni söz konusu değilse de, yeni bir dünyanın yaratılışı söz konusudur. Yeni bir dini dünyanın su yüzüne çıkışı, daima, insanın durumu ile doğrudan ilişkili olarak görünmektedir.

Bu varoluşsal ilkselliğin/Başlangıcın, daha spekülatif olanın yerine konmasının önemi, bu sürecin, hayatta ve insan hayatında kutsalın daha radikal canlanmasını temsil etmiş olmasına bağlı bulunmaktadır. Bu süreç, Dinler Tarihinde oldukça yaygın olduğu gibi, Yahudi-Hıristiyan geleneğine de tamamen yabancı değildir. Muhtemelen tarihî insanın kutsaldışı varlığındaki, kutsalın katılımının son örneğini, **Boenhoeffer'de** görüyoruz. Tıpkı en yeni Amerikan teolojisinde "Tanrının ölümünü" veya *deus otiosus* mitinin sekülerleşmiş aktarımını gördüğümüz gibi.

Öyleyse iki tip ilkselliği/Başlangıcı, aşağıdaki gibi ayırabiliriz: 1) Kozmik öncesi, tarihî olmayan ilksellik; 2) Kozmogonik veya tarihî olan ilksellik.. Kozmogonik mitoloji, "**kutsal tarihi**" açmaktadır. Bu kelime Yahudi-Hıristiyan anlamında olmasa da o, tarihî bir mittir. Çünkü bu kozmogonik mit, örnek modelliğe hizmet etmekte ve böylece düzenli olarak yeniden aktüelleşmektedir. Aynı şekilde, dini özlemler iki kısma ayrılmaktadır: 1) Yaratılıştan önce var olan ilksel bütünlük ile yeniden birleşme arzusu (Dayaklardaki dini özlem tipi) 2) Yaratılıştan hemen sonra başlayan ilksel dönemi geri kazanma arzusu (Arandalardaki gibi). Bu son durumda, kabilenin kutsal tarih özleminin mevzu bahis olduğunu söyleyebiliriz. Hâlâ birçok geleneksel cemiyetlerde yaşayan bu kutsal tarih mitolojisi ile, Yahudi-Hıristiyan tarih fikri, birbirine rekabet içinde olan mitlerdir.

VI.

CENNET VE ÜTOPYA:
MİTOLOJİK COĞRAFYA VE ESKATOLOJİ

Mesihcilik "Modası"

Geçtiğimiz on yıldan beri, binyılcılık ve çeşitli ütopya formları konusundaki eserler, önemli şekilde artmıştır. Bu durum, sadece en meşhurları **"cargo-cults"** olan ilkel mesihcilik ve kehanetlerle ilgili çalışmalar için değil, aynı zamanda milâdî çağın başından, Rönesans ve reforma kadar Yahudi-Hıristiyan mesihciliği üzerindeki araştırmalar için de geçerlidir. Yine coğrafi keşiflerin, kolonizasyonun/sömürgeciliğin, öncelikli olarak iki Amerika'nın kolonizasyonunun/Sömürgeleştirilmesinin sonuçları üzerindeki kitaplar da söz konusudur. Ayrıca son yıllarda, bir kısım sentez kitapların yayımlandığını da müşahede ediyoruz. Tarihçiler, sosyologlar, filozoflar, ütopyanın ve binyılcılığın çeşitli formlarını karşılaştırmayı ve onları en son bir sentez noktasından dile getirmeyi de denemişlerdir.

Burada yakın dönemin bu devasa bibliyografyasını sunmamız söz konusu değildir. Bu sentez kitaplardan bir kaçını hatırlatmak yeterli olacaktır. Bunlardan Norman Cohn'un binyılı takip konusundaki kitabını, Lanternari Guariglia ve Mühlmann'ın ilkel binyılcılık üzerindeki eserlerini, Haçlı Seferlerinin ruhu konusundaki Alphonse Dupront'un eserlerini, birkaç Amerikalı bilginin, kolonizasyonunun/sömürgeleştirmenin eskatolojik sonuçları üzerindeki[98] eserlerini, bu konuda örnek olarak verebiliriz.

Batılı Bilginlerin binyılcı ve Ütopist hareketlere olan ilgileri önemlidir. Hatta bunun çağdaş batı kültürünün karakteristik çizgilerinden birini teşkil ettiğini bile söyleyebiliriz. Şüphesiz bu ilginin birçok sebebi vardır: Her şeyden önce, bunun başında, sömürge döneminin son on yılı içinde, ilkel cemiyetleri sarsan mesihi kültlerin uyandırdığı merak söz konusudur. Sonra, ortaçağ Avrupa'sındaki kehanetlerle ilgili hareketlerin önemi üzerindeki yeni araştırmalar gelmektedir. Özellikle de Gioacchino da Fiore'nin ve Alpler ötesi Avrupasının Gioacchinists hareketleri ilk plandadır. Son olarak Amerika'nın sömürgeleştirilmesinin dini sonuçlarının ince analizi vardır. Çünkü ileride göstereceğimiz gibi, Yeni Dünya'nın keşfi ve sömürgeleştirilmesi, eskatolojinin güdümünde meydana gelmiştir.

Buna benzer araştırmaları takip etmek ve bu tür problemleri ortaya koymak, çağdaş batı insanının manevi durumu konusunda bize bilgi veren düşünceye götürmektedir. Her şeyden önce, tarihi deterministik açıklayan sistemlerin aksine; şimdi, dini faktörün önemi itiraf edilmektedir; özellikle, gerilim ve büyük tutku hareketlerinin, yani kehanet, eskatolojik, mesihi hareketlerin önemi bilinmektedir. Fakat bana göre, hâlâ daha önemli olan bir şey daha vardır: Bu da yeni Batı Dünyasının kö-

---

[98] Norman Cohn, The Pursulit of the Millenium, 2. baskı, (New York, 1961). Vittorio Lanternari, Movimenti Religiosi di liberta e di salvezza dei popoli oppressi, (Milano, 1960). Guglielmo Guariglia, Prophetismus und Heilserwartungsbewvegungen als völkerkundliches und religionsgeschichtliches problem (Horn, 1959, publié 1960). Wilhelm E. Mühlmann, chiliasmus und Nativismus, (Berlin, 1961). Millenial Dreams in Action, edited by Sylvia Lettice Thrupp (The Hague, 1962). Alphanse Dupront, "Croisade et Eschatologie" Umanesimo e Esoterismo, Enrico Castelli, (Padova, 1960) s. 175-178. Amerika'nın kolonizasyonunun eskatolojik sonuçları için bkz. H. Richard Niebuhr, un charles L. Sandforf'un ve daha ileride zikredilen George H. Williams'ın eserleri.

Dinin Anlamı ve Sosyal Fonksiyonu

kenlerine olan ilgidir. Yani, Birleşik Devletlerin ve Latin Amerika milletlerinin köklerini araştırma tutkusu... Bu ilgi ise, bu kıtanın entellektüellerinde geriye dönüş arzusu ve onların mutlak başlangıcı olan *ilk tarih*'lerini yeniden bulma arzusunu ortaya çıkarıyordu. Bu kökenlere dönme arzusu, ilk durumu yeniden kazanma arzusu, aynı zamanda yeniden başlama arzusunu ve Amerikalı milletlerin atalarının ulaşmak uğruna Atlantik'i geçtikleri dünyevi Cennete duyulan özlemi de işaret ediyordu. (Gerçekte Amerika'nın kolonileşmesi/sömürgeleştirilmesi konusunda, "**Cennet**" kelimesini içeren kitaplar kadar, kitap yayımlanmamıştır. Bu son yıllarda yayımlanan kitaplar arasında aşağıdaki kitapları sayabiliriz: Hollandalı Sergio Buarque'un *Visao do Paraiso: os motivos edenicos no descobrimento e colonizaçao do Brasil*'i, [Rio de Janeiro, 1959]; , Charles L. Sanford'ın *The Quest for Paradise*'ı [1961]; ve George H. Williams'ın *Wilderness and Paradise in Christian Thought* [1962] adlı kitabı).

Bütün bunlar, yeni Atlantik ötesi devletlerin ilkel tarihini yani dini köklerini keşfetme arzusuna işaret ediyordu. Fakat bu olayın önemi, hala karmaşıktı. Yine bunlar, tıpkı son sanat deneyimlerinde, sadece tarihin yıprattığı bütün anlatımları yıkma isteği ve aynı zamanda başlangıçtan beri sanatsal tecrübenin yeniden başlaması ümidini de açığa vurması olarak yorumlanabileceği gibi, burada da eski değerlerin ve yapıların bir yenilenme arzusunu ve köklü bir yenileşmesini de saptayabiliriz.

Cennet ve ütopya konumuza yeniden dönecek olursak; konuyu aydınlığa kavuşturmak için iki dizi örnek seçtim: Bunun için önce, Kuzey Amerika'nın kolonileşmesinin/Sömürgeleştirilmesinin, Cennetsel ve Eskatolojik unsurlarını, öncülerle göstermeyi ve belirsiz bir gelişme mitolojisine, Amerikan iyimserliğine, gençliğin ve yeniliğin kültüne yol açan "Amerikan Cenneti"nin ilerleyen değişimini göstermeyi düşündüm. Daha sonra ise, Güney-Amerika'nın keşfi sırasında Atlas Okyanusu ötesinde Cenneti aramaya giden ve hala da günümüzde bunların bazı gruplarının cenneti aramaya devam ettikleri bir Brezilya kabilesi olan Tupi-Guaranilerle meşgul oldum.

Yeryüzü Cennetlerini'nin Aranışı

Kristof Kolomb "**Yeryüzü Cenneti**"ne yaklaştığından şüphe etmemişti. Paria körfezinde karşılaştıkları soğuk su akıntılarının kaynaklarının, Eden'i yani Cennet bahçesini, sulayan dört ırmak olduğuna inanıyordu. Kolomb için yeryüzü Cennetini arama, bir kuruntu değildi. Büyük denizci, coğrafik keşiflerine Eskatolojik bir anlam atfediyordu. Yeni Dünya, İncil propagandasına açık olan bir yeni kıtadan daha çok şeyi temsil ediyordu. Bunun için bizzat onun keşif olayının bile, Eskatolojik bir değeri vardı.

Gerçekten Kolomb, İncilin bütün yeryüzünde yayılması kehanetinin, ona göre çok da uzak olmayan dünyanın sonundan önce gerçekleşeceğine kanaat getirmişti. Kolomb, kehanetleri yazdığı kitabında, dünyanın sona ermesinin; yeni kıtanın fethinin, putperestlerin Hıristiyanlığı kabulünün ve Antichrist'ın (Deccalin) yok edilmesinin ardından gerçekleşeceğini söylüyordu. Böylece o, hem kozmik hem de tarihi olan bu büyük olayda başlıca rolü üstlenmiş oluyordu. Prens John'a hitaben şöyle haykırıyordu: "**Tanrı beni yeni bir göğün ve yeni bir yeryüzünün elçisi yaptı. İşaya'nın ağzı ile konuştuktan sonra, Aziz Yuhanna'nın, Vahyinden bahsederek, Tanrının kendisine, Cenneti nerede bulacağını gösterdiğinden**"[99] söz ediyordu.

İşte bu mesihi ve apokaliptik atmosfer içinde, okyanus ötesi seferler ve Batı Avrupayı köklü şekilde sarsan ve değiştiren coğrafi keşifler gerçekleşiyordu. Yenileşmenin sayısız ve çoğu defa da çelişkili olan sebeplerine rağmen, Avrupa'nın her yerinde dünyanın, çok yakında yenileşeceğine inanılıyordu.

---

[99] Charles L. Sanford, *The Quest For Paradise* (Urbana, 1961), s. 40.

Böylece, iki Amerika'nın kolonileşmesi/sömürgeleştirilmesi, Eskatalojik bir işaretin altında başlamıştı. Şöyle ki, insanlar, Hıristiyan dünyanın yenileşmesinin vaktinin geldiğine ve gerçek yenileşmenin ise yeryüzü cennetine dönüş olduğuna veya hiç değilse, kutsal tarihin Kutsal Kitap'ın bahsettiği olağanüstü hadiselerin tekrarı olduğuna inanıyordu. İşte bundan dolayı, o dönemin edebiyatında, vaazlarında, hatıra yazılarında ve yazışmalarında yeryüzü cennetine ve eskatalojiye göndermeler bir hayli fazlaydı. Meselâ, İngilizlerin gözlerinde Amerika'nın kolonileşmesi, Reformun ilk zamanlarında başlamış olan kutsal tarihin bir tamamlanmasından ve uzantısından başka bir şey değildi.

Gerçekten, öncülerin batıya doğru itilişleri, bilginin ve gerçek dinin doğudan batıya ilerleyişi ile devam ediyordu. Yakın bir zamandan beri Protestan teologlar, batıyı ahlak ve maneviyat gelişimi ile bir tutma eğilimindeydiler. Hatta bazı teologlar Hz. İbrahim'in Ahit Sandığını, İngilizlere transfer etmişlerdi. İngiliz teolog William Crashaw'ın yazdığı gibi artık "İsrail'in Tanrısı İngiltere'nin Tanrısıydı." 1583'de Sir Humphrey Gilbert "Şayet İngiltere bir takım geniş ve sevimli topraklara sahip olacaksa; şüphesiz bu, Tanrı'nın kelamı/sözü sayesinde olmuştur. Yani, doğuda başlayan bu dinin, batıya doğru ilerlemesi sayesinde olmuştur Çok muhtemeldir ki bu din batıda duracaktır," diye teminat veriyordu.

Güneş Sembolizmi

Burada bu güneş sembolizmi, devrin İngiliz edebiyatında oldukça yaygın olan bir motiftir. Teolog Thomas Burnet, *Archaeologiae* (1962) isimli eserinde şöyle diyordu: "**Tıpkı güneş gibi bilim de, gelişimine Doğuda başlamış, sonra uzun zamandan beri ışığından yararlanılan Batıya dönmüştür.**" Piskopos Berkeley, şu satırlar ile başlayan meşhur şiirinde "**İmparatorlu-**

ğun Batıya doğru seyri, yolunu tutmuş" derken, İngiltere'nin spirituel rolünü yüceltmek için güneş benzerliğine yeniden başvuruyordu.[100]

Zaten Berkeley de, iki asırdan öteye gitmeyen eski Avrupa geleneğine kendini uydurmaktan başka da bir şey yapmıyordu. Aslında, İtalyan Hümanistleri ve Marsilio Ficino tarafından yeniden gündeme getirilen Mısır kökenli Hermetism ve Güneş Sembolizmi, Galilei ve Kopernik'in keşiflerinden sonra olağanüstü bir rağbet görmeye başlamıştı. Bu çağdakiler için bu keşifler, birinci derecede güneşin ve güneş merkezciliğin zaferini açıklıyordu. Yeni bir takım araştırmalar, Rönesansın kozmografi ve astronomisinin çoğunlukla gizlenmiş dini sonuçlarını açıklıyordu. Kopernik ve Galilei'nin çağdaşları için güneş merkezcilik, bilimsel bir teoriden daha çok şeyi ifade ediyordu. Yani bu güneş motifi, ortaçağ ilmine karşı güneş sembolizminin zaferini gösteriyordu. Kısacası, sanki bu, Hermetik Geleneğin, Ortaçağ Kilisesinin geri kalmışlığına karşı bir öç almasıydı. (Çünkü hermetik gelenek, Musa'dan, Orfe'den, Zerdüşt'ten, Pisagor'dan ve Platon'dan öncelikli olarak saygıdeğer kabul ediliyordu).

Rönesansdaki Güneş Sembolizmi konusu, burada ele alamayacağımız kadar karmaşıktır. Fakat yine de bu konu için, Yeni Dünyanın kolonileştirilmesinin/Sömürgeleştirilmesinin dini önemini yücelten yazarlar tarafından güneş benzetmelerine verilen önemi anlamak için, kısaca bundan bahsetmek gerekecektir. Amerika'ya ilk yerleşen İngilizler, Tanrı'nın inayeti ile kendilerini, bütün Avrupa için gerçek reform örneği olacak "*Tepe üstüne bir şehir*" kurmak için seçilmiş olduklarına inanıyorlardı. Bunun için onlar, uzak batıya doğru güneşin yolunu takip

---

[100] Sandford tarafından bahsedilen metinler için bkz. *a.g.e.*, s. 52; yine bkz George H. Williams, *Wilderness and Paradise in Christian Thought*, (New York 1962, 65).

etmişlerdi. Doğu dininin ve kültürünün Batıya geleneksel geçişini, olağanüstü bir şekilde sürdürerek ve takip ederek bunu gerçekleştirmişlerdi. Bunun için Reform dönemlerine kadar, Avrupalılara, Amerika'nın gizlenmesi olayında Tanrısal bir inayetin işaretini görüyorlardı. Yine ilk öncüler, evrensel kurtuluşun ve ahlaki yenilenmenin nihai dramının, kendileri ile başlayacağından şüphe etmiyorlardı. Çünkü Batının Cennetsel bahçelerine doğru güneşi takip edenler, ilk önce onlardı. Tıpkı, İngiliz şairi George Herbent'in, *Church Militant'da* yazdığı gibi:

"Din, ülkemizde, denize uzanan burunda bulunuyor,
Amerikan sahiline geçmeye hazır vaziyette."[101]

İşte gördüğümüz ve devamlı da göreceğimiz gibi bu Amerika sahili, Cennetle ilgili karakteristiklerle yüklüydü. Bunun için, Ulrich Hugwald, Amerika'nın keşfini takiben, insanlığın, "**İsa'ya, Tabiata, Cennete**" döneceği kehanetinde bulunuyordu.

Diğer bütün modern milletlerden daha çok Amerika, Yeryüzü Cennetini arayan protestan reformunun merkezi olmuştur. Bu Yeryüzü Cennetinde, "**Kilise reformunun mükemmelleşmesi ümid edilmiştir.**[102] Reform ile yeryüzü cennetinin keşfi arasındaki ilişkiler, Heinrich Bullinger'den, Charles Dumoulin'e kadar birçok büyük yazarı etkisi altına almıştır. Bu teologlar için reform, cennetsel güzelliğin büyük gününün gelişini çabuklaştırıyordu. Amerika'nın sömürgeleştirilmesinde ve Cromwel ihtilâlinden önce bu binyılcı konunun büyük bir şöhrete ulaşması önemlidir. Bunun için koloniler/Sömürgeler arasında en yaygın olan dini doktrinin Amerika'nın yeryüzü milletleri arasında İsa'nın ikinci geliş yeri olarak seçildiği ve binyıl hareketine, yeryüzü cennetinin değişiminin, içsel mükemmelliğin bir dış sembolü olarak refakat edeceği şeklindeki inançta pek hay-

---

[101] Sanford tarafından alıntılanmıştır, *Quest for Paradise*, s. 53.
[102] *a.g.e.*, s. 74. Ayrıca bkz. George H. Williams, *Wilderness and Paradise*, s. 99; H. Richard Niebuhr, *The Kingdom of God in America*, (New York, 1937).

ret edilecek bir husus yoktur. Çünkü Amerikalı büyük Puritanist, 1685-1701 Yılları arasında Harvard Üniversitesi rektörü olan Increase Mather şöyle diyordu: "İsa'nın krallığı, bütün yeryüzünü doldurduğu zaman, bu yeryüzü, Cennetsel hal içinde restore edilmiş olacaktır."[103]

Amerika Cenneti

Zaten bazı öncüler, Amerikanın muhtelif bölgelerinde cenneti bulmuşlardı. Meselâ, 1614'de John Smith, New England'ın sahilleri boyunca seyahat ederek onu, Eden/Cennet bahçesi ile şöyle karşılaştırıyordu:"**Gök ve yer, insanın yerleşmesi için bir yer oluşturmak üzere, daha önce hiç bir yerde hem fikir olmamışlardır. Biz tesadüfen, Tanrı'nın böyle yaptığı bir ülkeye geldik**". Yine George Alsop, **Maryland'ı** "Yeryüzü Cenneti"ne benzeyen tek yer olarak takdim etmektedir. Alsop, bu cennetin ağaçlarının, bitkilerinin, meyvelerinin, çiçeklerinin, başlangıçtaki durumumuzun hiyeroglifli olarak konuştuklarını yazar. Bir başka yazar da, Filistin'le aynı enlemde bulunan **Georgie'da** 'Geleceğin Edeni'ni keşfeder. "Gözde bir halkın çiftçilerini takdis etmek için vaat edilmiş Kenan ülkesi, Tanrı'nın kendi seçtiği yer olarak belirtilmiştir." Edward Johnson ise, "**Massachusetts için Tanrı'nın yeni bir cennet ve yeni bir yeryüzü yaratacağı yerdir,**" der. Yine Bostonlu bir püriten olan John Cotton, İngiltere'den Massachusetts için gemiye binmeye hazırlananlara, "Âdem'e ve onun nesline cennette verilen ayrıcalık sayesinde, şimdi cennet imtiyazının onlara verildiğini haber veriyordu."[104]

Fakat bu, öncülerin bin yılcı tecrübelerinin, sadece bir yönünü yansıtmaktadır. Birçok göçmen için, Yeni Dünya, bir takım

---

[103] Increase Mather, *Discourse on Prayer*, Sanford tarafından alıntılanmıştır. s. 82-83.
[104] a.g.e., s. 83-85.

şeytani varlıklarla dolu bir çöl olarak da görülmektedir. Diğer yandan, onların eskatolojik özlemleri de azalmıyordu. Çünkü vaazlarda, mevcut sefaletlerin, onlara vaad edilen yeryüzü cennetine ulaşmadan önce, verilen ahlaki ve spritüel bir imtihandan başka bir şey olmadığı tekrar ediliyordu.[105] Amerika'ya ilk ulaşan öncüler, kendilerini, Kızıldeniz'den geçişten sonraki İsraillilerin durumlarına benzetiyorlardı.

Çünkü onların gözlerinde, İngiltere'deki ve Avrupa'daki eski durumları, sanki Mısırlı kölelerin durumuna benziyordu. Onlar da, çölün korkunç imtihanından sonra, Kenan ülkesine gireceklerdi, Cotton Mather'in yazdığı gibi, "**Vaat edilmiş ülkeye ulaşmak için geçeceğimiz çöl, ateşten uçan yılanlarla doludur.**"[106]

Fakat daha sonra yeni bir fikir ortaya çıktı: Yeni Kudüs, kısmen çalışmanın ürünü olacaktı. Jonathan Edwards (1703-1758), çalışma ile New England'ın bir çeşit "**Yeryüzü Cenneti**"ne dönüşeceğini düşünüyordu. Böylece öncülerin bin yılcılığının gitgide nasıl ilerleme fikrinde sonlandığını görüyoruz. İlk etapta, cennet ile Yeni Dünya'da, kendilerini gösteren dünyevi imkânlarla bir ilişki kurulmuştur. İlerleyen dönemde, "Ahir zaman"da olacak olan sefalet ve felaket dönemi unutularak, eskatolojik gerilim azaltılıyordu ve Neticede sürekli bir iyileştirmeye ulaşılıyordu. [107]

Fakat Amerika'nın ilerleme fikri açıklığa kavuşturulmadan önce, Öncülerin bin yılcılığı başka değişimlere de maruz kalmıştır. Bu Pruten Eskatoloji içindeki en önemli ilk kriz, Avrupai güçler arasındaki sömürge savaşını, ortaya çıkarmıştı. Roma ve Katolik topluluklar, Krallığı tahrip edecek olan Deccal ile öz-

---

[105] George, H. Williams, *Wilderness and Paradise*, s. 101 ve s. 108.
[106] Sanford, *Quest for Paradise*, s. 87. Ayrıca bkz. Williams, *Wilderness and Paradise*, s. 108.
[107] Sanford, *Quest for Paradise* s.86

deşleştirilmişlerdi. Bunun için belli bir müddet, İngiliz koloni Edebiyatına tek bir konu hâkim olacaktı: O da, "İsa'nın muhteşem zafer ümidini yıkmakla tehdit eden, Anti-İsacı/Decal, hareketinin Amerika'yı işgali" idi. Bunun için John Winthrop'a göre, New England'ın ilk vazifesi, Cizvitler tarafından bu bölgelerde yerleştirilmek üzere oluşan Mesih karşıtı Krallığa karşı bir sur yükseltmekti. Bir kısım başka yazarlara göre ise, yenidünya, Katolikler gelmeden önce, gerçek bir Cennetti. Şüphesiz Atlantik ötesi İmparatorluğa sahip olmak için, Avrupalı güçlerin arasındaki rekabet, büyük ölçüde ekonomik düzeydeydi. Fakat Manihezimci bir Eskatoloji tarafından daha da kızıştırılmıştı. Yani burada her şey, iyi ile kötü arasındaki savaşa indirilmişe benziyordu. Koloni dönemi yazarları, Fransızların ve İspanyolların, İngiliz kolonileri üzerinde "Yeni Bir Babil" hiyerarşisi veya "Bir Mısır Köleliği" tehdidi planladıklarından bahsediyorlardı. Fransızlar ve İspanyollar, Mesih karşıtı hareketin köleleri ve zorbalarıydılar. Böylece, Katolik Avrupa, Yenidünya Cennetine karşı bir Cehennem, bir lanetli yer olarak takdim ediliyordu. Amerika çölündeki öncülerin girişimleri, insanı, eski pağan dünyanın bedensel günahlarından kurtarmayı temel amaçları olarak seçmiş[108] olmalarıydı.

Hıristiyanlığın Başlangıcına Dönüş

Amerikaya ilk gelenlerin gözlerinde iyi ve kötü arasındaki mücadele, Katoliklerle Protestanlar arasındaki mücadelede şekillenmesine rağmen, İngiltere hücumlara pek maruz kalmamıştı. Fakat 1640 Yılından sonra, sömürgecilerle İngiltere arasında ki gerilim yükselmeye başlamıştı. Sömürgecilerdeki mükemmelci taraf, İngiliz Reformunu eksik kalmış buluyorlardı. Daha doğrusu, İngiltere'deki uygulamalar, İsa'nın düşmanı/Anti Christ'in işi olarak görülüyordu. Sömürgeci Apokalitik

---

[108] *a.g.e.*, s. 89

Dinin Anlamı ve Sosyal Fonksiyonu

tasvirde İngiltere, Romanın yerine geçmişti. Bu düşüncenin sonucu olarak öncüler, Amerika çölündeki görevlerini, sadece geleneksel bir faaliyetin devamı olarak değil; tamamen yeni bir görev olarak görmeye ve göstermeye başlamışlardı. Avrupa Cehenneminden uzakta, yeniden doğmayı beklerken öncüler, tarihin son dönemini başlatma noktasında olduklarını düşünüyorlardı.1647'de Kızıl derililere Havari olarak gelen, John Eliot,"New England'da, İncil, güneş doğmasa da şafağı haber veriyordu[109] demektedir.

Bu ifadeler, Avrupa'nın geçmişi ile derin bir kopukluğa işaret etmektedir. Tabii ki bu kopmanın, Amerika ihtilalinden ve bağımsızlığından önce tamamlanmış olduğunu da belirtmek gerekir.1646 da New England, artık kendisini, İngiltere'nin bir üyesi veya kolonisi olarak değil; hür ve bağımsız bir Devlet olarak ilân ediyordu. Şüphesiz bu bağımsızlık bilincinin nedenleri, birinci derecede dinle alakalıydı. Coton Mather, New Englanda, Hıristiyanlığın ilk zamanlarına döneceğini bekliyordu. O,şöyle diyordu:"**Kısaca ilk çağ altın çağdı. Bu çağa yeniden gelmek, insanı Protestan yapacak ve hatta Puriten yapacaktı**". İlk Hıristiyanlığın altın çağına bu dönüş, yeryüzünü değiştirecektir. Increase Mather de, ilk Kilisenin yenilenmesi, yeryüzünü cennete döndürecektir [110]diyordu.

İngiltere ve Avrupalının geçmişten kopma olayı, öncülerin, ilkel kilisenin faziletlerine dönme vasıtasıyla bin yıla hazırlanmaya inandıkça ciddileşiyordu. Püritenler için, başlıca hıristiyani fazilet, sadelikti. Oysa akıl, kültür ve öğrenme, nezaketlilik ve lüks, şeytanın icadıydı. Bunun için John Cotton,"**Ne kadar kültürlü ve akıllı olursan, o kadar Şeytan için çalışmaya hazırsın**"diye yazıyordu. Amerika'ya ilk göçenlerin ve sınır mis-

---

[109] *a.g.e.* s. 96
[110] *a.g.e.* s.104

yonerlerinin büyüklük kompleksleri çoktan oluşmuştu. İşte bu ilkel Hıristiyanlığa dönüş, yeryüzünde Cenneti yeniden meydana getirecekti. Ancak yine bu düşünce, Cizvitlerin bilgisini hakir görmeyi içerdiği kadar, kültürlü, zarif, sofistik, iktidar ve otoriteye alışmış olan İngiliz Aristokrasisinin eleştirisini de içeriyordu. Aşırılık ve lüks giyim, centilmenliğin günahı haline gelmişti.1647 de kaleme aldığı **Simple Cobbler of Aggawam** isimli kitabında Nathanel Ward, basit hayatı ve sömürgecilerin ahlaki üstünlüğünü, İngiltere'nin bozulmuş âdetlerinin karşısına koyuyor ve bu çelişkiden, ilk Kilisenin Cennetsel haline doğru gelişmesinin delilini çıkarıyordu.[111]

Amerika'ya ilk gelen öncüler, kültürlerini ve kıyafetlerini daha düşük görseler de, İngilizlere karşı, ahlaki üstünlüklerini ilân ediyorlardı. Charles L. Sanford'a göre, Amerika büyüklük kompleksinin kökü, sınır misyonerlerinin faaliyeti içinde aranmalıdır. Bu, dış politikada olduğu kadar, bütün yeryüzünde Amerika yaşam tarzını yayma heyecanı içinde de kendini göstermektedir.[112]

Böylece sınırda, "Dini bir sembolizm çiçek açmıştı ve öncülerin eskatolojisini XIX. Yüzyıla kadar uzatmıştı. Büyük ormanlar, sonsuz ovaların yalnızlığı, kırsal hayatın güzelliği, şehrin günahları ve kötülüklerine karşı ortaya konmuştu. Şimdi ise, yeni bir fikir gündemdeydi: Amerika Cenneti, Avrupa şehirlerinden gelen Şeytanî güçler tarafından işgal edilmişti. Aristokrasi'nin, lüksün ve kültürün tenkidi, şimdi şehir hayatının ve şehirlerin eleştirisi içinde özetleniyordu. Uyanışçı büyük dini hareketler, sınırda başlamış, şehirleri ancak daha sonra tesir altına alabilmişti. Bizzat, şehirlerde dini uyanış zengin ve kültürlü halktan çok, fakir halk arasında daha popüler haldeydi. Te-

---

[111] *a.g.e.* s.105
[112] *a.g.e.* s.93

mel fikir, dinin sona ermesini sağlayanın, şehirlerin kötülükleri, özellikle Avrupalı Aristokrat tabakaya özgü, sarhoşluk ve sefahatın neden olduğuydu. Çünkü Cehennem,"Avrupa Yaşam Tarzında" şu anda mevcuttu ve uzun zamandır da varlığını sürdürmüştü.[113]

Amerikan Yaşam Tarzının Dinî Kökenleri

Dediğimiz gibi Eskatolojik bin yılcılık ve yeryüzü Cennetinin beklentisi, tamamen sekülerleşerek/dünyevileşmekle sonuçlanmıştır. İlerleme mitolojisi, yenileşme ve gençlik kültü, bunun en önemli sonuçlarındandı. Yinede şiddetle sekülerleşen şekilleri altında, ataları coşturan, eskatolojik bekleyiş ve dini heyecanı keşfetmek mümkündür. Çünkü ilk koloniler, her ne kadar Avrupa'dan daha sonra gelmiş olsalar da onlar, Amerika'ya yeniden doğabilecekleri ve yeni bir hayata başlayabilecekleri bir ülke gözüyle bakarak gelmişlerdi. Hâlâ günümüzde Amerikalıları büyüleyen "Yenilik', dini bir yapıya dayanıyordu. Yenilikte ümit edilen şey, yeniden doğuştur ve yeni bir hayattır. New England, New York, New Haven gibi bütün isimler, sadece terk edilmiş anayurdun özlemini değil; özellikle, bu yeni ülkenin şehirlerinde, yeni bir hayatı başka boyutlar da ortaya çıkaracağı ümidini göstermektedir. Şüphesiz sadece hayat değil, yeryüzü cenneti olarak kabul edilen bu kıtada her şey, daha büyük, daha güzel ve güçlü olacaktır. Eden/Cennet bahçesine benzer olarak tasvir edilen New England'da, keklikler o kadar büyük kabul edilmiştir ki uçmaya güçleri yetmemektedir ve hindiler koyun gibidirler.[114]

İşte kökeni dini olan bu Amerikan büyüklük anlayışı, en sağduyulu beyinler tarafından bile kabul edilmiştir.

---

[113] *a.g.e.* s.109
[114] *a.g.e.* s.111

Yeni bir hayatta yeniden doğuş ve gelecek ümidi-sadece daha iyi bir gelecek değil, aynı zamanda mutluluktu. Bu, Amerikan gençlik kültü içinde de görülmekteydi. Charles L.Sanford'a göre, Amerikalılar sanayileştiğinden beri, gün geçtikçe kaybolmuş olan masumiyeti, çocuklarında daha fazla aramaya yönelmişlerdir. Aynı yazar, yenilik için duyulan heyecanı, (Bu uzak batıya kadar öncüleri terk etmemiştir.) ve otoriteye karşı bireyselciliği güçlendirmiştir. Bununla beraber, tarihe ve geleneğe karşı da Amerikan saygısızlığının pekişmesine de katkıda bulunmuştur.[115]

Burada Amerika'ya ilk gelen öncülerin bin yılcı eskatolojilerinin şekil değişikliği konusundaki düşüncelerine son verebiliriz. Çünkü Atlantik ötesi yeryüzü cenneti arayışından hareket ederek, Amerika'nın ilk kâşiflerinin, kurtuluş tarihi içinde oynadıkları önemli rolün nasıl bilincinde olduklarını görmüş olduk. Yine yeryüzü cennetiyle benzer hale getirilen Amerika'nın, Avrupa'da başarısız olan reformun, orada, püritenler tarafından tamamlanacak imtiyazlı bir yer haline nasıl geldiğini de öğrenmiş olduk. Nihayet, Amerika'ya göç edenlerin kendilerini, nasıl Avrupa cehenneminden kurtardıklarını ve yenidünyada nasıl yeni bir doğuş beklediklerini de görmüş olduk. Yine Modern Amerika'nın, bu mesihi ümidi, cenneti bu dünyada bulacaklarına ve gençlikte buna olan güvene inanmalarına şahit olduk. Böylece, akıllarının ve ruhlarının safiyeti içinde, bunun ortaya çıkacağını da görmüş olduk.

Bu konudaki incelemeyi uzatabiliriz ve ülkenin endüstrileşmesindeki Amerikan elitlerinin uzunca süre direnmelerini ve ziraatın fazîletleri konusundaki heyecanlarını da aynı yeryüzü cenneti özlemi ile açıkladıklarını gösterebiliriz. Şehirleşme ve endüstrileşme her yerde zafere ulaştığı zaman bile, ilk öncüler

---

[115] a.g.e. s.112

tarafından kullanılan kişiler ve gözde resimler daima prestijlerini muhafaza etmişlerdir. Şehirleşmenin ve sanayileşmenin, ille de kötülük, fakirlik ve âdetlerin yok olması anlamına gelmediğini göstermek için fabrikatörler; kiliseler, okullar, hastaneler yaptırarak insanlık sever faaliyetlerini on katına çıkarmışlardır. Bunun için ne pahasına olursa olsun, ilmin, tekniğin, sanayinin, ruhi ve dini değerleri tehditten uzak olduklarını ve özellikle bunları zafere ulaştıracağını ispat etmek gerekecekti. 1842'de *The Paradise within the Reach of All Men, by Power of Nature and Machinery* isimli bir kitap yayımlanmıştı. Şehirleri terk ederek, cennetten manzaraları andıran huzurlu lüks mahallelere yerleşme şeklinde gerçekleşen çağdaş eğilimde, bir çeşit cennet özlemi, atalarının yaşadığı tabiatı yeniden bulma isteğinin yattığını gösteriyordu.

Fakat burada söz konusu olan, Amerikan binyılcı idealinin değişiminin bir analizini sunmak değildir. Burada üzerinde durulması gereken konu, eskatolojik bir misyona sahip olma inancıdır. Özellikle, ilk Hıristiyanlığın olgunluğunu yeniden bulmak ve yeryüzünde cenneti restore etmek inancıdır. Şüphesiz bu inanç, kolayca unutulacak cinsten bir inanç değildir. Günümüzde Amerika'nın kültürel ve politik ideolojisi olarak, sıradan bir Amerikalının hâlâ yeryüzü cennetini restore etmeye davet edilmiş olarak belirtebilecek püriten inancını yansıtıyor olması, imkân dâhilindedir.

Amerikalı Yazarların Âdem'e Duydukları Özlem

Tarihi geçmişe karşı isyan olarak adlandırabileceğimiz şeyde de, benzer bir eskatoloji fark edebiliriz. XIX. Yüzyılın ilk iki yarısında, önemli Amerikalı yazarların tamamı tarafından, bu isyana genişçe yer verilmiştir. Cennetle ilgili unsurlar (en azından Yahudi-Hıristiyan kökenli olanlar) bu dönemde az veya çok engellenmişti. Ancak yeni bir başlangıca, Âdemin masumluğuna, tarihten önceki mutlu, bereketli zamanlara duyulan bir özlem ve heyecan dikkat çekiyordu.

The American Adam (1955), isimli kitabında R.W.B. Lewis, bu konuyu aydınlatan, okuyucunun aralarından seçmek zorunda kaldığı, pek çok alıntıyı bir arada toplamıştır. 1844'de yazılan "Earth's Holocaust" adlı hikâyede Nathaniel Hawthorne, eski aristokratik ailelerin muhteşem armalarını, kraliyet asalarını ve elbiselerini, eski kurumların diğer sembollerini ve son olarak Avrupa felsefesinin ve edebiyatının tamamını yakan kozmik ateşin görüntüsünü sunmaktadır. Baş din görevlisi "**Şimdi, ölü adamın düşüncelerinin yükünden kendimizi kurtaracağız,**" demektedir.[116]. Yine *The House of the Seven Gables* (1850) isimli eserdeki karakterlerden Holgrave şöyle haykırıyordu: "**Bu geçmişten hiçbir zaman kurtulamayacak mıyız? Bu geçmiş, zamanımızın üzerinde bir devin cesedi gibi oturmaktadır!**" Holgrave, ölülerin kitaplarını okumamızdan, ölülerin şakalarına gülmemizden ve onların acınaklı hallerine ağlamamızdan şikâyet eder. Holgrave'in sözcüsü olan Hawthorne, şehirlerimizin, hükümet konağı, mahkeme salonları ve kiliseler gibi kamu binalarının taş ve tuğla gibi oldukça dayanıklı maddelerden yapılmış olmasından dolayı pişmanlık duyar. Bunun için bunların her yirmi yılda bir harabeye dönüşmesinin iyi olacağını işaret ederek, insanların, bu binaların sembolize etiği kurumları reforme etmelerini ve gözden geçirilmelerini teşvik eder (Lewis, *American Adam* s.18-19).

Geçmiş tarihe ait olan aynı kızgın reddediliş, Thoreau'da da görülmektedir. Geçmişle ilgili olan bütün semboller, eşyalar ve değerler, yakılmalıdır. Thoreau şöyle yazar: "Bugünün İngilte-

---

[116] *The American Adam* (Chicago, 1955), s.14, Lewis tarafından alıntılanmıştır. 1789'da Thomas Jefferson, Paris'ten yazılan bir mektupta açıkça "Topraktan yaralanma hakkının canlılara ait olduğunu, onun üzerinde ölülerin ne yetkisinin ne de haklarının bulunmadığını" açıkça belirtiyordu. *a.g.e* s:16

re'sini, çok sayıda valizle, hayatı boyunca birikmiş ve yakmaya cesaret edemediği paçavralarla, seyahat eden yaşlı bir bey gibi düşünüyorum." (*a.g.e.*, s. 21-22). Lewis, Amerikan Âdam imgesinin ne kadar kalıcı olduğunu ve insanlığın Amerika'da, tarihi sıfırdan yeniden başlatması için bir fırsata sahip olduğuna derinden inandığını gösteriyordu.

Yine devrin birçok yazarında da, örtülü bir şekilde Âdem özlemi yaşamıştır. Thoreau, "**Âdemî hayatın**" neyi ifade etiğini harikulade bir şekilde açıklamaktadır: Gölde yaptığı sabah banyosunun "**dini bir uygulama ve yaptığı en iyi şey**" olduğunu söyler. (a.g.e. s. 22). Onun için bu banyo, bir yeniden doğuş merasimiydi. Thoreau'nun çocuk sevgisinin, Âdemî bir karakteristiği vardı. Thoreau, muhtemelen yaptığı büyük keşfin farkında olmadan, "**Her çocuk, dünyaya sıfırdan başlamaktadır**," diye yazıyordu.

Esasında, Âdeme olan bu özlem, tarihe direnen, vücudun ve hayatın kutsallığını yücelten, arkaik bir zihniyet tipini yansıtmaktadır. Ademî şiirlerin şairi olarak kendini adlandıran Whitman, vücudunun güzel kokusunun duadan, başının kiliseden, incilden ve bütün dinî öğretilerden daha değerli olduğunu açıklıyordu (a.g.e., s. 43). Lewis, haklı olarak "**eğer bir şeyi bir başka şeyden daha çok yüceltirsem, bu benim kendi bedenimin uzantısı olacaktır**" veya "içerde ve dışarıda ben Kutsalım ve neye dokunursam ben onu kutsallaştırıyorum," türünden vecdî söylemlerde "Âdem'e özgü bir narsisizmi" ifade ediyordu. Bu ilanlar bize bir takım Tantrik metinleri hatırlatıyordu. Lewis, Whitman'da paradogmatik bir konu buluyor. Şöyle ki, geçmiş ölmüştür; artık bir cesettir. Fakat Whitman'a göre geçmiş, öylesine silinerek tüketilmiştir ki artık o tamamen unutulmuştur (s. 44). Whitman ve arkadaşları, insanın yeni bir cemiyette, yeniden doğacak olduğu "genel ümidine" iştirak ediyorlardı ve Lewis'in dediği gibi "insan ırkı, Amerika'da yeni bir hayata başlamıştı," (s.

45). Whitman, bu mutlak başlangıcı, yani bu ana saplantıyı şiddetle ve parlak bir şekilde ifade ediyordu. O, Okyanusun kıyısında yürürken Homeros'u ezberden okumayı seviyordu (a.g.e., s. 44). Çünkü Homeros, başlangıca aitti ve tarihin bir ürünü değildi. Avrupa şiirinin temellerini o atmıştı.

Fakat cennete ait mitolojinin bu yeni ifadesine karşı da reaksiyonun oluşması gecikmedi. William'ın ve Henry'nin babası yaşlı Henry James açıkça "**Havva'nın Adem'e yaptığı ilk ve en büyük hizmet, onu Cennetin dışına atmış olmasıdır,**" (a.g.e., s. 58) diyordu. Başka bir ifade ile insan, ancak cenneti kaybettikten sonra, kendi kendisi olmaya başlamıştır. Yani, ancak bundan sonra o, elde edilebilir, kültüre açık, olgunlaşabilir, dünyaya, hayata ve insan varlığına yaratıcı bir tarzda bir anlam ve bir değer verebilir hale gelmiştir. Fakat Cennete ve Amerika insanına ait olan bu özlemden arındırmanın tarihi, bizi, tartışma konumuzdan çok uzaklara götürecektir.

Kaybolmuş Cennet Arayışında Guaraniler

1912 Yılında Brezilyalı Etnolog Curt Nimendaju, Sao Paulo sahili yakınlarında kaybolmuş cenneti arayan bir grup Guarani yerlileriyle karşılaşmıştı. Bunlar, bedenlerinin, sürekli hareketlerle hafifleyeceği ve doğuda çocuklarını bekleyen "**Büyük Annenin**" evine gitmek üzere Cennete doğru uçacağı ümidi ile günlerden beri yorulmadan dans etmişlerdi. Neticede hayal kırıklığına uğramışlarsa da inançları değişmemişti. Avrupalı elbiseler giymiş olmaları ve Avrupalı yiyecekler ile beslenmiş olmalarından dolayı, semavî macera için çok ağırlaşmış olduklarına inanarak, Cenneti bulma ümidiyle buralara kadar gelmişlerdi.[117]

---

[117] Alfred Metraux, "Les Messies de L'Amerique du Sud," *Archives de Sociologie des Religions*, 4, (1957), s. 108-112.

Dinin Anlamı ve Sosyal Fonksiyonu

Bu, kaybolmuş cenneti arama olayı, asırlardan beri Guaraniler tarafından sürdürülmüş olan göç dizisinin sonuncusunu teşkil ediyordu. "**Sevilen Ülkeyi**" bulmak için ilk teşebbüs 1515 Yılında yapılmıştır.[118] Fakat özellikle Tupinamba grubunun "**Büyük Ata**" tapınağına doğru olan büyük göçü 1539-1549 arasında gerçekleşmişti. Pernambuco bölgesinden hareket eden bu yerlilerin Peru'ya geldiklerini yazan Alfred Metraux şöyle devam eder:

> Orada bazı İspanyol istilacıları ile karşılaşmışlardı. Bu yerliler, hemen hemen bütün güney Amerika kıtasını, onun en geniş yerini bulmak ve ebedi istirahatın ölümsüz toprağını araştırmak üzere, geçmişlerdi. İspanyollara, altın dolu yarı hayali şehirlerle ilgili, garip hikâyeler anlatmışlardı. Muhtemelen onların hikâyeleri, kendi rüyaları ile süslenmişti. Bu hikâyeler, İspanyolların muhayyilesini tutuş turmuş ve Eldorado'nun sözde fatihi olan Pedro da Ursua'nın yersiz seferini geniş ölçüde tayin etmiştir. İspanyollar ve yerliler, aynı hayali izliyorlardı. Yalnız şu farkla ki yerliler, ebedi mutluluğu isterlerken; İspanyollar, büyük sıkıntılara mal olsa da geçici bir mutluluğun yollarını elde etmeyi arzu ediyorlardı.[119]

Nimeundaju, Guarani kabilelerinin "**Kötülüksüz Yer**" aramaya yönelik masalsı seyahatleri konusunda, çok zengin bir belge sunmuştur. Alfred Métraux ve Egon Schaden daha sonra daha detaylı dokümanlar sağlamışlar ve belgeleri tamamlamışlardır.[120] Kollektif Cennet arayışı olayı, dört asırdan beri devam

---

[118] Egon Schaden, "Der paradiesmythos im Leben der Guarani-Indianer," *Staden-Jahrbuch*, 3, (Sao Paulo, 1955), s. 151-162.
[119] Alfred Metraux, *"Les Messies,"* s. 109.
[120] Curt Nimuendaju, "Die Sagen von der Erschaffung und Vernichtung der Welt als Grundlagen der Religion der Apagocuva-Guarani," *Zeitschrift für Etnologie*, 46, (1914), s. 284-403; Alfred Metraux, "Migrations historiques des Tupi-Guaranis," *Journal de la Société des Americanistes*, n. s. 19, (1927), s. 1-45; "The Guarani" Bureau of American Ethnology, Bulletin 143: *Handbook of South American Indians*, 3, (1948), s. 69. 94; Alfred Metraux, "The Tupinamba," *a.g.e.*, s. 95-133; Alfred Metraux, *Religions et magies d'Amérique du Sud* (Paris, 1967), s. 11-41; Egon Schaden, "Der Paradiesmythos im Leben der Guarani-Indianer" (krş. not 125); Egon Schaden, *Aspectos fundamentais da*

ediyordu ve şüphesiz Yeni Dünya'nın en eşsiz dini fenomenleri arasında yer alıyordu. Hakikaten 1912'de Nimuendaju tarafından tasvir edilen olaylar, günümüzde bile devam etmektedir. Fakat sadece bir tek Guarani kabilesi olan **Mbüalar,** doğuya doğru daima cenneti aramakta, diğerleri ise cennetin kürenin merkezinde ve Zenitte bulunduğuna inanmaktadırlar.[121]

Cennetin topografik ve yerinin muhtelif tespitleri konusuna yeniden döneceğiz. Şimdilik bütün Tupi-Guarani kabilesinin dininin aşağıdaki karakteristik çizgilerini belirtelim: Bu dinde, şamanlar ve kâhinler önemli rol oynamaktadırlar. Bunlar, bazı rüyalar ve hayaller sonucunda, seferleri başlatıp, **"kötülükten arınmış ülke"**ye doğru yola devam ettirmişlerdir. Cennet arama ihtirasının olmadığı kabilelerde bile şamanlar, trans hallerini anlatırken, tamamen cennetle ilgili bazı imgelerden yararlanarak kolektif heyecanı meydana getirmeyi sağlıyorlardı. XVI. Asırda bir Cizvit, Tupinambalar konusunda şöyle yazıyordu:

Şamanlar, yerlileri çalışmamakta, tarlalara gitmemekte ikna etmişler ve onlara mahsulün kendi başına biteceğini, yiyeceklerin onların kulübelerini dolduracağını, tırpanın toprağı tek başına süreceğini, okların, mal sahiplerini kovacağını ve çok sayıda düşmanı esir edeceğini vaat etmişler ve yaşlıların yeniden gençleşeceğini haber vermişlerdir.[122]

---

cultura guarani, Sào Paulo Üniversitesi, Felsefe Bölümü, Fen Edebiyat Fakültesi, Bulletin No. 188, (Sao Paulo, 1954), s. 185-24; Egon Schadem, "Der Paradiesmiythos im Leben der Guarani-Indianer" *XXXth International Congress of Americanists*, (Cambridge, 1952), s. 179-186. Krş. bkz. Maria Isaura Pereira de Querioz, "L'influence du milleu sociale interne sur les mouvements messianiques bresiliens," *Archives de sociologie des Religions*, 5, (1958), s. 3-30; Wolfgang H. Lidig, "Wanderungen der Tupi-Guarani und Eschatologie der Apapocuva, Guarani" Wilhelm E. Mühlmann, *Chiliasmus und Nativismus*, (Berlin, 1961), s. 19-40; René Ribério, "Brazilian Messianic Movements" *Millénial Dreams in Action*, Sylvia L. Thrup, s. 55-69.

[121] Egon Schaden, "Der Paradiesmythos im Leben der Guarani-Indianer," s. 152; *Aspectos fundamentais*, s. 186.

[122] A. Métraux, "Les Messies," s. 108.

Dinin Anlamı ve Sosyal Fonksiyonu

Burada altın çağın Cennetsel belirtilerini fark ediyoruz. Onun gelişini hızlandırmak için yerliler, bütün dindışı faaliyetlerden vazgeçiyorlar gece ve gündüz kâhinlerin rehberliğinde dans ediyorlardı. İleride göreceğimiz gibi, dans, trans olayına ulaşmanın, en azından Tanrıya yaklaşmanın en etkili vasıtasıydı.

Başka arkaik halklardan daha fazla, **Tupi-Guaraniler**, şamanların rüyalarında doğaüstü varlıklardan Vahiyleri almaya daha fazla arzuluydular. Diğer komşu kabilelerden, Tupi-Guaraniler, cennetin elde edilmesinde vazgeçilmez işaretleri faydalı bir zamanda almak için, doğaüstü dünya ile daimi temas halinde kalmaya daha çok gayret sarf ediyorlardı. Bu garip dini duygu, bu cennet saplantısı, Tanrısal mesajları zamanında keşfedememe korkusu ve netice itibarı ile yakında olacak olan kozmik felakette kaybolma riski nereden geliyordu?

Dünyanın Sonu

Bu soruların cevabını bize mitler vermektedir. Hâlâ Brezilya'da yaşayan bütün Guaranis kabilelerinin mitolojilerinde, önceki yeryüzünü tamamen yıkan bir tufan veya yangın geleneği mevcuttur. Bu felaket, yakın bir gelecekte tekrar edilecektir. Gelecekte vuku bulacak olan bu felakete inanç, yine de, diğer Tupi gruplarında nadirdir.[123] Bunu bir Hıristiyan etkisi olarak kabul edebilir miyiz? Tam olarak değil. Buna benzer fikirler başka birçok arkaik topluluklarda da vardır. Ancak bazı hallerde kozmik felaketin geçmişte gerçekleşip gerçekleşmediğini veya gelecekte aynı şekilde tekrar edileceğini söylemekte güçlük çekilmektedir. Çünkü ilgili dillerin grameri, geçmişi gelecekten

---

[123] Schaden, *Aspectos fundamentais*, s. 187. Gelecekte olacak felakete iman, Txiriguanolarda (Métranx) Mundurukülarda görülür. (R. P. Albert Kruse, *Anthropos*, [1951], s. 922); Tukuna (Nimuendaju, *The Tukuna* [Berkeley ve Los Angeles, 1952], s. 137-139).

ayırmıyor.[124] Nihayet Tukuma mitini hatırlamak gerekir. Bu mitolojiye göre, felaket, kültür kahramanı Dyoi'un işidir. Beyaz Hıristiyanlarla temas sonucu, kabile geleneklerinin bozulması ile Dyoi hakarete uğramıştır. Bu inanç, kısmen Guaranilerin inancı ile kıyaslanabilir. Beyazların kültürel etkileri yüzünden, pek yakında dünyanın sonunu ilan eden bir mitin, Hıristiyan kökenli olduğunu kabul etmek oldukça güçtür.

Durum ne olursa olsun, dünyanın sonu çeşitli Guarani kabileleri tarafından aynı şekilde öngörülmemiştir. **Mbüaslar** çok sayıda yakın bir tufanın, yangının veya yeryüzüne sonsuz şekilde uzanacak bir karanlığın olacağını beklemektedirler. **Nandevalar**, yerin yarılması ile meydana gelecek bir felaket beklemektedirler. Burada yeryüzü, bir plak gibi tasarlanmıştır. Nihayet, **Kaiovalar**, dünyanın sonunun, canavarlar, uçan atlar ve ateşten oklarla avlanan maymunlar tarafından getirileceğini hayal ediyorlardı.[125] İşaret etmekte yarar vardır ki, cennetin aranması ve temsili, doğrudan doğruya gelecekte olacak felaketin korkusu ile ilişkiliydi. Göçler, dünyanın sonundan önce "**kötülüğün olmadığı yer**"e ulaşma ümidi ve arzusu ile başlatılmıştı. Farklı Guarani kabilelerinin cennete verdikleri isimler bile, cennetin, evrensel felaketten masum olduğu yegâne yer olduğunu göstermektedir. **Nandevalar** onu "Yvy-nomi mbyré," "**Saklanılan Yer**" diye isimlendirirler. Yani, felaket boyunca bir sığınak bulunabilen yer olarak adlandırıyorlar. Yine Cennete, "**yvaymará-ey**" "**kötülüğün olmadığı yer**" veya sadece "**yvay**" yani "**Cennet/Gök**" ismi verilmiştir. Buna göre "**Cennet**" korkunun olmadığı yerdir. Oranın sakinleri, ne açlık ne hastalık ne de ölümü tanırlar.[126]

---

[124] Mircae Eliade, *Aspects du mythe* (Paris, 1963), s. 72 v.d.
[125] Schaden, *Aspectos fundamentais*, s. 187; "Der Paradiesmythos," s. 152-153; (krş. not 125); *XXXth International Congress of Americanists*, s. 180 (krş. not 127).
[126] Schaden, Aspectos fundamentais, s. 189.

Bir müddet için cennetin yapısı ve ona ulaşmanın yolları konusuna geri döneceğiz. Fakat önce, Guaranilere göre, mutlaka dünyanın sonuna götüren sebepler üzerinde durmamız gerekmektedir. Yahudiliğin ve Hıristiyanlığın paylaştıkları çok yaygın inancın aksine, dünyanın sonu, insanlığın günahlarının sonucu olmayacaktır. Guaranilere göre, insanlık ve yeryüzü yaşamaktan, çalışmaktan yorulmuş; bunun için istirahatı arzu etmektedir. Nimuendaju, dünyanın yok olması konusunda Apapocuvaların düşüncelerinin "**Yerlilerin Karamsarlığı**" diye adlandırdığı şeyin bir ürünü olduğunu düşünmektedir.[127] Ona bilgi verenlerden biri şöyle diyordu: "**Bugün Yeryüzü Yaşlıdır. Artık ırkımız çoğalmayacaktır. Ölüleri tekrar göreceğiz. Karanlıklar düşecek, yarasalar bize dokunacak ve hâlâ yeryüzünde olanlar sona erecek.**"[128] Burada söz konusu olan, kozmik bir yorgunluk ve evrensel bir tükenmedir. Nimuendaju, aynı şekilde bir şamanın transdaki şu tecrübelerini nakletmiştir: Şöyle ki, yüce Tanrı olan Nanderuvuvu'nun yanında şaman, trans halinde iken, yeryüzünün, yaratıklarına son vermesi için Tanrı'ya şöyle yalvardığını işitmişti: "Ben tükendim," diye inliyordu. "**Parçaladığım cesetlere karnım toktur. Ey Baba, izin ver de dinleneyim. Sular da, ağaçlar da ve bütün doğa yaratıcıya, kendilerine istirahat vermesi için yalvarıyordu.**"[129]

Nadiren de olsa, etnografik literatürde, kozmik yorgunluğun ve nihai istirahat özleminin heyecan verici ifadesi ile karşılaşıyoruz. Gerçekten, 1912 Yılında Nimuendaju tarafından karşılaşılan yerliler, cennet arama peşinde, üç veya dört asırdan beri sürekli, danstan ve serserice dolaşmaktan bitkin hale gelmişlerdir. Nimuendaju, dünyanın sonu fikrinin yerli bir fikir olduğuna inanıyor ve onun Hıristiyanlığın etkisi ile oluştuğunu

---

[127] Curt Nimuendaju, "Die Sagen," s. 335.
[128] *a.g.e.*, s. 339.
[129] *a.g.e.*, s. 335.

kabul etmiyor. Yine o, Guaranilerin karamsarlığını, Portekizlilerin fethinin sonuçlarından biri olarak; özellikle, esir avcıları tarafından başlatılan korkunun sonucu olarak kabul ediyor. Bazı bilginler, Nimuendaju'nun yorumunda şüpheye düşmüşlerdir. Gerçekten Nimuendaju'nun "**Yerli Karamsarlık**" olarak adlandırdığı şeyin, bu şekilde açıkladığımız gibi ilkeller arasında son derece yaygın olan bir inanca kadar köklerinin uzanıp uzanmadığı sorgulanabilir. Bu inanç şöyle özetlenebilir: Dünya basitçe var olduğu gerçeği yüzünden bozulmaktadır ve periyodik olarak da yeniden yenileşmesi gerekir. Yani, o,yeniden yaratılmak zorundadır. Öyleyse yeni bir yaratılışın gerçekleşmesi için, dünyanın sonunun gelmesi şarttır.[130]

Muhtemelen buna benzer bir inanç, Portekizlilerin fethinden ve Hıristiyanlık propagandasından önce, Apapocuva-Guaranileri tarafından paylaşılmıştır. Fetihlerle gelen şok ve sefalet, ızdırap dolu bu dünyadan kaçma arzusunu artırmış ve ağırlaştırmıştır. Fakat bu arzuyu yaratanlar, Portekizli fatihler değildir. Diğer birçok arkaik topluluklar gibi Guaraniler de, temiz, taze, zengin ve mutlu bir evrende yaşamak istemektedirler. Onların aradıkları Cennet, başlangıçtaki yılların ve mutluluğu içinde yeniden kurulacak dünyadır. "**Kötülüksüz Dünya**" veya (Büyük Annemiz) Nande'nin evi bu dünyadadır. O, Okyanusun öbür tarafında veya yeryüzünün merkezindedir. Ulaşılması zordur. Ancak o,bu dünyada bulunmaktadır. Ölümsüzlük gibi cennete ait bir takım durumlar içerdiğinden, bir yere kadar doğaüstü gözükse de; "**Kötülüksüz Yeryüzü**" öbür dünyaya ait değildir. Onun görünmez olduğu söylenemez ancak iyi gizlenmiştir. Oraya sadece ruhta değil, bedenle ve kemikle de ulaşılır. Cenneti aramak için teşebbüs edilen kolektif seferlerin tamamen hedefi şudur: Kozmosun tükendiği, yenilenmediği ve şid-

---

[130] Bkz. M. Eliade, *Aspects du Mythe*, s. 71, v.d.

detli sonunu beklediği bir zamanda, dünyanın yıkılmasından önce, "**Kötülüksüz Yere**" ulaşmak, Cennete yerleşmek, mutluluktan yararlanmaktır.

Kötülüğün Olmadığı Topraklar

Guaranilerin cenneti, aynı zamanda gerçek ve alışılmamış parlaklıkta bir dünyadır. Hayat, Guaranilerdeki aynı modele göre devam etmektedir. Fakat oradaki hayat, zamanların ve tarihin dışındadır. Yani, sefaletten, hastalıktan, günahtan, haksızlıklardan ve yaşlılıktan uzaktır. Bu cennet, spiritüel/ruhsal düzeyde değildir. Çünkü günümüzde, bazı kabilelerin inancına göre, Cennete ancak ölümden sonra ruhsal olarak gidilebilmektedir. Eski zamanlarda ise insanlar cennete gerçekten ulaşabiliyorlardı. Öyleyse cennetin paradoksal bir karakteri vardır. Şöyle ki: Bir yandan o, bu dünyanın tersini (temizlik, hürriyet, mutluluk, ölümsüzlük, v.s.) temsil etmektedir; diğer yandan o gerçektir, ruhani değildir. Hatta bu dünyanın bir parçasını teşkil etmektedir. Çünkü o, bir realitedir ve coğrafi bir karakteristiğe sahiptir. Başka bir ifade ile Tupi-Guarani yerlileri için cennet, tıpkı başlangıç zamanında olduğu gibi, Tanrı tarafından yaratıldığı gibi, bugünkü kabilelerin ataları da orada, Tanrılar arasında yaşamaktaydılar. Orası "**Mükemmel ve Temiz**" bir dünyayı temsil etmektedir. Gerçekten, cennet mitolojisi, okyanusun ortasındaki bir çeşit mutlular adasından bahsediyordu. Orada ölüm bilinmiyordu. Ona, bir ip veya başka benzer vasıtalar ile girilebiliyordu. (Burada yeri gelmiş iken ip, sarmaşık veya merdiven resimlerinin bir varlık şeklinden bir başka varlık şeklini, din dışı dünyadan, kutsal dünya'ya geçişi ifade etmek için sık sık kullanıldığına işaret edelim.) Başlangıçta insanlar, bu masal adasını, ölümsüzlüğü elde etmek için aramaktaydılar ve Tanrılarla spiritüel cemaat halinde yaşamaya gayret sarf etmekteydiler. Yakında olacak olan kozmik felaketin önünde orası bir iltica yeri olarak aranmıyordu.[131] Daha sonra, burada, cennet mitolojisinin dünyanın sonu ile ilgili değişimi meydana gelmiştir. Belki de bu, Cizvitlerin tesiri sonucu olmuştur. Ancak Guaraniler de diğer ilkel kabileler gibi dünyayı çok eski buluyorlar, yıkılıp yeniden yaratılmasını düşünüyorlardı.[132] Belki de bu fikre, böylece ulaşmış da olabilirler.

Guaranilerin dininin temel kavramı, insanın cennete gerçekten bedensel ulaşabileceği inancından kaynaklanmaktadır. Bu kavram, *Aguydjé* ifadesi içinde senteze ulaşmıştır. Bu ifadeyi "**Yüce Mutluluk**" "**Mükemmellik**" ve "**Zafer**" kelimeleri ile tercüme edebiliriz. Guaraniler için *Aguydjé* bütün insan varlığının nihaî hedefini teşkil etmektedir. *Aguydjé*'yi elde etmek demek, doğaüstü dünyada cennetsel mutluluğu fiziksel olarak tanımak demektir. Fakat bu doğaüstü, dünyaya ölümden öncede ulaşabilir. Dini yasayı ve geleneksel ahlakı takip etmek kaydı ile oraya, kabilenin herhangi bir üyesi de ulaşabilir.

Schaden'in yeni çalışmaları sayesinde, muhtelif Guaranilerin nezdinde, cennetin temsili ile ilgili oldukça açık bir takım bilgilere sahip olabiliyoruz.[133] Meselâ, Nandevalarda iki ayrı anlayış vardır: Biri, uzun zaman önce göçe başlamış ve "**Kötülüksüz Topraklar**"ı bulamamış olan Nandevalara özgüdür. Diğeri ise, böyle bir seyahate teşebbüs etmemiş olan diğer Nandevalara aittir. Cenneti arayanlar ve bulamayanlar, sahile ulaştıktan sonra on yıl boyuna amaçsızca dolaştıktan sonra artık, cennetin okyanusun ötesinde bulunduğunu düşünmemektedirler. Cenneti, *zenitte* yerleştiriyorlar ve ona ölümden önce ulaşılamayacağına inanıyorlar.

---

[131] Schaden, Aspectos fundamentais, s. 188.
[132] "Der Paradiesmythos," s. 153 ve XXXth *International Congress of Americanists*, s. 181. Egon Schaden, cennet mitolojisinin dünyanın sonu ile ilgili değişiminin, muhtemelen Cizvit tesirlerine bağlı olduğunu düşünüyor.
[133] Egon Schaden, *Aspectos fundamentais*, s. 189, "Der Paradiesmythos," s. 154 v.d.

Okyanusa doğru benzer seyahatler içinde maceraya atılmayan diğer Nandeva halkları, dünyanın ateşle yakılıp, yıkılmaya mahkûm olduğuna inanıyorlardı, fakat bu felaketin dünyanın sonu olacağını düşünmüyorlardı. Onlar için de iltica yeri, okyanusun ortasındaki "**Mutlular Adası**" şeklinde tasavvur edilmişti. Danslar, şarkılar eşliğinde bazı ritüeller icra etmek şartıyla insanın et ve kemiğiyle, yani ölmeden önce bu adaya ulaşabileceğini düşünüyorlardı. Fakat bunun için yolun bilinmesi gerekir ve bu bilgi, bugün tamamen kaybolmuş bir bilgidir. Eski zamanlarda yol biliniyordu çünkü kültür kahramanı olan Nanderykey'e güven vardı. Bu kahraman, bizzat insanlarla karşılaşmaya geliyordu ve onlara cennetle ilgili adaya doğru rehberlik ediyordu. Bugün ise, cennete ölümden sonra, sadece "ruh" olarak ulaşılabilinmektedir.

Egon Schaden'e bir şaman tarafından verilen bilgilere göre, cennet gibi olan bu ada yeryüzünden çok, gökyüzüne benzemektedir. Ortada büyük bir göl bulunmaktadır ve gölün ortasında çok yüksek bir **Haç** bulunmaktadır. Bu Haç, çok büyük bir ihtimalle bir Hıristiyan tesirini göstermektedir. Fakat ada ve göl yerli mitolojiye ait görünmektedir. Ada, meyve yönünden zengindir ve oranın sakinleri çalışmadan vakitlerini dans ederek geçirmektedirler. Asla ölmemektedirler. Ada, ölüler ülkesi değildir. Çok eskiden ölen insanların ruhları buraya kadar gelmekte fakat yerleşmemektedir. Onlar seyahate devam etmektedir. Eski zamanlarda, adaya, kolayca gelinebiliyordu. Schaden'in topladığı diğer bilgilere göre deniz, olanların önünde çekilmekte ve onların üzerinde yürüyebildikleri bir köprü teşkil etmekteymiş. Adada kimse ölmüyormuş. Burası, gerçekten de kutsal bir yermiş.[134]

Mbüalardaki cennet tasavvuru daha ilginçtir: Bunlar, kötülüksüz toprakları arayan ve daima sahile doğru yönelen bugün

---

[134] Schaden, Aspectos fundamentais, s. 192.

tek Guarani grubuydu. Gurani halkları arasında, cennet mitolojisinin en önemli rol oynadığı halk Mbüalardı. Bu olay, oldukça anlamlıydı. Çünkü Mbüalar, hiçbir zaman Cizvit misyonerlerinin tesirine maruz kalmamışlardı.[135] Mbüaların Cenneti, gelecek felakete karşı "**Emin Bir Barınak**" olarak tasvir edilmemiştir. Orası, meyveler ve av yönünden zengin efsanevi bir bahçedir; insanlar burada yeryüzü hayatlarına devam ederler. Geleneksel kurallara uygun olarak yaşanmış dindar, dürüst, bir hayatın sonunda oraya ulaşılabilecekti.

Tanrılara Giden Yol

Guaranilerin üçüncü grubu olan **Kaiovalar** on, yirmi yıl kadar önce hâlâ Atlantik'e doğru seyahat ediyorlardı. Şu özelliğe işaret ediliyordu: **Cennetin önemi, kriz dönemlerinde artıyordu.** Bu sıralarda **Kaiovalar**, durmadan gece ve gündüz, dünyanın yıkılmasını hızlandırmak ve kötülüksüz topraklara götürecek yolun vahyini elde etmek için dans ediyorlardı. **Dans, Vahiy, Cennete giden yol**, bu üç dini realite, birlikte bulunmaktadır. Aslında bunlar sadece Kaiovaları değil; bütün Guarani kabilelerini karakterize etmektedir. **İmge** ve "**Yol**" miti (yani, bu dünyadan, kutsal dünyaya geçiş) çok önemli bir rol oynamaktadır. Şaman (nanderu) bir "**Yol Uzmanıdır.**" Kabileye olağanüstü seyahatinde, rehber olmaya imkân veren doğaüstü talimatları alan Şamandır. Nandevaların kabile mitlerinde *ilk Ana, ikizlerin babasını* aramak üzere hareket ettiği zaman, aynı yoldan geçmişti. Dua esnasında yahut ölümden sonra, semavi bölgeleri aştığı zaman ruh, aynı esrarlı ve paradoksal yolu izlemektedir. Çünkü bu yol, hem doğal ve aynı zamanda doğaüstüdür.

Kaiovalar, bu muhteşem yolu takip etmek için Egon Schaden tarafından davet edildiklerinde onlar, şaman'ın göğe sık

---

[135] *a.g.e.*, s. 195.

seyahatlerinde kat ettiği yolu çizmişlerdi.[136] Bütün Guarani toplulukları, kendilerinden tapedja olarak, yani, "**Seyyah ve Hacı Topluluğu**" olarak bahsederler. Duaların eşlik ettiği gece dansları ve bütün bu dualar, Tanrılara götüren yollardan başkası değildir. Schaden'e bilgi veren biri, "**Yol Olmadan, Arzu Edilen Yere Ulaşılamaz**" diyor.[137]

Öyleyse, Kaiovalar için, Tanrılar dünyasına doğru olan yol, bütün onların dini hayatını sembolize etmektedir. Tanrılarla iletişim kurmak ve kaderini ikmal için insanın bir yola ihtiyacı vardır. Ancak kriz döneminde bu yol arama olayı, Eskatolojik/dünyanın sonu ile ilgili unsurlarla doludur. O zaman Cennete götüren "**Yolu**", acele bulmak için gece ve gündüz dans edilmektedir. Hem de çılgınca bir tarzda dans edilmektedir. Çünkü dünyanın sonu yakındır ve kurtuluş, ancak Cennete ulaştıklarında olabilmektedir. Ancak daha az dramatik olan dönemlerde de geri kalan zaman içinde bu "**Yol**", Guaranilerin hayatında merkezî rol oynamaya devam etmektedir. Tanrıların yakınına götüren yolu arayan ve takip eden bu Guarani kabilesi, yeryüzündeki görevini yerine getirebildiğine inanmaktadır.

Guarani Mesihçiliğinin Kaynağı

Guarani Mesihçiliğinin bu kısa takdimini daha geniş düzeyde birkaç gözlem ile sonuçlandıralım: Önce, Kuzey Amerika kabilelerindeki mesihi hareketlerin aksine, Guarani mesihçiliğinin, Avrupalı fatihlerle karşılaşmanın kültürel şokunun ve sosyal yapıdaki organizasyon bozukluğunun sonucu olmadığına işaret edelim.[138] Kötülüksüz toprakları arama miti, Portekizlilerin ve ilk Hıristiyan misyonerlerinin gelmesinden çok önce,

---

[136] Schaden, a.g.e., s. 199.
[137] Schaden, a.g.e., s. 199.
[138] Maria Isaura Pereira de Querioz, "L'influence du Milieu Social Interne," s. 22, v.d.

Tupi-Guaranilerde zaten vardı. Fatihlerle temas, cennet arama olayını artırmış ve ona, yakın olan kozmik felaketin önünde âcil, trajik ve hatta karamsar bir karakter vermiştir. Fakat fatihlerle olan bu temas, iki yüzyıl boyunca periyodik olarak kehanet ve Mesih hareketleriyle kriz yaşayan kuzey Amerika yerlileri için olduğu gibi kültürel bir krize dayanmamaktadır. Buna göre, Guaranilerin kültürü ve toplumu ne bozulmuştur, ne de melezleşmiştir.

Şüphesiz bu olay genelde, Mesihi ve kâhince hareketlerin anlaşılması için sonuçsuz kalmamıştır. Haklı olarak mesihi hareketlerin doğuşu ve seyri içinde ekonomik, sosyal ve tarihi muhtevanın önemi üzerinde çok ısrar edilmiştir. İnsanlar, özellikle kriz dönemlerinde, dünyanın sonunu, kozmik bir yenilenmeyi, ya da altın bir çağı beklemektedirler. Bunun için aşırı sefaletin, hürriyetten yoksun olmanın ve bütün geleneksel değerlerin yıkılacak olmakla tahrik edilen ümitsizliğe karşı, kendilerini korumak için, dünyada cennetin yakın olduğunu ilân ederler. Tupi-Guaranilerin durumu ise, bize bütün toplumların, sosyal krizlerin dışında da asırlar boyunca cennet aramaya yöneldiklerini göstermektedir. Daha önce işaret ettiğimiz gibi bu Cennet, daima tamamen spiritüel/Ruhsal olarak düşünülmemektedir. Bu cennet, bu dünyada; inançla gerçekleşecek gerçek bir dünyaya aittir. Guaraniler, dünyanın başlangıcında yaşayan efsanevi ataları gibi yaşamayı arzu ediyorlardı. Yahudi-Hıristiyan terminoloji ile ifade etmek istersek, Cennetten kovulmadan önce Âdemin Cennette yaşadığı gibi yaşamak istiyorlardı. Burada, saçma ve garip bir fikir söz konusu değildir. Tarihin belli bir dönemlerinde başka birçok ilkel topluluk, belli zamanlarda yaratılışın ilk günlerine geri dönmenin, yine zamanın aşındırmadığı, tarihin aşağılık yapmadığı zaman gibi, aydınlık ve mükemmel bir dünyada yaşamanın mümkün olduğuna inanmışlardı.

VII.

ERGİNLENME TÖRENLERİ VE MODERN DÜNYA

Bu bölüm, Mircae Eliade'nin 1965 tarihli," "L'Initiation et le monde moderne=Giriş Törenleri Ve Modern Dünya" isimli, C. J. Bleeker'ın Initiation/Giriş adlı kitabında da yer alan makalesinin çevirisidir. 1964 Eylülünde erginlenme konusunda Strazburg'da uluslararası bir sempozyum düzenlenmiştir. Bu bölüm o sempozyumda sunulan bildiri metinlerinden oluşmaktadır.

Konferansın erginlenme konusundaki açılış konuşmasını yapmak üzere çağrılmıştım ve önce arkaik ve geleneksel topluluklardaki erginlenmenin anlamı ve rolü konusunu sunmayı ve daha sonra da, özellikle, psikologların, tarihçilerin ve edebiyat eleştirmenlerinin katkılarını inceleyerek, yeni araştırmaların gösterdiği gelişmelerden bahsetmeye karar vermiştim. Bu karmaşık olayın ortak incelemesi olan erginlenme, gerçekten örnek bir şekilde, muhtelif disiplinlere ait araştırmalar arasındaki işbirliğinin faydalarını göstermektedir.

Erginlenme terimi, genellikle erginliğe ulaşacak kişinin sosyal ve dini durumunu radikal bir şekilde değiştirme amacı olan bir dizi sözlü öğretileri ve törenleri imâ etmektedir. Felsefi konuşmak gerekirse erginlenme, varoluşsal durumun ontolojik olgunluğuna denk düşmesidir. Tecrübelerinin sonunda bir dine veya düşünceye yeni girmiş olan birisi, erginlenmeyle öncekinden tamamen farklı bir hayattan yararlanmaktadır. Artık o, tamamen başka biridir. Bunun için erginlenme, üç büyük kategoriye ayrılabilir:[139]

Birinci kategori, kolektif kuralları ihtiva etmektedir. Bir delikanlının, olgunluk çağına geçişi bu kurallarla gerçekleşir. Bu kurallar, cemaatin bütün üyeleri için zorunlu olan kurallardır. Etnoloji literatürü, bu törenleri, "**Olgunluk Merasimi**", "**Kabileye Giriş Törenleri**" veya "**Bir Yaş Grubuna Giriş Törenleri**" gibi ifadelerle belirtmektedir. **İkinci kategori ise**, gizli bir cemiyete bir derneğe veya bir kardeşlik derneğine giriş ayinlerinin bütün türlerini içine almaktadır. Bu dernekler, sadece bir tek cinsiyete tahsis edilmişlerdir ve sırları konusunda çok hassastırlar. Kardeşlik derneklerini oluşturan gizli derneklerin büyük çoğunluğu erkek denekleridir. Fakat bazı kadın dernekleri de vardır. Ancak antik Yakındoğu'da ve Akdeniz dünyasında gizli dernekler her iki cinsiyete de açıktır. Bunun için, türleri biraz farklı da olsa "**Doğu Yunan Sır Derneklerini*** de, bu gizli kardeşlik dernekleri kategorisi içine dâhil edebiliriz.

Son olarak, **üçüncü kategori** ise, mistik/ilâhi temayüllü bir göreve girişi ifade etmektedir. Yani, ilkel dinler seviyesinde bu görev, şifacıları veya şamanları belirtmektedir. Bu üçüncü erginlenme merasiminin tipik yönlerinden birisi, kişisel dini tecrübeye atfedilen önemde bulunmaktadır. Gizli cemiyetlerin erginlenme merasimleri ile şamanik erginlenme törenleri, gerçekte birbirine oldukça yakındırlar. Şamanik erginlenme törenlerinde çok önemli olan bu vecdi unsur, bunları birbirinden ayırmaya yardım etmektedir. Yine ilave edelim ki, bütün erginlenme törenlerinin arasında yapısal olarak bir ortaklık mevcuttur, bu da tüm bu törenleri, birbirine benzetmektedir.

---

[139] Bkz. M. Eliade, *Naissances Mystiques*, "Essai sur quelques types d' initiation," Paris, 1959.

* *Greco-Roman Mysteries*: Greko-Romen kültüründeki erginlenmenin amaçlandığı dini ayinlerin yapıldığı gizli cemiyetler.

Ergenlik Törenleri

Kabile erginlenme törenlerinde, aday genci, topluluğun sorumluluk sahibi bir üyesi yapmak için ona, kültürel değerler ve spiritüel dünya hakkında bilgi aktarılmaktadır. Böylece topluluğa yeni kabul edilen kişi, sadece yetişkinlerin davranışlarını, tekniklerini ve müesseselerini öğrenmez, aynı zamanda, kabilenin mitlerini ve kutsal geleneklerini, Tanrıların isimlerini, onların işlerinin hikâyesini de öğrenir. Yine, en önemlisi eski zamanlardaki kabile ve doğaüstü varlıklar arasındaki ilişkileri öğrenmektedir. Birçok hallerde ergenlik törenleri cinselliğin açığa çıkmasını da gösterir. Kısaca giriş töreni ile tabii şekil olan çocukluk modeli aşılır ve kültürel modele girilir, yani spiritüel gerçeklere dâhil olunur. Erginlenme törenleri, mitolojik zamanlarda doğaüstü varlıklar tarafından yapılan işlemlerin bir tekrarı olduğundan; erginlenme ile bütün cemaat, dini yönden yeniden doğmuş olmaktadır.

Her ergenlik töreni, anneden ayırma, bir müfettişin gözetimi altında çalılıkta kalma, çok sayıda bitki ve hayvan türleri yemenin yasaklığı, bir ön dişi çıkartma, sünnet olma, kan aldırma gibi az veya çok sayıda dramatik tecrübeleri de içermektedir. Kutsal nesnelerin aniden ortaya çıkması (*bull-roarer* gibi müzik âletleri, doğaüstü varlıkların resimleri vs.) da aynı şekilde bir erginlenme denemesi teşkil etmektedir. Birçok durumda ergenlik törenleri, sembolik bir ölüme müteakip bir dirilişi, yani cemaate yeni alınan üyenin dirilişi olarak yorumlanmıştır. Avustralyalı kabilelerinde çoktandır ön dişin çekilmesi, kişinin ölümü olarak yorumlandığından, sünnet durumunda da aynı önem daha açık olarak görülmektedir. Çalılıklarda bırakılan yeni cemaat üyeleri, hayaletlere benzetilmişlerdir. Bunlar, parmaklarını kullanamazlar ve ölülerin ruhlarının yaptığı gibi yiyecekleri doğrudan doğruya ağız ile almak zorundadırlar. Bazen de hayalete dönüştüklerinin bir göstergesi olarak beyaza boyanırlar.

Bunların kapandıkları kulübeler, bir canavara veya bir su hayvanına benzetilmektedir. Cemaate dâhil edilmek istenen ergenlik çağındaki kişiler, kendilerini, canavar tarafından yutulmuş ve onun karnında "**Yeniden Doğacakları**" veya "**Dirilecekleri**" zamana kadar kaldıklarına inanmaktadırlar. Çünkü erginlenme, ölümü, ya cehenneme iniş (descensus ad inferos) ya da anneden doğuş(regressus ad uterum) ve dirilme olarak anlamaktadır. Bazen de bu,"**Yeniden Doğuş**" olarak yorumlamıştır. Birçok hallerde de cemaate yeni kabul edilmek istenen ergen, sembolik olarak gömülmektedir. Böylece, geçmiş hayatlarını, aile ilişkilerini, isimlerini, dillerini unutmuş ve her şeyi yeniden öğrenmek zorundaymış gibi kabul edilmektedirler. Bazen erginlenme denemeleri, gerçek bir işkence haline dönüşmektedir.

Gizli Cemiyetler

Avustralya'da olduğu gibi, arkaik düzeydeki kültürlerde erginlik erginlenme törenleri, çeşitli evreler ihtiva etmektedir. Bu durumda kutsal tarih, yalnızca aşama aşama ortaya çıkartılabilir. Dini tecrübenin ve bilginin derinleşmesi, özel bir temayül veya üstün bir zekâ ve irade gücü gerektirmektedir. Bu olay, hem gizli cemiyetlerin hem de şamanların ve şifacıların, kardeşlik derneklerinin ortaya çıkışını açıklamaktadır. Gizli bir cemiyete giriş ayinleri, kabilevi giriş törenlerine tamamen uygun düşmektedir. Yani, inziva, erginlenme testleri ve işkenceler, ölüm ve yeniden dirilme, yeni bir ismin verilmesi, gizli bir doktrinin ifşası, yeni bir dil öğrenme vs. gibi. Bununla beraber, gizli cemiyetlerdeki yenilik özelliklerine de işaret edebiliriz: Şöyle ki, gizliliğin önemi, erginlenme denemelerinin zorluğu, ata kültlerinin hâkimiyeti (ataların maskelerle kişileştirilmesi) ve grupların törensel yaşamında yüce bir varlığın olmayışı, Kadın kardeşlik derneklerinde ise, erginlenme; verimlilik, gebelik ve doğumla ilgili bir takım özel denemeleri içermektedir.

Erginleştirici ölüm, aynı zamanda tabii insanın yani kültürsüz insanın sonunu belirtmekte ve yeni bir hayat modeline geçişi göstermektedir. Yani, sadece, doğrudan doğruya bir realite de değil, ruhu olan bir varlık şeklini belirtmektedir. O halde, erginleştirici ölümler ve dirilmeler, mistik sürecin tamamlayıcı kısmını teşkil etmektedirler. Bu mistik süreçle, Tanrılar veya mitolojik atalar tarafından vahyedilen modele göre biçimlenmiş, bir başka şey olunmakta, yani insanüstü varlığa benzenildiği ölçüde hakiki insan olunmaktadır. Arkaik zekânın anlaşılması için erginlenmeye gösterilen ilgi, *gerçek insanın* -spiritüel insanın değil- doğal sürecin neticesi olduğu noktasında yatmaktadır. Gerçek insan, mitolojik zamanlarda, Tanrısal varlıklar tarafından vahyedilen modellere göre, yaşlı üstatlar tarafından yapılmıştır. Bu yaşlı üstatlar, arkaik toplumların manevi elitlerini meydana getirirler. Bunların fonksiyonu, yeni nesillere, ya hayatın derin anlamını göstermek, ya da onlara "**Gerçek İnsan**" olma sorumluluğunu yüklenmelerine yardım etmek; dolayısı ile onların kültüre iştiraklerini sağlamaktır. Mademki geleneksel ve arkaik cemiyetler için kültür, doğaüstü varlıklar tarafından alınan değerlerin bir toplamı ise, erginlenmenin fonksiyonu da, her yeni nesile, insanüstü, belki de transandantal diyebileceğimiz bir dünyayı göstermektedir.

Şamanlar ve Şifacılar

Şamanik erginlenme törenlerine gelince, bunlar da vecdi deneyimlerden (rüya, hayal, esrime) ve ruhlar veya yaşlı üstatlar tarafından icra edilen bir eğitimden ibarettir (şamanla ilgili teknik iletişimler, ruhların fonksiyonları ve isimleri, klanın şeceresi ve mitolojisi, gizli dil vs.). Bazen erginlenme töreni, örneğin Buryatlarda olduğu gibi, halka açık yapılmakta, zengin ve hareketli bir ritüelden oluşmaktadır. Fakat bu tür bir ritüelin olmayışı, hiçbir zaman kabilede erginlenme töreninin olmadığını anlamına gelmez. Çünkü erginlenmenin rüyada veya adayın kendinden geçtiği durumlarda bile gerçekleşmesi gayet mümkündür. Sibirya'da ve Orta Asya'da Şaman olarak adlandırılan kişi, psikopatik bir kriz geçirmektedir ve bu kriz esnasında onlara, şeytanlar ve erginlenme törenleri üstatlarının rolünü oynayan ruhlar tarafından işkence edildiği düşünülmektedir. Bu "**Erginleştirici Hastalık**," genelde aşağıdaki safhaları içermektedir: 1) İşkence ve vücudun parçalanması, 2) Derinin iskelet haline gelinceye dek yüzülmesi, 3) İç organların değiştirilmesi ve kanın yenilenmesi, 4) Yeraltında ikamet ve ölmüş şamanların ruhları ve şeytanlar tarafından yönlendirilmesi, 5) Uzaklardaki Cennete yükselme, 6) "Dirilme" yani Tanrılarla, şeytanlarla ve ruhlarla iletişim kurabilen yeni bir varlık şekline geçme. Aynı şema, Avustralyalı hekimlerin erginlenme törenlerinde de görülmektedir.[140]

Helenistik veya Eleusis erginlenme törenleri konusunda bildiğimiz çok az şey, sırra girenlerin ana tecrübesinin, kültün kutsal kurucusunun ölümüne ve dirilmesiyle ilgili bir vahye dayanır. Bu vahiy sayesinde aday, bir başka varlık şekline girmekte ve bu hal ölümden sonra ona daha iyi bir talih sağlamaktadır.

İlkellerdeki Erginlenme Törenleri Üzerine Yeni Araştırmalar

Burada çok kısa da olsa, son otuz veya kırk yıl boyunca, muhtelif erginlenme merasimleri konusundaki araştırmalardan elde edilen sonuçları, hatırlatmak faydalı olacaktır. Ancak, kullanılan metotları tartışmak veya bir bilanço yapmak da burada söz konusu değildir. Bu konudaki araştırmanın aktüel yönlendirmesini açıklamak için, birkaç isim ve başlıktan bahsetmekle

---

[140] Bkz. Eliade, *Le chamanisme et les techniques archaiques de l' extase*, (Paris, 1951), s. 45 v.d., s. 112, v.d.

yetineceğiz. Fakat daha ilk anda okuyucuyu bir hususta uyarmam gerekmektedir: Şöyle ki, muhtelif erginlenme törenleri konusundaki çalışmalar eksik olmamakla beraber; görünümlerinin bütünü içinde, erginleştirici komplekslerden bahseden monografiler sınırlıdır. Bu noktada, O. E. Briem'in *Les Sociétés Secrètes des Mystères*'ini (Fransızca çeviri, 1941); W.E. Peuckert'in *Geheimkulte*'yi (1951); M. Eliade'nin *Birth and Rebirth*'ini (1958) ve *Naissances Mystiques*'ini (1959); Frank W. Young'un *Initiation Ceremonies*'ini (1965) ve Geo Widengren'in Strazburg sempozyumundaki açıklamalarını (bkz. *Initation*, ed. C. J. Bleeker, s. 287-309) sayabiliriz.

Aynı açıklama, **"ilkellerdeki"** erginlenme törenleri için de geçerlidir. Bu konuda, 1933'de Ad. E. Jensen'nin tartışmalı olmakla birlikte açıklayıcı çalışması olan *Beschneidung und Reifezeremonien bei Naturvölkern=Doğaal Cemiyetlerde Sünnet ve erginlenme törenleri'ni*, R.Thurnwald ise, "Primitive Initiation und Wiedergeburtsriten"[141] isimli önemli makalesini yayımlamıştır. Son zamanlarda da birkaç Amerikalı Antropolog yeniden ergenlik törenlerinin fonksiyonlarını incelemişlerdir.[142] Oysa bölgesel monografiler oldukça çoktur. Burada hepsinden bahsedemeyeceğimize göre, Avustralya ve Okyanusya için, A. P. Elkin'in *Aboriginal Men of High Degree* (1946) adlı kitabını, R. M. Berndt'in *Kunapipi* (1951) isimli eseri ile F. Speiser'in[143], R.

---

[141] Eranos-Jahrbuch VII, (1946), s. 321-398; Yine bkz. E. M. Loeb, *Tribal Initiation and Secret Societies*, University of California Publications American Archaelogy and Ethnology, XXV, (Berkeley ve Los Angeles, 1929), s. 249-288.

[142] Bkz. J. W. Whiting, R. Kluckhohn ve A. Anthony, "The Function of Male Initiation Ceremonies at Puberty," *Readings in Social Psychology*, ed. E. e. Maccoby, Theodore, Newcomb ve C. Hartley (New York, 1958), s. 359-370; Edward Norbeck, . Walker ve M. Cohn, "The interpretation of Data: Puberty Rites," *American Anthropologist*, 64 (1964); 463-385.

[143] F. Speiser, "Uber Initiationen in Australien und Neuguinea," *Verhandlungen der Naturforschenden Gesellschaft in Basel*, (1929), s. 56-258; "Kulturgeschichtliche Betrachtungen über die Initiationen in der Südsee," *Buletin der Schweizerischen Gesellschaft für Anthropologie und Ethnologie*, XXII, (1945-46), s. 28-61.

Piddington'un[144] ve D.F.Thomson'un[145] incelemelerini ve J. Layard'ın[146] W. E. Mühlmann'ın[147] W. E. Schlesier'in, C. A. Schmitz'in[148] kitaplarını ve makalelerini; Amerika kıtası içinse, M.Gusinde'nin[149] Goeje'in[150], J. Haeckel'in[151] W. Müller'in[152] ve daha başkalarının çalışmalarını sayabiliriz. Afrika için ise, E.Johanssen'un *Mysterien eines Bantu-Volkes*'inden (1925), Leo Bittremieux'nün *La société secrète des Bakhimba*'sından (1934) ve A. M. Vergiat'nın *Les Rites secrets des primitfs de l'Oubangui* 'sinden (1936) Bemba'larda genç kızların giriş törenleri konusunda da Audrey I.Richards tarafından yapılan *Chisungu*'dan (1956)

---

[144] Ralph Piddington, "Karadjeri Initiation," *Oceania*, 3, (1932-33), s. 46-87.

[145] Donald F. Thomson, "The Hero-Cult, Initiation and Totemism on Cape York" *The Journal of the Royal Anthropological Institute*, LXIII, (1933), s. 453-537. Yine bkzz E. A. Worms, "Initiationsfeiern einiger küsten-u. Binnenlandstamme in Nord-West-Australien" *Annali Lateranensis*, 1938, cilt, II, s. 147-174.

[146] John W. Layard, *Stone Men of Malekula* (London, 1942); "The Making of Man in Malekula" Franos-Jahrbuch, XVI, (1948), s. 209).

[147] W. E. Mühlmann, *Arioi und Mamaia* (Wiesbaden, 1955).

[148] Erhard Schlesier, *Die melanesiche Geheimkulte* (Göttingen, 1956). Yine bkz. C. A. Schmitz, "Die Initiation bi den pasum am Oberen Rumu Nordost-Neuguinea," *Zeitschrift für Etnologie*, 81, (1956), s. 236-246; "Zum problem des Balumkultes" *Paideuma* 6, (1957), s. 257-280; Dr. P. Hermann Bader, *Die Reifefeiern bei den Ngadha* (Mödling); C. Laufer, "Jugendinitiation und sakraltänze der Baining" *Anthropos*, 54, (1959), s. 905-938; P. Alphons Schaefer, "Zur initiation im wagi-tal" *Anthropos*, 33, (1938), s. 401-423; Hubert Kroll, "Der Iniet, Das Wesen eines melanesischen Geheimbundes" *Zeitschrift für Ethnologie*, 70, (1937), s. 180-220).

[149] M. Gusinde, *Die Yamana* (Mödling, 1937), s. 940.

[150] C. H. De Goeje, "Philosophy, Initiation and Myths of the Indian Guiana and Adjacent Countries" *Internationales Archiv für Ethnographie*, 44, (1943). Bkz. A. Métraux, "Les rites d'initiation dans le vaudou haitien" *Tribus*, 4-5, (1953-55), s. 177-198; *Le vaudou haitien* (Paris, 1958), s. 171.

[151] Josef Haeckel, "Jugendweihe und Männerfest auf feuerland" *Mitteilungen der Oesterreichischen Gesellschaft für Anthropologie, Ethnologie und Prahistorie*, LXXIII-LXXVII, (1947), s. 84-114; *a.g.e.*, "Schutzgeistsuche u. Jugendweihe im westlichen Nordamerika," *Ethnos*, XII, (1947), s. 106-122; *a.g.e.*, "Initiationen u. Geheimbünde ander Nord-West küste Nordamerikas," *Mitteilungen der Anthropologische Gesellschaft in Wien*, LXXX III, (1954), s. 176-190.

[152] Werner Müller, *Die blaue Hütte* (Wiesbaden, 1954); id, *Weltbild und Kult der Kwakiuti-Indianer* (1955).

ve özellikle Bambara erginlenme törenleri[153] üzerine D. Zahan'ın çalışmalarından bahsedebiliriz.

Yeni araştırmalar sayesinde şimdi, ilkel erginlenme törenleri konusunda çok ve açık bilgilere sahip olmaktayız. Bu konuda sadece, Fuegienlerin törenleri konusundaki M. Gusinde'nin eserlerini, Zahan'ın ve Andrey Richard'ın, bazı Afrikalıların erginlenme merasimleri hakkındaki çalışmalarını, Baininglerin ritüelleri konusunda Carl Laufer'in, Avustralya erginlenme törenleri hakkındaki Piddington, Elkin ve Berndt'in çalışmalarını hatırlatabiliriz. Diğer taraftan, muhtelif erginlenme formları hakkındaki bilgiler, Werner Müller'in, Mühlmann'ın, Zahan'ın ve daha başkalarının ışık tutan analizleri sonucunda hissedilir şekilde artmış bulunmaktadır.

Sır Dinleri; Hint-Avrupa Gizli Dernekleri

Sır dinlerindeki erginlenme törenlerine gelince, son yıllarda yapılmış olan çalışmalarda, daha çok şüphecilik kendisini göstermektedir. 1952'de A. D. Nock, Helenistik erginlenme ile ilgili bilgilerimizin çok gecikmiş olduğunu ve bazen da Hıristiyanlığın tesirini yansıttığını bize hatırlatıyordu.[154] 1961'de G. F. Mylonas, *Eleusis and the Eleusinian Mysteries* isimli kitabında, gizli dini törenlere, başka bir deyişle, Eleusis sırlarındaki* ger-

---

[153] Dominique Zahan, *Sociétés d' initiation bambara* (Paris, 1960). Yine bkz. Leopold Walk, "Initiationszeremonien u. Pubertatriten der Südafrikanischen Stamme," *Antropos*, 23, (1928), s. 861-966) M. Planquaert, *Les sociétés secrètes chez les Bayaka* (Louvain, 1930), E. Hildebrand, *Die Geheimbünde West-Afrikas als Problem der Religionwissenschaft* (Leifzig, 1937); H. Rehwald, *Geheimbünde in Afrika* (Münih, 1941).

[154] A. D. Nock, "Hellenistic Mysteries And Christian Sacraments," *Mnemosyme*, 1952, s. 117-213. Yine bkz. *Naissance mystiques*'deki bibliyografya için, s. 231, N. 19, s. 233, N. 20, s. 231, N. 34.

* *Elusinian Mysteries*: Antik Yunan'da Elusius kentinde Demeter ve Persephone kültleri için yapılan erginlenme törenleri. (çev.)

çek erginlenme merasimlerine dair hemen hemen hiçbir şey bilmediğimizi açıklıyordu.[155]

Aksine, otuzlu yıllardan önce oldukça ihmal edilmiş bir alandaki, farklı Hint-Avrupa topluluklarındaki gizli derneklere giriş ve ergenlik törenleri hakkındaki araştırmalar, buğün çok önemli gelişmeler göstermiştir. Bu konuda kaydedilen ilerlemeyi[156] öğrenmek için, Lily Weiser'ın 1927 tarihli 1927 ve Otto Höfler'in 1934 tarihli Alman toplumu üzerindeki çalışmalarını, Hint-İran erginlenme törenleri ve mitolojileri konusundaki G. Windegren'in, Stip Wikander'in monografilerini, Almanlarda, Romalılarda ve Keltlerdeki giriş törenleri senaryosu konusundaki G. Dumézil'in eserlerini söylememiz yeterli olcaktır. Buna, Latince âlimi W. F. Jackson Knight'in yayımladığı küçük kitap, *Cumaean Gates*'i (Oxford, 1936) de ilave edebiliriz. Bu kitapta Knight, *Aeneis*'in altıncı kitabının erginlenme törenleri ile ilgili unsurlarını incelemeye kendini adamıştır. Yine daha yakın zamanda, J. Gage, antik Roma'da kadınlara özgü erginlenme törenlerinin izlerini ortaya koymuştur.[157] H. Jeanmaire'nin güzel çalışması olan *Couroi et Courètes*'de (1936), özellikle bahse değer. Yeri doldurulamayan Jeanmaire, Helenist Theseus efsanesinde,

---

[155] Bkz., Bleeker, *Initiation*, s. 154-171, 222-231, C. Kerényi, *Eleusis: Archetypal Image of Mother And Daughter* (New York, 1967).

[156] Lily Weiser, *Altgermanische junglingsweihen und Männerbünde* (Baden, 1922); Otto Höfler, *Kultische Geheimbünde der Germanen* (Frankfurt am Main, 1934); Geo Widengren, *Hochgottglaube im alten Iran* (Uppsala, 1938), s. 311; id. "Stand und Aufgaben der Iranischen Religionsgeschichte", *Numen*, 1, (1955), s. 16-83, s. 65; Stig Wikander, *Der arische Mannerbund* (Lund, 1938); George Dumézil, *Mythes et Dieux des Germanis* (Paris, 1939) s. 79; id., *Horace et les Curiaces* (Paris, 1942). Ayrıca bkz. Alwyn Rees ve Brinley Rees, *Celtic Heritage* (Newyork, 1961), s. 240; Yine bkz. Naissances Mystiques'deki bibliyografya için s. 174. nn. 2, 4, 7, 8-11. Marjan Molé, eski devirde cinvat köprüsünden geçişin bir erginlenme imtihanı olup olmadığını soruyordu. Bkz. "Daena, le pont cinvat et l' initiation dans le Mandeizm" (R.H.R.t. 157, 1960, s. 155-185) s. 182.

[157] J. Gagé. Matronalia. Essai sur les dévotions et les organisations cultuelles de femmes dans l'ancienne rome, (Brüksel, 1963); krş. Bkz. A. Brelich, Studi e Materiali di Storia delle Religions, 34, s. 355, v.d.

Spartalı Likurgus disiplininde ve Thesmophoria'daki erginlik senaryolarını yeniden ortaya koymayı başarmıştır. Jeanmaire'nin bu teşebbüsü de yalnız değildir. A. Brelich, eski Yunanda tek bir sandalet giyme âdetinin erginlenme töreni için önemini aydınlatmaktadır.[158]

Yine, *Gli Eroi Greci* (Roma, 1955), isimli kitabında aynı yazar, Jeanmaire'nin kadın erginlenme törenleri ve Theseus'un labirente girmesinin ritüel önemi üzerindeki görüşlerini yeniden ele almıştır.[159] Diğer taraftan, Marie Delcourt, Hephaistos efsaneleri ve mitlerinde birkaç erginlenme töreni karakteristiklerini tespit etmeyi başarmıştır.[160]

Profesör R. Merkelbach, *Roman und Mysterium in der Antike* (Münih-Berlin, 1962) isimli hacimli bir kitap yayımlamıştır. Bu kitapta, Merkelback, *Amor and Psyche*, *Ephesiaca* veya *Aethiopica* gibi grekoromen romanlarının, *Mysterientexte* yani; erginlenmenin anlatımsal aktarımları ile ilgili olduğunu gösterdi. R. Turcan[161], bu konuyla ilgili yazdığı uzun eleştiri yazısında, dini anlamlara ve bazı İskenderiye ekoluna mensup romanlarda ortaya çıkarılabilen sırlara yapılan telmihlere itiraz etmemektedir. Fakat bu edebi metinlerdeki, sırlarla ilgili somut işaretlerde, klişe ve hatıra bolluğunda gizli dinle ilgili müşahhas deliller bulmaya da gayret etmemektedir. Biz burada bu iki metodolojik yaklaşımın geçerliliğini tartışmayacağız.[162] Fakat R. Merkelbach

---

[158] A. Brelich. "Les Monosandales," *La Nouvelle clio*, VII-IX, (1955-1957), s. 469-484; yine bkz. Brelich'in *Initiation*'daki makalesi, s. 222-231.
[159] Labyrint'in erginlenme sembolizmi konusunda bkz. Clara Gallini, "Pontinjia Dapuritois" *Acme*, XII, (1959), s. 149.
[160] A. Metraux, op. cilt, s. 109.
[161] Robert Turcan, "Le Roman" 'initiatique': A propos d'un livre récent," Revue de l'Historie des Religions, 1963, s. 149-199.
[162] Yine bkz. *Beitrage zur Klassischen Philologie*, Reinhold Merkelbach (Meisenheim am glan); Ingrid Löffler, *Die Melampodie. Versuch einer Rekonstruktion des Inhalts* (1962); Udo Hetzner, *Andomeda und Tarpeia* (1962); Gerhard Binder, *Die Aussetzung des Königskindes* (1962).

gibi önemli bir klâsikçinin, Helenistik edebi metinlerde erginleştirici yapıda gizli bir dini deneyime dair kanıtlar bulduğuna inanması bizim için önem taşımaktadır.

Sözlü Edebiyatta Erginlenme Şekilleri

Yazılı ve sözlü edebiyatı benzer bir perspektif içinde ele almak, çağımızın karakteristik bir yaklaşımı ve netice olarak, modern insanı tanımak için uygun bir yaklaşım olarak görünmektedir. Gerçekten bir süredir, tarihçilerin, eleştirmenlerin ve psikologların edebi eserlerde, sanat alanının dışında çıkan bir takım değerlerin ve niyetlerin keşfi üzerinde bir araya geldiklerine şahit olmaktayız. Meselâ, bu konuda Kral balıkçı Arthur'u, Percival'ı ve kendilerini Kutsal Kâseyi aramaya adayan diğer kahramanların yer aldığı ortaçağ romanslarını hatırlatabiliriz. Ortaçağ uzmanları, Kelt mitolojisinin figürleri ve temaları ile Arthur dönemi romanslarının senaryoları ve kişilikleri arasındaki sürekliliğe işaret etmişlerdir. Bu senaryoların çoğunluğunda da, bir kabul merasimi vardır. Çünkü orada kahramanın, diğer dünyaya girişinde her zaman diğer şeylerin dışında olağanüstü nesneler için yapılan uzun ve önemli bir arayışı söz konusudur. Bu gizemli romasnlar, bazen cüretkâr yorumlara da yol açmıştır. Meselâ, Jessie L. Weston gibi saygın bir bilgin, 1920'de Kutsal Kâse efsanesinin antik erginlenme törenlerinin izini taşıdığını söylemekte tereddüt göstermemiştir.[163]

Bu tez, uzmanlar tarafından kabul edilmemiştir. Fakat Weston'un kitabının kültürel yankıları, dikkat çekici ve önemlidir. Bu sadece T. S. Eliot'un bu kitabı okuduktan sonra *The Waste Land*[164] isimli kitabını yazmasından değil; özellikle bu kitabın başarısının, halkın dikkatini Arthur dönemi romanslarına-

---

[163] Jessie L. Weston, *From Ritual to Romance*, (Cambridge, 1920).
[164] Eliot, T. S., *Çorak Ülke*, Çev., Y. Günenç, Yaba Yayınları, İstanbul, 2000.

daki birtakım erginleştirici sembol ve motiflerin sayıca çokluğuna çekmesindendir. Bu motiflerin ve erginleştirici sembollerin, gerçek erginleştirici senaryolar ile olası herhangi bir bağlantıdan bağımsız olarak önemli rol oynadıklarının farkına varmak için, şu kitapların okunması gerekir: Jean Marx'ın muhteşem eseri olan *la Légende arthurienne et le Graal* (Paris, 1952) Antoinette Fierz-Monnier'in monografisi olan *Initiation und Wandlung: zur Geschichte des altrfranzösischen Romans in XII Jahrhundert* (Bern, 1951). Başka bir tabirle bunlar, hayali bir dünya niteliğindedirler ve bu hayali dünya ise, insan varlığı için, günlük hayat dünyası kadar önemlidir.[165]

Buna benzer yorumlar, ileride başka sözlü edebiyatlarda da yapılmıştır. Neo-Grek destanı olan *Digenis Akritos*'u inceleyen J. Lindsay, şunları yazmakta tereddüt etmemiştir:

> Eğer *Digenis* sözcüğünün anlamını derince tahlil edersek, *Twiceborn* [iki defa doğmuş]" şeklindeki erginlenme merasimi ifadesini görürüz. Bu terim, erginlenme denemelerinde zorlukları başarı ile geçmiş olan genç adamın, ikinci doğumunu ifade etmek için kullanılmıştır. Bunun için kahramanımızı erginlenme merasiminin temsilcisi olarak kabul edebiliriz. Şöyle ki genç adam, kriz döneminde karanlık güçleri yeniyor, ölümü ve yenileştirmesiyle halkını sembolize ediyor. Böyle bir yorum, şarkılarda ve nutuklarda Digenis'i çevreleyen birçok bereket ayini öğeleri ile uyuşmaktadır. Bu, onun mezarı ve Herakles topuzunu ilgilendiren halk inançlarında açıkça görülmektedir.[166]

Tibet epik şiiri ve şairleri konusundaki önemli kitabında, R. A. Stein, şamanlarla halk şairleri arasındaki ilişkiyi açıklamakta ve ozanların şarkılarını bir Tanrıdan aldığını ve bu Vahyi alabilmek için bir erginlenmeden geçmeleri gerektiğini göstermek-

---

[165] Daha yakınlarda Henry ve Renée Kahane, *Parzifal*'in hermetik kaynaklarını incelemişlerdir: *The Krater and the Grail: Hermetic Sources of the Parzifal* (Urbana, 1965), s. 40. Erginlenme denemeleri, s. 74, Yeniden doğuş, s. 105.
[166] J. Lindsay, *Byzantium into Europe* (Londra, 1952), s. 370.

tedir.[167] *Fedeli d'Amore''*in gizlemli şiirlerinin erginleşme unsurlarına gelince, onlar 1928' de Luigi Valli ve 1933' de R. Ricolfi tarafından[168] gün ışığına çıkarılmışlardır. Henry Corbin, İbni Sina'nın bir metnini, erginleştirici detaylı bir anlatım olarak esaslı şekilde yorumlamıştır. Aynı yazar yine birçok eserlerinde Felsefe, Gnosis ve Erginlenme arasındaki ilişkileri aydınlatmaktadır.[169]

Halk hikâyelerinin de benzer bir perspektif içinde incelenmesi de eksik değildir. 1923'den itibaren P. Saintyves, bazı hikâyeleri, ergenlik törenlerine refakat eden metinler olarak yorumluyordu. 1946'da Sovyet folklorcusu VI. I. Propp, bunu daha da ileri taşıyarak, popüler masallardaki totemik erginlenme ayinlerinin izlerini sürüyordu.[170] Böyle bir hipotezin, niçin mantıklı olmadığına daha önce işaret etmiştik.[171] Fakat hipotezin formüle edilmiş olması önemliydi. Hollandalı bilim adamı Jan de Vries, bazı çocuk oyunlarındaki ve kahramanlık efsanelerindeki erginleştirici temaların sürekliliğini ispat etmektedir.[172] Yine İsviçreli bir psikolog olan Hedwig von Beit, hikâyelerin sembolizmi konusundaki önemli eserinde erginleştirici motifleri, Jung psikolojisine göre yorumlamaya çalışmaktadır.[173]

---

[167] R. A. Stein, *Recherches sur l'épopée et le barde du Tibet* (Paris, 1959) özellikle s. 325, 332.
[168] Naissances mystiques, s. 259.
[169] Henry Corbin, Avicenne et le récit visionnaire (Tahran-Paris, 1954). Yine bkz. "Le Récit d' Initiation et l'Hermétisme en Iran" *Eranos Jahrbuch*, XVII, (1949), s. 149.
[170] P. Saintyves, Les contes de perrault et les récits paralléles (Paris, 1923); V. Ia, Propp, Istoritcheskie korni volshebnoi skazki (Leningrad, 1946).
[171] "Les savants et les contes de fées," *La Nouvelle Revue Francaise*, Mayıs, 1956, s. 884-891, *Aspects du mythe* (Paris, 1963), s. 233-244.
[172] Jan de Vries, Betrachtungen zum Märchen, besonders in seine Verhaltnis zu Heldensage und Mythos (FF Comm. Nr. 150, Helsinki 1954), id, Heldenlied en heldensage (Utrecht, 1959), s. 194, id., Untersuchung über das hüpfspiel, kinderspiel-Kulttanz (FF Comm. Nr. 173, Helsinki, 1957).
[173] Hedwig Von Beit, Symbolik des Märchens (Bern, 1952), a.g.e., Gegensatz und Erneuererung im Marchen (Bern, 1956).

Psikanalistlerin ve Edebiyat Eleştirmenleri'nin Katkıları

Psikologların konumuzla ilgilenmeleri için birçok sebep vardır. Freud, kahramanların mitleri konusundaki Otto Rank'ın araştırmalarını, hararetle teşvik etmektedir. İşte o zamandan beri erginlenme sembolleri ve ritüelleri ile ilgili psikanalitik edebiyat artmaya devam etmiştir. Ergenlik törenlerinin analitik yorumları arasında en güncellerinden olan ve aynı zamanda en orijinal katkısı olan Bruno Bettelheim'in, *Symbolic Wounds* kitabından alıntı yapabiliriz. Ancak bu, özellikle öğretici olan edebi eserlerin analitik bir yorumudur. 1934'de Maund Bodkins, Jung'un yeni doğum arketipleri fikirlerine başvurarak *Archetypal Paterns in Poetry* isimli kitabını yayımlamıştır. Burada yazar, Coleridge'in *The Ancient Mariner*[174]'in ve T. S. Eliot'un *Çorak Ülke*'sini, bu erginlenme sürecinin şiirsel projeksiyonu olarak izah ediyordu.

Daha yakın zamanda Jean Richer, *Nerval: Expérience et Création* isimli eserinde, **Aurélia'nın** erginlenme yapısını zekice tahlil etmiştir. Aslında, Gérard de Nerval da, deneyiminin ritüelsel öneminin farkına vararak şöyle yazıyordu: "**Gizli erginlenme denemelerine maruz kalınca, görünmez bir güç ruhuma girmişdi. Böylece, Tanrıların bakışı altında yaşayan bir kahraman gibi olduğumu düşünüyordum.**"[175] Jean Richer'e göre, Orfeus'un cehenneme inişi teması, Nerval'in bütün eserine hâkimdir. Bu halde cehenneme iniş (descensus ad inferos), mükemmel bir erginlenme denemesi teşkil etmektedir. Şüphesiz, Nerval birçok büyü kitabı okumuştu. Fakat yine de onun çapında bir şairin sırf konuyla ilgili birçok kitap okuduğu için erginlenme yapısını seçtiğine inanmak da oldukça zordur. Nerval'in gerçek veya hayali deneyimlerini erginlenme anlatımı içinde ifade etme gereği duyması da önemlidir.

---

[174] Coleridge, S. T., *Yaşlı Gemici*, Çev.Ş. Altınel, İletişim, İstanbul, 2008.
[175] Jean Richer tarafından alıntılanmıştır, *Nerval*, s. 512.

Diğer yandan eleştirmenler, okültizm edebiyatından uzak yazarlarda da birtakım benzer temalar bulmuştur. Mesela, Jules Verne'de olduğu gibi. Onun bazı eserleri, özellikle *Le Voyage au centre de la terre*[176], *L'Île mystérieuse*[177], *Le chateau des Carpathes*,[178] erginlenme ile ilgili romanlar olarak yorumlanmışlardır. Yine Fransa'da Romantizm çağında[179] girişle ilgili Roman" konusundaki Léon Cellier'in incelemesi, bir edebi tenkidin, araştırmamıza sağladığı katkıyı anlamak için mutlaka okunmalıdır.

Amerikalı eleştirmenler, bu konuda çok uzağa gitmektedirler. Yine burada diyebiliriz ki, çok sayıda eleştirmen, edebi eserleri, Dinler Tarihçilerinden ödünç aldıkları bir perspektif içinde yorumlamaktadırlar. Bu perspektifleri şöylece sıralayabiliriz: Mit, ritüel, erginlenme törenleri, kahraman, ölüm merasimi, dirilme, yeni doğum, v.s. gibi. İşte bunlar artık, edebi yorumun temel terminolojisine ait bulunmaktadır. Şiir, kısa öykü ve romanlardaki üstü örtülü erginlenme senaryolarını inceleyen kitap ve makalelerin sayısı da az değildir. Bu gibi senaryoları, sadece *Moby Dick*'de değil[180] aynı zamanda Thoreau'nun *Walden*'inde[181], Cooper'in[182] ve Henry James'in romanlarında, Mark Twain'in *Huckleberry Finn*'inde, Faulkner'in *The Bear*'ında[183] da görülmektedir. Yeni bir kitap olan *Radical Innocence*'da, yazar Ihab Hassan, kitabın bir bölümünü erginlenme diyalektiğine

---

[176] Verne, J., *Dünyanın Merkezine Seyahat,* Çev. M. Omay, İthaki Yayınları, İstanbul, 2014.
[177] Verne, J., *Esrarlı Ada,* Çev. V. Yalçıntoklu, İthaki Yayınları, İstanbul, 2014.
[178] Verne, J., *Karpatlar Şatosu.* Çev. I. Ergüden, İthaki Yayınları, İstanbul, 2014.
[179] Léon Cellier, Le Roman initiatique en France au temps du romantisme" (Cahiers Internationaux de symbolisme, Nr. 4, 1964, s. 22-40).
[180] Newton Arvin, Herman Melville (New York, 1950).
[181] Stanley Hyman "Henry Thoreau in our Time" (Atlantic Monthly, Nov. 1964, s. 136-176), Bak. R. W. B. Lewis, the American Adam (Chicago, 1955), s. 22.
[182] R. W. B. Lewis, a.g.e., s. 87 ve 98.
[183] R. W. B. Lewis'in Kanyon Review, Autumn, 1951, id; The Picaresque Saint (New York, 1961), s. 204, v.d.

ayırmıştır. Sherwood Anderson, Scott Fitzgerald, Wolfe ve Faulkner'in yazılarını örnek almaktadır.

Bazı önemli yazarların biyografileri, yani yaşadıkları krizlerin "**erginlenmenin diyalektiği**" ışığında yorumlanması mümkündür. Biraz önce de gördüğümüz gibi, Richer tarafından ifşa edilen *Aurelia*'nın erginlenme ile ilgili yapısı, Gerard de Nerval'ın giriş merasimi ile karşılaştırılabilen bir krizden geçmiş olduğuna işaret etmektedir. Tabii Nerval'ın durumu, istisnaî bir olay değildir. Goethe'nin gençliğinin buna benzer bir perspektifle analiz edilip edilmediğini bilmiyorum. Fakat *Dichtung und Wahrheit*'de yaşlı Goethe, devrinin çalkantılı tecrübelerini *Sturm und Drang* terimleri ile tasvir etmektedir. Bu terimler bize, şamanik erginlenme törenlerini hatırlatmaktadır. Goethe, orada bu yıllardaki sorumsuzluğundan, gariplıklerinden, istikrarsızlığından bahsetmektedir. Zamanını ve yeteneklerini boşa harcadığını, hayatının amaçsız ve anlamsız olduğunu kabul etmektedir. Goethe, kargaşa ortamında yaşıyordu ve parçalara ayrılmıştı (*in solcher vielfachen Zerstreuung, ja Zerstückelung meines Wesen*). Bilindiği gibi kargaşa ortamı (akli ve ruhsal dengesizlik) ve bedenin parçalanması, şamanik erginlenme törenlerinin karakteristik özellikleridir. Erginlenme ile sözde şamanın daha güçlü ve daha yaratıcı bir kişiliğe ulaşması gibi, *sturm und drang* evresinden sonra Goethe'nin de, olgunluğu elde ettiği ve hayatının ve yaratıcılığının sahibi olduğu söylenebilir.

Modern Dünya İçin Erginlenmenin Anlamları

Aslında, bu tip girişimlerin sonuçlarını ya da geçerliliğini burada değerlendirme durumunda değiliz. Fakat önceden de dediğimiz gibi, hem antik, hem modern bazı edebi eserlerin, psikologlar, eleştirmenler ve tarihçiler tarafından erginlenmenin, doğrudan bilinçsiz bir ilişki içinde yorumlanması önemlidir. Pek tabii ki önemli olmasının birçok sebebi de vardır. Her şeyden önce, en karmaşık şekilleri içinde bile erginlenme, ruhsal faaliyetlere ilham vermekte ve rehber olmaktadır. Birçok geleneksel kültürde, şiir, gösteri ve bilgelik, erginlenme adaylığının doğrudan sonuçlarıdır. Gerçekten erginlenme ile, bir kültürün en asil ve en yaratıcı yönleri arasındaki ilişkileri incelemek, faydalı olacaktır. **Sokratik fikir doğurtma yönteminin**[184] erginleştirici yapısından daha önce bahsetmiştik. Husserl'in fenomenolojik girişimi ile erginlenmenin işlevi arasında da benzer bir yakınlık kurulabilir. Hakikaten Fenomenolojik analiz, **"kutsal dışı"** tecrübeyi yani insanın doğal davranışını bastırma niyetindedir. Oysa Husserl'in insanın **"doğal davranışı"** diye adlandırdığı şey, geleneksel toplumlarda erginlenme öncesi, **"kutsal dışı"** duruma karşılık gelmektedir. Ergenlik törenleri esnasında aday, kutsal bir dünyaya giriş yapmaktadır. Yani, subject-cogito'nun (düşünen özne)dünyanın gerçekliğini fenomenolojik bir kazanım yoluyla kavradığı gibi, aday da kendi kültüründe gerçek ve anlamlı kabul edilen şeye erginlenme yolu ile ulaşmaktadır.

Modern batılı insanın algılanması için buna benzer araştırmalar, önemlidir. Edebiyat, plastik sanatlar ve sinemada erginleştirici senaryoları çözme isteği, sadece ruhsal değişim ve yenileşme sürecini değil; aynı zamanda eşdeğer bir tecrübe için belli bir özlemi de ortaya koymaktadır. Erginlenme, geleneksel anlamıyla uzun zaman önce Avrupa'da kaybolmuştur. Fakat yine de semboller ve erginlenme senaryoları, özellikle rüyalarda ve hayal dünyasında bilinçdışı olarak var olmaya devam etmektedir. Bugün bu kalıntıların, elli veya altmış yıldır hayal etmesi bile zor bir ilgi ile incelenmesi de çok önemlidir. Freud bize, bazı varoluşsal eğilim ve kararların bilinçli olmadığını öğretmiştir.

---

[184] Bkz. *Naissances Mistiques*, s. 239, Maieutique: Ustaca sorularla gerçeği karşısındakine buldurtma metodudur.

Dinin Anlamı ve Sosyal Fonksiyonu

Sonuç olarak, erginlenme yapısına sahip edebiyat ve sanat eserlerine karşı gösterilen ilginin sebebi, oldukça açıktır: Marksizm ve Derinlik psikolojisi, bir davranışın ve kültürün gerçek ya da orijinal anlamını keşfetmek istediğimizde gizeminden arındırmanın etkili bir aracı olarak görülmektedir. Bizim bu durumda, demistifikasyonu tersine çevirmemiz yani, sinemanın, resmin, edebiyatın kutsal dışı ifadelerinin ve dünyalarının gözünü açmak ve onların içerdiği bilinmez, saklı veya geri plana atılmış "kutsal unsurları göstermemiz gerekmektedir. Şüphesiz, bizimki gibi kutsaldan arındırılmış bir dünyada, "**kutsal**", özellikle hayali dünyalarda özellikle hazırdır ve aktiftir. Fakat hayali tecrübeler de, günlük hayat tecrübeleri gibi, insan varlığının bir parçasıdır. Bu durumda, erginleştirici senaryolar ve denemeler için olan özlem, plastik sanatlarda ve pek çok edebi eserde keşfedildikçe, modern insanın tam ve kesin bir yenileşme arzusunu yani hayatı değiştirebilen bir yenileşme arzusunu ortaya koymaktadır.

İşte bütün bunlardan dolayıdır ki, çabucak gözden geçirdiğimiz yeni araştırmalar, sadece Dinler Tarihine, Etnolojiye, Oryantalizme veya Edebiyat Eleştirisine ilginç katkılar sağladığı şeklinde değil; aynı zamanda modern çağın kültürel yapısının karakteristik ifadeleri olarak da yorumlanabilir.

VIII.

DİNİ DÜALİZM KONUSUNDAKİ AÇIKLAMALAR: DYADLAR/ÇİFTLER VE KUTUPLAŞMALAR

Bir Problemin Tarihi

Dini ve Felsefi düalizmin/ikiciliğin, Avrupa'da olduğu kadar, Asya'da da uzun bir tarihi vardır. Biz burada bu geniş problemi ele alacak değiliz. Ancak, asrın başından beri düalizm/ikicilik ve buna bağlı kutuplaşma, karşıtlık ve tamamlayıcılık gibi problemler, yeni perspektifler altında incelenmiş ve hâlâ da bu araştırmaların sonuçları ve özellikle onların meydana getirdiği hipotezlerin cazibesi altında bulunmaktayız. Perspektif değişikliği, Durkheim ve Mauss'un monografisi ile başlamıştır. *Année Sociologique* VI, adlı dergide yayımlanan makale[185] ile, ilkel sınıflandırma şekillerine ve kollektif temsillerin incelenmesine önemli şekilde katkıda bulunulmuştur. Yazarlar ne ikicilik ne de kutuplaşma problemine doğrudan eğilmemişlerdir. Fakat benzer bir prensiple, yani toplumun ve tabiatın iki yanlı bölünmesi üzerine kurulmuş sosyal sınıflandırmayı aydınlığa kavuşturmuşlardır. Bu inceleme, özellikle Fransa'da, istisnai derecede bir yankı uyandırmıştır. Sosyolojizmin en parlak tezahürlerinden birisi olan, totoliter doktrinde yükselen bir sosyoloji, önceden beri var

---

[185] "De quelques formes primitives de classification: contribution à l'étude des représentations collectives," *Année Sociologique*, 6, (Paris, 1903) s. 1-72.

değil miydi? Durkheim ve Mauss, fikirlerin, toplum tarafından sağlanan bir modele göre organize edildiğini göstermeyi arzuluyorlardı. Mantıkî sistemle, sosyal sistem arasında sıkı bir dayanışma olmalıydı. Şayet evren, yeryüzü ve gök gibi az veya çok karmaşık bölgelere ayrılmışsa, bu toplumun totemlere ve klanlara bölünmüş olmasından dolayı idi.

Bu teoriyi burada tartışmamıza gerek yok. Sadece, Durkheim ve Mauss'un, toplumun, üçlü veya ikili sınıflandırmalarının sebebini ispat edemediklerini söylemekle yetinelim.[186] Toplumun olduğu kadar evrenin de sınıflandırmasını, aynı prensip haber vermektedir. Şayet, varlık öncesi kaostaki düzeni kuran prensibin kaynağı, ne pahasına olursa olsun tespit edilmek isteniyorsa; şüphesiz bunun, uzayın içindeki yönlenmenin ilk tecrübesi içinde aranması gerekmektedir.

Ancak, ne olursa olsun Durkheim ve Mauss'un incelemesi, yinede önemli bir yankı uyandırmıştır. Bu makalenin İngilizce çevirisinin önsözünde R. Needham, bu metinden ilham almış, yirmi kadar isim ve eserden bahsetmektedir. Bunların en tanınmışları arasından, Robert Hertz'in, sağ elin üstünlüğü konusundaki incelemesi sayılabilir. Bu eserde yazar ilkellerin, sosyal teşkilatlanmasında ikiciliğin/düalizmin hâkim olduğu sonucuna varmaktadır Ona göre bu, ilkellerin düşüncesinde temel esastır. Sağ ele atfedilen imtiyaz, kutsalı (insan, gök, sağ vs.) kutsal olmayandan (kadın, dünya, sol vs.), ayıran dini kutuplaşma ile izah edilmektedir.[187] Diğer taraftan meşhur sinolog Marcel Granet

---

[186] Bu denemenin İngilizce tercümesinin girişinde, Rodney Needham, çok önemli itirazlarda bulunmuştur. Bkz. *Primitive Clasification* (Chicago, 1963), s. XVII-XVIII, XXVI-XXVII.

[187] Robert Hertz, "De la prééminence de la main droite," *Revue Philosophique*, LXVIII, 553-580 s. 559, 561. İlkellerdeki sembolik sağ ve sol problemi, T.O. Beidelman, tarafından yakın dönemde incelenmiştir: "Right and Left Hand among The Kaguru: A Note on Symbolic Clasification," *Africa*, 31 (1961): 250-257; Rodney Needham, "The Left Hand of the Mugwe: an Analytical note on the structure of Merubolism" *Africa*, 30 (1960): 20-23) ve "Right and

Dinin Anlamı ve Sosyal Fonksiyonu

1932' de şu satırları yazmakta tereddüt etmemiştir: "Bu makalenin birkaç sayfası, sinoloji incelemelerinin tarihi içinde bir iz bırakmalıdır."[188]

Politik ve sosyal kurumlar konusunda gittikçe gelişen bilgi sayesinde bu asrın ilk çeyreğinde, bilim adamları, ikiciliğin/düalitenin çoğulcu formları ve ikili sosyal organizasyonların sayısı ile ilgilenmişlerdir. Durkheim ve talebelerinin sosyolojizmine paralel olarak, İngiltere'de "**yayılmacı**" bir ekol yükselmiştir. Bu ekolun mensuplarına göre, ikili sosyal teşkilatlar, tarihi olayların, özellikle de farklı toplumların karıştığı tarihi olayların sonucuydu. Bu toplumlardan biri muzaffer istilacı gruptu. Bu grup, istila ettiği toprağın yerli halkı ile işbirliği içinde, yeni bir sosyal sistem kurabiliyordu. İngiliz Antropolog W. H. R. Rivers, Melanezya'daki düalist/ikicil organizasyonun başlangıcını, bu şekilde açıklamaktadır.[189]

Burada İngiliz yayılmacı ekolünün ideolojisini ve metodlarını tahlile gerek görmüyoruz. Ancak bu ekolün yalnız olmadığını da bilmek gerekiyor. Ratzel tarafından başlatılıp F. Graebner ve Wilhelm Schmidt tarafından organize edilen bir hareket, etnolojiye maddi bir boyut ve bunun sonucu olarak da tarihsel metotlar getirmeye çaba sarfetmiştir. Rivers ve talebeleri, Graebner ve Schmidt'in tarihi-kültürel metodolojisini paylaşmadan bu hareketi benimsemişlerdir. Bu araştırmaya, iki temel değerlendirme sebep olmuştur: Bir yandan, ilkeller, *Naturvölker*'i temsil etmemekle beraber, tarih tarafından şekillendirilmişlerdir. Diğer yandan arkaik ve geleneksel toplulukların zayıf, neredeyse var olmayan yaratıcılıkları, prensip olarak ka-

---

Left in Nyoro Symbolic Classification" *a.g.e.*, 36 (1967): 425-452; John Middleton "Some Categories of Dual classification among the Lugbara of Uganda," *History of Religion*, 7 (1968): 187-208.
[188] Marcel Granet, *La Pensée Chinoise* (Paris, 1934), s. 29.
[189] W. H. R. Rivers, *The History of Melanesian Society*, (Cambridge, 1914), cilt II, ch. XXXVIII, Aynı yazar, *Social Origins*, (London, 1924).

bul edilirse, kültürler arası benzerlikler yalnızca "**yayılma**" ile açıklanabilmektedir.

İngiltere'de Rivers'in ölümünden sonra yayılmacılık, G. Elliot Smith'in ve W. J. Perry'nin çalışmaları altında Pan-Mısırcılık şeklini alarak devam etmiştir. Perry *The Children of the sun* (1925) isimli eserinde evrensel tarihin akışını şu şekilde açıklamaktadır: "Okyanusya'da, Endonezya'da, Hindistan'da ve Kuzey Amerika'da (aile grupları halinde avcılık ve toplayıcılık döneminde kalmış topluluklar hariç) en eski sosyal organizasyon şekli, düalist organizasyon şeklidir. Kabilede ikililik, özel kültürel unsurlarla beraber oluyordu. Bunların en önemlisi, totemik klan sistemi, sulama tekniği, taş anıtlar, cilalı taş eşyalardı." Smith ve Perry'ye göre, bütün bu kültürel unsurlar, Mısır kökenliydi. Beşinci Hanedan'dan itibaren Mısırlılar, altın, inci, bakır ve baharat aramak için uzun seyahatlere çıkıyorlardı. Bu "**Güneşin Çocukları**", geçtikleri her yere, kendi sosyal organizasyonlarını, anıtlarını ve sulama stillerini getiriyorlar ve yerlilere bunları dayatıyorlardı. Kısaca, Panmısırcılık hareketinin öncülerine göre, toplayıcılık ve av ekonomisi ile karakterize olan pek çok arkaik dünyanın benzerliği, ilkellerin zayıf yaratıcılığını açıklıyordu. Aynı zamanda da, düalist yapıları ile geleneksel toplumların sözde benzerliği dolaylı veya dolaysız onların Mısır medeniyetine olan bağımlılıklarını da gösteriyordu. Böylece bu, insanların birbirine bağımlılığına da işaret ediyordu.

Panmısırcılık yayılma ekolünün hayret verici rağbet görmesinin nedenlerini analiz etmek, bir gün çok yararlı olacaktır. G. Elliot Smith ve W. J. Perry ile ilkel kültürlerin tarihselleştirilmesi, doruk noktasına ulaşmıştır. Okyanusya'dan Kuzey Amerika'ya kadar bu kadar değişik zenginlikte olan bu arkaik dünya, şimdi bir "tarihe" sahipti. Fakat her yer, "**Güneşin Çocukları**" olan insan grubu veya onların temsilcileri tarafından gerçekleştirilen "aynı tarihe" sahipti. Beşinci Hanedan dönemi Mısır'ı, yerküresini bir ucundan diğerine birleştiren tarihin tek merkezi ve tek kaynağıydı. Perry'ye göre, bu benzerliğin en önemli delillerinden birisi, toplumun ikili örgütlenmesidir. Yani toplumun zıtlığa dayalı olarak ikiye bölünmesidir.

Tarihselcilik ve İndirgemecilik

Kısaca, bu asrın(1920) ilk çeyreğinde, toplumun ve dünyanın düalist sınıflandırmaları; kozmolojilerle, mitolojilerle ve onların bir araya getirdikleri merasimlerle, ister sosyal kökenli olsun, ister tarihi kökenli olsun, iki etnik grup arasındaki birleşmenin sonucu olduğu kabul ediliyordu. Yani, azınlıkta olan fatihler ve ilkel dönemde kalmış olan yerli kitle (Elliot Smith ve Panmısırcılık Hareketi) nin birleşmesi fikri hâkimdi. Bütün tarihselciler, bu yayılmacılık ekolünün aşırılıklarını, her zaman kabul etmiyorlardı. Fakat onlar da, herhangi bir düalist şeklin karşısına, iki kabilenin karışmalarının sonucunda, iki farklı milletin karşılaşmalarının sonucu olarak bu düalist şekli, "**tarihi**" açıdan açıklamaya teşebbüs etmişlerdir. Meselâ, Andre Piganiol, *Essai sur les Origines de Rome* (1916) isimli eserinde Roma halkının oluşumunu, Latinlerin birleşmeleri ile izah ediyordu. Ona göre, Latinler Akdenizliydiler.

Dini yönden, Hint-Avrupalılar, ölü yakmadan, Sabinler de mezar kazmadan sorumluydular. Hint-Avrupalılar, İtalya'ya, ateşi taşıyan mihrabı, canlı ateş kültünü, güneş kültünü, kuş kültü ile, insan kurbanlarına karşı tiksintiyi sokmuşlardır. Sabinler ise, Ay'a ve yılana ibadet etmek üzere, kanla cilaladıkları taş mihrapları ve insan kurbanlarını sokmuşlardır.[190]

1944'den beri Georges Dumézil, bu yapıyı sabırla incelemeye çalışmıştır.[191] Şimdi biliyoruz ki, yakılma ve gömülme şeklin-

---

[190] George Dumézil tarafından özetlenmiştir: *La Religion romaine archaique* (Paris, 1966), s. 72.
[191] G. Dumézil, *Naissance de Rome*, (Paris, 1944), Bölüm. II.

deki iki cenaze biçimi etnik bir ikiliği yansıtmıyor. Genelde bu iki şekil müştereken yaşamaktadır.[192] Romulus ile Romalılar ve Titus Tatius ile Sabinli zenginleri arasındaki savaşla ilgili olarak, Dumézil onun Hint-Avrupa mitolojisinin bir kısmını teşkil ettiğini göstermiş ve onu İskandinav geleneğinin iki Tanrısal grubu olan **Asesler** ile **Vaneslerin** arasında olan bir başka savaşa benzetmiştir. Bazen birinin, bazen diğerinin başarı elde etmesinden bıkmış usanmış olan **Ases ve Vanesler,** sulh yapmışlardır. Vaneslerin başındakiler (Njördhr ve Freyr ve Tanrıça Freja) Ases toplumu tarafından kabul edilmiştir ve bu topluma, temsil ettikleri verimlilik ve zenginliği getirmişlerdir. Artık ebediyen Aseslerle - Vanesler arasında çekişme olmayacaktır. Birçok bilgin tarafından bu mitolojik İskandinav savaşının "tarihselleştirildiğini" hatırlatalım. İki Tanrısal grup arasındaki bu uzun savaş, bazı bilginler tarafından Roma'da, Sabinler ile Latinlerin yaptığı gibi, tek bir millet olacak olan iki ayrı etnik grubun ve halkın arasındaki efsanevi savaş olarak açıklanmıştır.

Bu birkaç örneğin de gösterdiği gibi, bilim adamları zıtlığın/antagonizmin, kutuplaşmanın ve düalitenin her çeşit formuna somut bir köken –sosyal organizasyon veya tarihi olay– bulmak için çabalamışlardır. Ancak yakın zamanda, tarihi ve sosyolojik olarak adlandırabileceğimiz bu iki perspektifi aşmak için gayret gösterilmiştir. Meselâ, yapısalcılık, çeşitli muhalefet tiplerinin, aklın bilinçdışı seviyesine etki etmesine rağmen, tamamen belirginleşmiş sistemlerin ifadeleri olarak yorumlamıştır. Troubetzkoi ile ses bilimi, sözün, bilinçdışı yapısının incelenmesi haline gelmiştir. Claude Lévi-Strauss, akrabalığın, ifade ile mukayese edilebilen bir iletişim şekli olduğundan hareketle, ailenin analizinde dil bilimine dayalı bir model uygulamıştır. Öyleyse, (baba-oğul, karı-koca gibi) karşıtlığa dayalı çiftler, sa-

---

[192] G. Dumézil, *La Religion Roman Archaique*, s. 75, v.d.

dece senkronik/eşzamanlı bir bakış açısıyla bakıldığında elle tutulur bir sistem teşkil etmektedirler. Lévi-Strauss, mitlerin yapısal incelemesinde de aynı dilbilimsel modelden yararlanmıştır. Bu meşhur antropologa göre, "**mitlerin amacı, bir tezadı çözmek için, mantıklı bir model sağlamaktır.**" Dahası, mitsel düşünce, bazı zıtlıkların farkına varmaktan yola çıkmakta ve arabuluculuk yapmaktadır.[193]

Kısaca, yapısalcılık taraftarları için, kutuplaşmaların, zıtlıkların/ antagonizmin/karşıtlıkların, sosyal bir kökeni yoktur ve üstelik tarihi olaylarla da açıklanamazlar. Onlar, aklın bilinçdışı faaliyetini şekillendiren tamamen tutarlı bir sistemi ifade etmektedirler. Kısaca, burada hayatın bir yapısı mevzu bahistir ve Lévi-Strauss, bu yapının maddenin yapısı ile benzer olduğunu düşünmektedir. Başka bir ifade ile kutuplar, madde, hayat, derin psikoloji, anlatım veya sosyal organizasyon, dini ve mitolojik yaratışlar seviyesindekilerin aralarında da sürekli bir çözüm yoktur. Sosyolojizm ve tarihselcilik, üstü kapalı olmasına rağmen, klasik veya pozitivist materyalizmden çok daha güçlü olan materyalistik bir indirgemecilik ile yer değiştirmiştir.

Dinler Tarihçisi olarak ise benim yaklaşımım farklı olacaktır. Geleneksel ve arkaik toplumların düşünceleri ve dini hayattaki kutuplaşmaların fonksiyonunu anlamak, gizemden arındırmayı değil, yorumbilimsel bir çabayı gerektirmektedir. Bu mitoloji veya ilahiyat dokümanları, iki karşıt grup tarafından uygulanan ritüel veya uzay bölünme sistemleri, Tanrısal ikilik veya dini ikilik dokümanları, her biri kendi varlık şekline göre, insan zekasının pek çok yaratılışlarını meydana getirmektedir. Bunun için bunları, olduklarından başka şekilde incelemeye de hakkımız yoktur. Meselâ, Yunan trajik şiirini veya büyük dinlerden birini, olduklarından başka bir şeye indirgemeye hakkımız yok-

---

[193] Lévi-Strauss, *Antropologie Structurale*, (Paris, 1958), s. 254, 248.

tur. Sonuç olarak bizim yakalamamız gereken, bunların anlamı ve önemidir. Bunun için muhtelif kültürlerden seçilmiş birçok belgeyi takdim edeceğiz. Kutuplaşma ve kırılmanın, antagonizm/zıtlığın ve değişimin, düalizm ve zıtların birleşiminin gizemlerine, çeşitli çözümler getirebilecek şekilde bu dokümanların seçilme yoluna gidilmiştir.[194]

Kutsallaşmanın İki Türü

Hemen hatırlatalım ki dini tecrübe dünyayı, "**kutsal**" ve "**kutsal olmayan**" olarak ikiye ayırmaktadır. Bu ikiye bölünmenin yapısı, burada tartışılamayacak kadar karmaşıktır. Zaten bu konunun bizim konumuzla da ilgisi dolaylı olarak vardır. Burada bir hücre düalizminin söz konusu olmadığını, çünkü kutsalın ifşasının diyalektiği ile kutsal olmayanın kutsala dönüştüğünü söylememiz mümkün olmaktadır. Diğer yandan, sayısız kutsallıktan uzaklaşmalar da kutsalı, kutsal dışı haline getirmektedir. Fakat biz, gökyüzü-yeryüzü, erkek-kadın gibi zıt yapılar yanında sayısız ikili zıtlık listelerinin arasında **kutsal-kutsaldışı** gibi örneklerle de karşılaşıyoruz. Daha yakından bakıldığında, dini bir muhteva içinde cinsel karşıtlık/antagonizm ifade edildiğinde, kutsal ve kutsal dışı zıtlığından daha çok, kadına ve erkeğe özgü kutsallaştırma arasında bir karşıtlık/antagonizm sorunu olduğu görülmektedir. Böylece, Avustralya'daki ve başka yerlerdeki ergenlik törenleri, ergeni, dünyadan, anneden ve kadınlardan ayırmaya ve onu kutsal dünyaya dâhil etmeye yönelik bir faaliyet olarak görülmektedir. Bu dünyanın sırları, erkekler tarafından kıskanç şekilde korunmaktadır. Bununla beraber, bütün Avustralya'da kadınlarında kendi-

---

[194] Mitolojiler biseksualite törenleri, birbirine zıt rastlantıların dini morfolojisi: mitolojiler ve Tanrılarla şeytanlar, arasındaki kavgayı ortaya koyan bilgileri daha önce, *Méphistophèles et l'Androgyme*, (Paris, 1962), s. 95-154 adlı kitabımızda tartıştığımız için, burada yeniden ele almadık.

lerine özgü sır merasimleri vardır ve bazen bunlar o kadar güçlüdür ki hiçbir erkek onları, zarar görmeden gözleyemez.[195] Ayrıca bazı mitsel geleneklere göre, bugün sadece erkeklere uygun görülen en gizli kült nesneleri; başlangıçta kadınlara ait olan kült nesneleriydi. Bu, sadece cinsiyetler arasındaki karşıtlığı/antagonizmi değil; aynı zamanda kadın kutsallığının orijinal üstünlüğünün bilgisini de göstermektedir.[196]

Başka arkaik dinlerde de buna benzer gelenekler bulmak mümkündür ve bunların önemi aynı derecededir. Bunun anlamı, her cinsiyete özgü, belli kutsallaştırmalar arasında bir nitelik farkının olduğudur. Meselâ, Malekula'da *ileo* terimi, özellikle erkek kutsallıkla ilgili olan her şeyi belirtmektedir. Yine de onun zıddı olan *igah*, kutsal dışı demek değildir. Ancak kadına özgü bir başka kutsallık şeklini belirtmektedir. *İgah*'la dolu şeylerden, erkekler itinalı şekilde sakınmaktadırlar. Çünkü onlar, erkeklerin *ileo*'ya ait olan rezervlerini yok etmektedir. Kadınlar, kutsal merasimlerini kutladıkları zaman, *igah*'la dolup taşmaktadırlar. Eğer bir erkek, onların sadece başlıklarını bile görse, o "**bir çocuk gibi**" olmakta ve erkek sır cemiyeti içindeki mevkiini kaybetmektedir. Kadınların dini törenlerinde dokundukları eşyalar bile tehlikelidir ve aynı sebepten dolayı, erkekler için de tabu[197] olmaktadır.

Kutsallığın bu iki tipi, arasındaki bu zıt/antagonist gerilim, dünyadaki iki varlık şeklinin, yani kadın ve erkeğin farklılığının altedilmezliğini ifade etmektedir. Nitekim iki cinsiyet arasındaki dini gerilimi, sadece fizyoloji ve psikoloji terimleri ile izah etmeye çalışmak yanlış olacaktır. Şüphesiz dünyada iki

---

[195] R. M. ve c. H. Berndt, *The World of the first Australians,* (Chicago, 1964), s. 248.
[196] M. Eliade, "Australian Religions, Bölüm III: İnitiation Rites and Secret Cults" *History of Religion*s, VII, (1967), s. 61-90, s. 87-89; H. Baumann, *Das doppelte Geschlecht,* (Berlin, 1955), s. 345, v.d.
[197] A. B. Deacon, *Malekula* (London, 1934), s. 478.

varlık şekli vardır. Fakat kıskançlık ve her cinsiyetin diğerinin "sırlarına" nüfuz etme ve onun gücüne sahip olmayı isteyen bilinçdışı arzuları da vardır. Dini olarak, cinsel karşıtlığın/antagonizmin çözümü, her zaman, bir *hieros gamos*[*] merasiminin tekrarını ihtiva etmez. Birçok durumlarda iki cinsiyet arasındaki karşıtlık/antagonizm, bir erkekleşme/androjenleştirme merasimi ile çözülmeye gayret edilmiştir.[198]

Güney Amerikalı Kutsal İkizler

İki sebepten dolayı araştırmamıza, Güney Amerika'dan başlamak istiyorum: **Birinci sebep**, bahsedeceğimiz kabilelerin hâlâ, kültür yönünden arkaik dönemde bulunmuş olmalarıdır. **İkinci sebep** ise, ikili ve zıtlık/antagonizm tarafından ortaya konulan problemlere karşı klasik çözümlere burada rastlanmış olmasıdır.

Şüphesiz vereceğimiz bu birkaç misal da, Güney Amerika'daki dokümanların zenginliğini kâfi derecede göstermeyecektir. Kısaca, bizi burada ilgilendiren konular şunlardır: 1) Uzay ve mekandaki ikili ayırım; 2) İkiz Tanrılar mitolojisi; 3) İnsanın manevi hayatı dahil, bütün evrende genelleşmiş ikili karşıtlığı; 4) Daha ziyade gizli bir tamamlayıcılığı yansıtan insan davranışları ve kurumları için bir nevi model görevi yapan, kutsal karşıtlık/antagonizm. Çoğu zaman bunların çoğu ve hatta tamamı aynı kültürde mevcuttur.

Her kabile için, kutsal alanın görünüşü ve onlara özellik veren kozmografya üzerinde pek durmayacağız. Çünkü bir sonraki eserimizi bu konuya, tahsis etmiş bulunuyorum. Fakat unutmamak gerekir ki, incelenecek olan kozmolojik kavramlar

---

[*] (Yun.) Kutsal Evlilik: Yunan mitolojisinde bir Tanrı ve Tanrıça arasındaki evliliğin cinsel bir ritüelle canlandırılması.
[198] M. Eliade, *Méphistophèles et l'Androgyne*, (Paris, 1962), s. 121.

ve mitolojilerde hemen hemen daima bir *imago mundi/dünya imajı* tasarlanmaktadır. İkiz Tanrılar mitolojisine gelince, bunlar Güney Amerika'da çok yaygındır. Genellikle orada, ikizlerin babası Güneş'tir; anneleri haince öldürülünce, oğulları onun karnından çıkarlar ve birtakım maceralardan sonra annelerinin intikamını alırlar.[199] Ancak ikizler, her zaman birbirine rakip değildir. Birçok rivayetlerde, kahramanlardan biri, kardeşinin kemiklerinden, kanından, cesedinin parçalarından diriltilmiştir.[200] Ancak yine de iki medenileştirici kahraman, evrensel ikili karşıtlığı ifade etmektedirler. Brezilya'nın **Kaingangları**, bütün kurumlarını, kültürlerini ataları olan ikiz kahramanla bağdaştırırlar. Bu iki kahraman, sadece kabileyi, dış evlenme/egzogamik yolu ile bölmemiş, aynı zamanda bütün doğa da aralarında ikiye paylaştırılmıştır. **Kaingangların** hayatında modellik görevi yapan mitolojileri, iki kahramanın faaliyeti ile görünür ve anlamlı hale getiren, bu evrensel ikili bölünmeye ışık tutmaktadır.[201]

Diğer yandan bazı işaretler, Kutsal İkizler arasındaki tabiat farkını da belirtmektedirler. İçeri Guyana'nın **Cubeo'sunda** yeryüzünü yaratan **Hömanihikö**, artık insanların işlerine müdahale etmemektedir; gökte oturmakta ve orada ölü ruhlarını

---

[199] Karayipler'deki Bakairi mitolojisine göre, Gök Tanrısı Kamuscini, insanları yarattıktan sonra, mitolojik jaguarlı bir kadın olan Oka ile evlenir. Bu kadın mucizevî şekilde hamile kalır. Güzel anne entrikalar sonu öldürülür. Annenin cesedinden çıkan keri ve kame ikizleri, entrikacıyı yakarak, annelerinin intikamını alırlar. Keri mükemmel bir medenileştirici, insan ırkının iyilikçisi olan bir kahramandır. Eski kaynaklar, R. Pettazzoni, *Dio*, I, (Roma, 1922), s. 330-331'de bahsedilmiştir. Ayrıca bkz. Paul Radin, "The Basic Myth of the North American Indians", *Eranos-Jahrbuch*, XVII, (1949), s. 371; A. Métraux, "Twin Heroes in South American Mythology", *Journal of American Folklore*, vol. LIX, (1946), s. 114-123; Karin Hessing ve A. Hahn, *Die Tacana, Erzählungsgut* (Frankfurt, 1961), s. 111.

[200] Otto Zerries, *Les Religions amérindiennes*, (Paris, 1962), s. 390.

[201] Egon Schaden, *A mitologia héroica de tribos indigenas do Brasil* (Rio de Jenario, 1945), (2. baskı, 1959), s. 103-116, Telemaco Borba'yı kullanarak, *Atualidade Indigena* (Curitiba, 1908), s. 11, 20, 70; H. Baldus, *Ensaios de Etnologia brasileia* (Sao Paulo, 1937), s. 29, 45, 60, v.d.

kabul etmektedir. Çirkin kardeşi **Mianikötöibo** ise, bir dağda ikamet etmektedir.[202] Apinayélere göre Güneş ve Ay, başlangıçta, insan şeklinde yeryüzünde yaşıyorlardı. Onları, Apineyelerin ataları olan iki grup meydana getirmiş ve Güneş grubunu kuzeye, Ay grubunu da güneye olacak şekilde iki bölgeye ayrılmış bir köye yerleştirmişlerdir. Mitolojiler, kardeşler arasındaki belli bir karşıtlığa/antagonizme da işaret etmektedirler. Örneğin, Güneş daha zekidir, Ay ise, daha dar kafalı[203] tasarlanmaktadır.

Guyane'nin güney sahilleri kıyısında Karayibler'deki Calinalarda bu karşıtlık/antagonizm daha belirgindir. Sular Tanrıçası Âmâna, hem annedir hem bakiredir. Fakat doğmuş değildir.[204] Ancak, ikizleri meydana getirmiştir: Tamusi'yi şafakta, Yolokantamulu'yu alacakaranlıkta doğurmuştur. Tamusi, insan biçimindedir ve Calinaların mitolojik ataları olarak kabul edilmektedir. İnsanlar için iyi ve yararlı her şeyi yaratan odur. Tamusi, ayın ışıklı kısmında oturmaktadır ve akşamın hiç olmadığı, dindar insanların orada kaldığı cennetin sahibidir. Onu çeviren ışık o kadar göz kamaştırıcıdır ki onu kimse göremez. Tamusi, dünyayı birçok defa yok eden ve edecek olan düşman güçlere, kahramanca karşı koyar ve her yıkımdan sonra, Tamusi dünyayı yeniden yaratır. Onun ikiz kardeşi de göksel bölgelerde oturmaktadır fakat cennetin öbür ucunda, gündüzü olmayan ülkededir. Karanlığın ve insanın üzerine ağır basan bütün kötülüklerin yaratıcısıdır. O da belli bir anlamda ana Tanrıça Amana'nın aktif gücünü sembolize etmektedir. Haekel, Tamusi tarafından temsil edilen dünyanın ışıklı yüzünün gerekli tamam-

---

[202] Koch Grünberg, Otto Zerries, tarafından özetlenmiştir, s. 361-362.
[203] Curt Nimuendaju, *The Apinaye*, The Catholic University of America, Anthroological Series, No: 8, (Washington, 1939), s. 158, v.d.
[204] Amana, vücudu yılan kuyruğu ile biten çok güzel bir kadındır. Göklerdeki sularda oturduğundan ve sürekli yenilendiğinden, zamanı ve ebediliği aynı anda sembolize etmektedir. Âmâna, bütün yaratılışı meydana getirdiği için herhangi bir şekli alabilmektedir.

lanmasını görmektedir. O yine de kardeşinin mutlak düşmanı değildir; Bu kişi Califiaların yaramaz ruhunun bir başka kişiliği Yawane'dir. Fakat Kutsal İkizlerden Tamusi, en önemli rolü oynayan yüce varlıktır.[205]

Tabiatın[206] tamamen ikili karşıtlığı, aynı zamanda insanın ruhi kısmına uygulanmaktadır. Güney Brezilya'nın Tupi-Guarani kabilesi olan Apapocuvalara göre, her çocuk, Doğu, Zenit ve Batı gibi üç göksel bölgeden birinden gelen bir ruhla bedenleşmektedir. O ruh, bir Tanrıçanın yanında önceden vardı (Doğu'da, Anamız; Zenit'te, büyük biraderimiz, Batı'da, küçük ikiz Tupan bulunuyordu). Ölümden sonra ruh, asıl yerine dönmektedir. Bu ruha Nimuendaju, yüksek dünya ile bağ oluşturan "bitki-ruh" adını vermektedir. Bu ruhu hafifletmek için insanların et yemekten sakınmaları gerekecektir. Fakat çocuk doğumundan bir süre sonra, karakterini de belirleyecek olan "hayvan-ruh" adında ikinci bir ruh almaktadır. Diğer mizaçlar, muhtelif kişilerin "hayvan-ruh"unda mevcut olan hayvanın türüne göre belirlenmektedir ve bu türü de sadece şamanlar ayırt edebilmektedir.[207]

Nimuendaju'ya göre iki ruh kavramı, birbirine muhalif ve düşman karakterleri ile her iki tarafın üyelerine geçen, mitolojik ikiz Tanrılar tarafından örneklendirilen şekilde tabiatın ikili karşıtlığının bölünmesini yansıtmaktadır. Bu kesinlikle doğrudur ancak daha başka şeyler de vardır: Biz burada, geniş şekil-

---

[205] Josef Haekel "Pura und Hochgott," *Archiv für Völkerkunde*, XIII, (1958), s. 25-50, s. 32.
[206] Burada örnekleri çoğaltmanın faydası yoktur. Ancak, Timbiraları zikredebiliriz. Onlara göre kozmik bütünlük iki parçaya bölünmüştür: Bir tarafta doğu, güneş, gündüz kurak mevsimler, ateş, kırmızı renk; diğer tarafta batı, ay, gece, yağmurlu mevsimler, su, gece v.s. C. Nimuendaju, *The Eastern Timbira*, University of California Publications in Archaeology and Ethnology, cilt, XLI, (Berkeley, 1946), s. 84, v.d.
[207] C. Nimuendaju, "Religion der Apapocuva-Guarani," *Zeitschrift für Ethnologie*, cilt, XLVI, (1914), s. 305, v.d.

de yaygınlaşmış mitolojik bir konunun ve kozmolojik bir taslağın yaratıcı yorumu karşısında bulunmaktayız. Ruhun kaynağının Tanrısal olduğu, yüce ve kozmogonik Tanrıçaların göksel tabiatı ve onların gökte ikametleri gibi ilkellerin aşina olduğu fikirler, evrensel ikili karşıtlık kavramına bir başka dini değer katmaktadır. Burada, dünya'ya yeni bir dini değer biçildiği görülmektedir. Ayrıca, ikizler arasındaki Karşıtlık/ antagonizm, ruhların karşıtlığına/antagonizmine yansımıştır. Ancak yalnız "bitki-ruh" Tanrısal bir kökene sahiptir ve bu, hayvanların dinsel değerinin düşmesine işaret etmektedir. Hâlbuki hayvanların kutsallığı, bütün arkaik dinlerde temel unsuru teşkil ediyordu. Burada, dünyadaki mevcut başka kutsallıkların arasından sadece **"Spiritüel"** unsurun, yani göksel kökenli Tanrının izole edilme gayreti gözlenebilir.

İşte bu anlayışla, Califiaların fikrine yaklaşmış olacağız. Buna göre, yeryüzünde mevcut olan her şeyin, Cennette manevi bir kopyası vardır.[208] Bu durumda bile dünyanın çelişkilerinin izahına elverişli, manevi bir prensip tanımak amacıyla; evrensel ikili karşıtlık konusunun cüretkâr bir kullanımına sahip olmaktayız. Califiaların anlayışı, istisnai bir anlayış değildir; bu anlayış, Kuzey ve Güney Amerika'da da bulunmaktadır. Bilindiği gibi, "**manevi kopya**", düalizmin/ikiciliğin, evrensel tarihinde önemli bir rol oynamaktadır.

Kogilerde Karşıtlık ve Tamamlayıcılık

Konumuza bağlı olan dini fikirleri, muhtemelen, birçok kaynağın bahsetmediği genel bir sistem içinde daha belirgin ve daha farklı bir şekilde ifade edebiliriz. Nitelikli birtakım araştırmacılar, sadece davranışlar ve ritüeller alanında değil; aynı zamanda bunların yerliler için önemini de tespit zahmetine ko-

---

[208] J. Haekel, "Pura und Hochgott" s. 32.

yulduklarında, tamamen ayrı bir değerler dünyası belirlemede sıkıntı çektiklerini göreceklerdir. Meselâ, Sierra Nevada[209] nın Kogi yerlilerinin, insanın, toplumun ve dünyanın açıklanmasında, kutuplaşma ve tamamlayıcılık fikirlerini nasıl kullandıklarını göreceğiz. Kabile, "**yukardaki insanlar**" ve "**aşağıdaki insanlar**" olarak ikiye bölünmüştür. Kült evi gibi, köy de, iki parçaya bölünmüştür. Aynı şekilde, Dünya, Güneş'in hareketi ile belirlenmiş iki parçaya ayrılmıştır. Diğer yandan, sayısız karşıt ve çift kutup dikkat çekmektedir: Erkek-kadın, sağ el-sol el; sıcak-soğuk; aydınlık-karanlık vs. Bu kutuplar, belli hayvan ve bitki kategorilerine, renklere, rüzgârlara, hastalıklara, iyi ve kötü kavramlarına da eşlik etmektedir.

Düalist sembolizm, bütün büyü-din pratiklerinde açıkça mevcuttur. Bununla beraber, zıtlıklar, her erkekte ve bazı kabile Tanrılarında da birlikte görülmektedir. Kogiler, iyilik prensibinin (örnek olarak sağ yönü ile tanımlanmıştır) fonksiyonunun ve sürekliliğinin, doğrudan doğruya kötülük, (sol) prensibinin eş zamanlı varlığı ile belirginleştiğini düşünmektedirler. Buna göre iyi, sadece kötü aktif olduğunda vardır. Eğer kötü kaybolursa, iyi de onunla birlikte yok olacaktır. Bu fikir Goethe tarafından benimsenmiştir. Fakat bu, düşünce tarihinde de oldukça yaygındır. Günahlar işlenmelidir ki kötülüğün aktifliği ilân edilsin. Kogilere göre, insan hayatının ana problemi, bu karşıt ve tamamlayıcı güçleri dengelemek, aynı zamanda da tamamlayıcı kalmalarını sağlamaktır. Temel anlayış olan *yuluka* "mutabık kalmak," "eşit olmak," "benzer olmak" ile ifade edilebilir. Yaratıcı ve yıkıcı enerjileri dengelemeyi bilmek, "mutabık kalmak," insan davranışının rehber prensibidir.

---

[209] Bu konuda, G. Reichel Dolmatoff'un makalesini yakından takip ediyoruz: "Notas sobre el simbolismo religioso de los Indios de la Sierra Neveda de Santa Marta," *Razon y Fabula, Revista de la Universidad de los Andes*, No: 1, s. 55-72, (Bogota, 1967) özellikle s. 63-67.

Bu tamamlayıcı karşıtlıklar şeması, bir an gelir, evrenin dörtlü sistemi içinde bütünleşmektedir. Bu dört temel istikamete, diğer kavramlar, mitolojik şahsiyetler, hayvanlar, bitkiler, renkler ve faaliyetler uygun düşmektedir. Karşıtlık/antagonizm, dörtlü sistemin içinde yeniden ortaya çıkar (mesela, kırmızı ve beyaz, "açık renkler," güneye ve doğuya uygun düşmektedir ve "iyi tarafı" meydana getirirler; kuzey ve batının "koyu renkler"in oluşturduğu "kötü taraf" ile de karşıtlık içerisindedirler). Bu dörtlü yapı, makrokozmoz hakkında olduğu kadar mikrokozmoz hakkında da bilgi vermektedir. Dünya, mitolojik dört dev tarafından ayakta tutulmaktadır; Sierra Nevada da dört bölgeye ayrılmıştır, geleneksel plana göre yapılmış olan köylerin dört giriş noktası vardır, bunların da kenarında takdimelerin konduğu dört kutsal yeri vardır.. Son olarak da, belli başlı dört klan üyesinin etrafında oturduğu dört ocağa sahip olan mabed bulunmaktadır. (Fakat burada da antagonistik ikiye bölünme mevcuttur. "Sağ taraf," -kırmızı- "daha az bilenler" için; "sol taraf" -açık mavi- "daha çok bilenler" için ayrılmıştır; çünkü ikincisi, sol taraf,, evrenin negatif güçleri ile daha çok karşılaşmaktadır.)

Dört temel istikamet, Kogilerin hayatında önemli rol oynayan "**ana merkez nokta**" ile tamamlanmıştır. Dünyanın merkezi Sierra Nevada'dır. Onun benzeri, mabedin bulunduğu yerdir ve merkezdir. Belli başlı sungular oraya gömülmekte, "Tanrılarla konuştuğu zaman" rahip, (máma) oraya oturmaktadır.

Şema yedi işaret noktası ile üç boyutlu bir sistem halinde gelişme göstermektedir: Kuzey, Güney, Doğu, Batı, Zenit, Nadir ve Merkez. Bunlardan son üçü, yumurta şeklinde düşünülen dünyayı destekleyen ve onun içinden geçen kozmik aksı meydana getirmektedirler. Reichel-Dolmatoff'un belirttiği gibi, bu kozmik yumurta, dinamik bir unsur olan dokuz aşamalı kavramı içine almaktadır. Dünya ve insan da, Evrensel Ana tarafından yaratılmıştır. Kara, kırmızı, kumlu, killi gibi her biri ekilebilir toprağın bir özelliğini temsil eden dokuz kızı vardır: Bu topraklar, kozmik yumurtanın içinde katları teşkil eder ve aynı zamanda da bir değerler basamağını sembolize eder. İnsanlar, merkezde bulunan beşinci toprakta, kara toprakta yaşamaktadır. Sierra Nevada'nın büyük piramit gibi tepeleri, aynı yapının "evleri" ve "dünyaları" olarak düşünülmektedir. Aynı şekilde, belli başlı kült evleri de birtakım mikrokozmik yankılarıdır ve "dünyanın merkezinde" bulunmaktadırlar.

Çağrışımlar burada bitmiyor. Kozmik yumurta, insanların hâlâ içinde yaşadığı Evrensel Ana'nın, rahmi olarak yorumlanmıştır. Sierra Nevada'nın ki gibi, her mabedin ve mezarın, dünyanın da bir rahim gibi olduğuna inanılmaktadır. Yerdeki mağaralar ve çatlaklıklar, annenin vücudundaki delikleri temsil etmektedir. Mabed evlerinin çatısı, Evren Ana'nın cinsel organlarını temsil etmektedirler. Buralar, yukarı seviyelere girişi sağlayan kapılardır. Cenaze merasimi esnasında ölü, rahime geri döner, bunun için rahip dokuz aylık gebeliği, tersine döndürmek için dokuz defa cesedi havaya kaldırır. Fakat bizzat mezar kozmozu, cenaze töreni de "kozmozlaşmayı" temsil etmektedir.

Biz bu misal üzerinde ısrar ediyoruz. Çünkü bu örnek, arkaik bir cemiyetin düşüncesindeki kutuplaşmanın fonksiyonunu çok iyi ifade etmektedir. Gördüğümüz gibi, uzayın ikili bölünmesi, bütün kâinata uzanmaktadır. Birbirine zıt çiftler, aynı zamanda birbirini tamamlamaktadırlar. Kutupsallık prensibi, aynı zamanda tabiatın, hayatın ve ahlakın doğrulanmasının temel kanunu olduğunu gösteriyor. Kogiler için, insanî olgunluk, "iyilik yapmak" değil, iki karşıt güç olan iyi ve kötünün dengesini sağlamaktır. Kozmik planda, bu dâhili denge, dünyanın merkezi olan "orta noktaya" uygun düşmektedir. Bu nokta, dört esas istikametin, zenit-nadir'in dikey aksı'nın kesiştiği yerde, Evrensel Ana'nın rahminin aynı olan kozmik yumurtanın ortasında bulunmaktadır. Netice olarak, diğer kutupsal sistemler, insanın özel varlığının şeklini olduğu kadar, hayatın ve evrenin yapısını da ifade etmektedir. İnsan varlığı, dünyanın bir özeti olarak anlaşılmıştır. Yine, kozmik hayat "şifre" olarak kavranıldığı ölçüde anlaşılabilir bir hale gelmiştir.

Konumuzla ilgili başka Güney Amerika örnekleri vermek niyetinde değilim. Fakat bir yandan kutuplaşmanın şifresi ile, tabiatı okuma çabasının neden olduğu ruhsal yaratıkların çeşitliliğini, diğer yandan da, ikili ve düalist kavramlar olarak adlandırılan özel ifadelerin derin anlamlarını, ancak onların parçasını teşkil ettiği sistemle bütünleştikleri zaman göstereceğini yeterince vurguladık.

Buna benzer bir durumu daha karmaşık da olsa Kuzey Amerika kabileleri arasında görmekteyiz. Orada da, köyün ve dünyanın ikili bölünmesiyle, bunlardan çıkan, kozmolojik sistemlerle ve (dört yön, zenit-nadir aksı, merkez vs. gibi) aynı şekilde dini düalizm, karşıtlık/antagonizm ve kutuplaşmaların çeşitli mitolojik ve ritüelsel ifadeleri ile karşılaşmaktayız. Şüphesiz bu gibi kavramlar, ne evrensel olarak ne de bir bütünlük içinde yayılmamışlardır. Kuzey Amerikalı birçok kabile, ikiye bölünmüş bir kozmolojiyi, ancak taslak halinde tanımaktadırlar. Diğer birçokları da, ikili sınıflandırma sistemini kullanmalarına rağmen "düalist kavramları" göz ardı etmişlerdir. Zaten bizi ilgilendiren problem de budur: Yani, kutuplaşmanın ve düalizmin ana temasının, farklı kültür muhtevaları içindeki farklı dini değerler olarak ele alınmalarıdır.

Savaş ve Uzlaşma/Barış: Mänäbush ve Şifalı Kulübe

Orta Algonkinlerde, kültür kahramanı —Nanabozho (Ojibway ve Ottawa), Mänäbush (Menomini) veya Wisaka (Kri, Saux vs.)— çok üstün bir rol oynamaktadır.[210] O tufandan sonra yer-

---

[210] Werner Müller, *Die Blaue Hütte*, (Wiesbaden, 1954), s. 12.

yüzünü onarır ve ona bugünkü şeklini verir. Mevsimleri de organize eden ve ateşi getiren de odur.[211] Mänäbush, hâlâ insanların sonuçlarına maruz kaldığı kozmik dramı başlatan Su Güçlerine (kötü) karşı, savaşması ile meşhurdur.[212] Savaş, en şiddetli noktaya, Mänäbush'un küçük kardeşi Kurt'u, aşağı suda yaşayan Güçler'in öldürdüğü zamanda, ulaşmıştır. Böylece onlar, dünyaya ölümü tanıtmışlardır. Kurt dördüncü gün dirilerek, yeniden görünmüş, fakat Mänäbush onu, ölümün hükümdarı olacağı, Günbatımı Ülkesi'ne geri göndermiştir. Öfkeli Mänäbush, Su Güçleri'nin önderini öldürmüş, onun düşmanları da korkunç bir kışın arkasından kahramanı öldüremeden yeni bir tufan başlatmışlardır. Bundan korkmuş olan Güçler, barış teklif etmişler ve sırlarına önce ulaşacak olanın manabusch olacağı bir şifalı külübe inşa etmişlerdir.

Uzlaşma konusunun, gizli *midewiwin* kültünde, sadece erginlenme adaylarına ifşa edilmesi ve yalnızca ezoterik/batini mitolojilerde tanınmış olması da önemlidir.[213] Bu ezoterik/gizemli geleneğe göre, Büyük Ruh, su Güçler'ine, Mänäbush'u yatıştırmalarını tavsiye etmiştir. İlk suçu işleyenler onlar olduğundan, bu tavsiyeyi dinleyerek, cennete erginlenme kulübesini yapmışlar ve oraya Mänäbush'u davet etmişlerdir. Mänä-

---

[211] Gerçekten yersular altında kaybolduğu zaman, Mänäbush uçurumun dibinde biraz çamur aramak için bir hayvan göndermiştir. (Bu motif için bkz. M. Eliade "Le Diable et le bon Dieu" *De Zalmoxis à Gengis-khan*, (Paris, 1970), s. 81-130, Amerikan varyantları, s. 114 v.d. Manabush, yeryüzünü yeniden yaratmıştır. Hayvanları, bitkileri ve nihayet insanları yeniden meydana getirmiştir. Esas bibliyografya için bkz. Mac Linscott Rickett, "The Structure and Religious signifiance of the Trickster-Transformer Culture Hero in the Mythology of the North American Indians" (University of Chicago, 1964), I. cilt, s. 195, No: 35.

[212] Burada, Mänäbush'un ve Trickster'in bazı karakteristik çizgilerini takdim eder. Ölçüsüz ve acayip bir seksüaliteye sahiptir. Kahramanlığına rağmen garip bir şekilde de sınırlıdır.

[213] Rickettlerde mitolojiler ve bibliyografyalar için bkz. *"Structure and Religious Significance"* cilt 1, s. 196, W. Müller, *Die Blaue Hütte*, s. 19; id, *Die Religionen der Waldlandindianer Nordamerikas* (Berlin, 1956), s. 198, v.d.

bush, güçler tarafından vahyedilen ayinlerin, insanlar için faydalı olacağını bildiğinden, bu daveti kabul etmiştir. Gerçekten cennetteki erginlenmeden sonra, Mänäbush yeryüzüne geri gelmiş ve büyük annesinin (Yeryüzü'nün) yardımı ile ilk defa, *midewiwin* sır ayinlerini gerçekleştirmiştir.

Netice itibari ile mitolojinin gizlemli ifadesine göre, kozmik felaket önlenmiştir. Çünkü Kurt'u öldürerek dünyayı ölümle tanıştıran aşağı Güçler, Mänäbush'a, ölümlülerin talihini düzeltecek güçlü ve gizli bir ayin sunmuşlardır. Şüphesiz *midewiwin*'de erginlenme, insanın durumunu değiştirme iddiasında değildir. Fakat bu dünyada sağlık, uzun ömürlülük ve ölümden sonra yeni bir hayat, garanti etmektedir. Erginlenme töreni, ölümün ve dirilmenin iyi bilinen bir senaryosunu ihtiva etmektedir. Buna göre, aday öldürülüyor ve derhal kutsal kabul sayesinde yeniden diriltiliyor.[214] Başka bir ifade ile insanı ölümsüzlüğünden uzaklaştıran aynı güçler, neticede hayatı uzatmaya, kuvvetlendirmeye ve sonraki spitirüel hayatı temin etmeye elverişli bir teknik sağlamaya mecbur kalıyorlar. Gizli ayinler esnasında aday, Mänabushu temsil etmekte ve rahipler de Güçler'i temsil etmektedir. Erginlenme kulübesi, düalist bir sembolizmi de vurgulamaktadır. Kulübe iki bölüme ayrılmaktadır: Beyaza boyanmış olan kuzeyde, aşağı Güçler bulunmaktadır. Kırmızıya boyanmış güneyde ise, yüksek Güçler vardır. İki renk, gece ve gündüzü, yazı ve kışı, hayat ve (dirilmeye müteakip) ölümü temsil etmektedir. Bu iki kutupsal prensibin bir araya gelmesi, kozmik hayatın bütününü temsil etmektedir.[215]

Burada kutupsallığın olumsuz unsurlarının değerlendirilmesi olarak adlandırabileceğimiz, çok önemli bir örneğe sahip

---

[214] W. J. Hoffmann, "The Midewiwin or Grand Medicine Society of the Ojibwa," 7th Annual Report of the Bureau of American Ethnology, 1885-1886, (Washington, 1891), s. 143-300, s. 207; W. Müller, *Die Blaue Hütte*, s. 52.
[215] W. Müller, *Die Blaue Hütte*, s. 117, 127.

bulunuyoruz. Menomini'lerin yaratıcı dehası, düşmanlığın, ızdırabın ve ölümün heryerde hazır olan korkunçluğu ile tahrik olmuş varoluşsal krize, etkili ve yeni bir çözüm getirmeyi başarmıştır. Yine de burada, az veya çok farklı başka çözümler de sunmaya çalışacağız. Fakat şimdilik, Menominilerin erginlenme kulübesinin kompleks mitsel-ritüelini, Algonkin dini bütünlüğü içine koymak belki de uygun olacaktır. Bu, Menominilerin kendilerine has sistemlerini hazırladıkları müşterek dini verileri tanımak için iyi bir yoldur. Gerçekten, Werner Müller'in gösterdiği gibi, diğer Algonkin kabileleri kültür kahramanın erginlenme kulübesinin ayininde bir rol oynamadığı, daha eski farklı bir geleneği uyguluyorlardı. Meselâ, Minnesota'lı Ojibwayler için burada insanlara ebedi hayatı temin için kulübeyi yapan büyük bir ruh görünmektedir (Manido).[216] Manido, erginlenme kulübesinde *midewigan,* sembolik olarak mevcuttur. Burada kulübe, dünyayı yansıtmaktadır. Onun dört duvarı, dört ana yönü sembolize etmektedir. Damı, göksel kubbeyi temsil etmektedir. Döşemesi, yeri sembolize etmektedir.[217] İki tip erginlenme kulübesinde (Menominilerinki ve Ojibwaylerinki) kozmik sembolizm, ilk erginlenmenin bütün kâinatın sahnesinde gerçekleşmesine işaret etmektedir. Fakat Mänäbush tarafından yeryüzüne yerleştirilen kulübenin düalist yapısına (aşağı Güçler'le uzlaşma işareti olarak), Manido tarafından inşa edilen kulübenin dörtlüsü (dört kapı, dört renk) muhalefet etmektedir. Mänäbush'un karmaşık ayininde "Yüce Tanrı" yoktur veya silinmiştir. Buna karşılık kültür kahramanı da, *midewigan* ayinlerinde hiçbir rol oynamamaktadır. Fakat bu iki tip erginlenmede de, her mubtedinin kişisel kaderi söz konusudur. Ojibwaylerde,

---

[216] *a.g.e.,* s. 38, 51.
[217] *a.g.e.,* s. 80 v.d. Aynı sembolizm, Omahaların kulübe hamamlarında, Lerape'ların, Algonkinlerin erginlenme kulübelerinde, bulunmaktadır. (s. 122, 135).

Yüce Tanrı tarafından ödüllendirilen ölümden sonra ebedi hayat yahut dünyayı yıkacak olan dramatik olaylar zincirinin sonunda Mänäbush sayesinde elde edilen uzun ömürlülük ve sağlık söz konusu olmaktadır. (Burada söz konusu olan muhtemelen öldükten sonra ki yeni bir hayattır.) Ezoterik mitolojide Büyük Manido'nun aşağı Güçler'e uzlaşma tavsiye etmesi de anlamlıdır. Onun müdahalesi olmaksızın, savaşın, dünyanın ve aşağı Güçler'in tamamen yok olmasına kadar devam edeceği tahmin edilmektedir.

Gök-Tanrı ve Kültür Kahramanı

Ojibwayların erginlenme kulübelerine karşılık, Menominilerin mitsel-ritüel kompleksinin bir yenilik getirdiği görülmektedir. Ojibwaylarda Gök-Tanrı, insanlara ebedi bir hayat ödülü vermek için kulübeyi, inşa etmiştir. Menominilerde ise kulübe, aşağı güçlerden Mänäbush, vasıtası ile alınmıştır. Erginlenme ise, ölümden sonra, sağlık, uzun ömür ve hayat vermektedir. Eksiksiz dengeli bir dünyayı yansıtarak Ojibwa kulübesinin dört bölümlü sembolizmi, Menominilerin düalist sembolizmi ile adeta yer değiştirmiştir. Bu düalist sembolizm de, kozmozu yansıtmaktadır. Fakat parçalanmış ölümün hâkimiyetindeki bir dünya söz konusudur. Bu parçalanmış dünya, aşağı Güçler'le, Mänäbush arasındaki canavarca savaşa müteakip, kaybolma tehlikesindedir. Dünya, her çeşit karşıtlıkla/antagonizm ile parçalanmış ve ölüm dünyaya hakim olmuştur. Yüce Tanrının olmadığı ve sadece insanın koruyucusu olan kültür kahramanının bulunduğu bir dünya vardır. Orada kahraman, müphem tabiatı ile ve yırtıcı savaşçılığı ile insanlara oldukça benzemektedir. Şüphesiz, Menomini kulübesinin düalist sembolizmi, kozmik bütünlükte olduğu kadar, insan hayatında da zıtların bütünleşmesini ifade etmektedir. Fakat bu bütünleşme, burada dünyayı nihai yıkımından kurtarmak, hayatın devamlılığını sağlamak ve özellikle insan hayatının geçiciliğine, tezatlarla bir anlam vermek için, ümitsiz bir gayreti de temsil etmektedir.

Algonkinlerin dini kavramlarının hangi istikamette geliştiklerini daha iyi anlamak için, Atlantik sahilinin Algonkin halkı olan Delaware'lerin Yüce Evi, Lenape'nin kozmik sembolizmini ve yeni yıl kutlamalarında gizli olan teolojilerini karşılaştırabiliriz. Yüce Ev, her yıl ekim ayında ormanın bir düzlüğüne inşa edilmektedir. Bu ev, dört kapılı, ortada ağaçtan bir direk olan dikdörtgen bir evdir. Yerler, yeryüzünü; çatı, göğü; dört duvar, dört ufku sembolize etmektedir. Burada Yüce Ev, bir dünya imgesidir (*imago mundi*). İçinde gerçekleşen ayin, dünyanın yeniden yaratılışını kutlamaktadır. Kültü oluşturduğu sanılan da, Yaratıcı, Yüce Tanrıdır. Yüce Tanrının Elinin, *axis mundi* de; Yüce Ev'de de bir kopyası bulunan merkez direğinin üstünde olduğu tasavvur edilmektedir. Yüce Tanrı, on ikinci semada oturmaktadır. Fakat Tanrı, merkez direğe yontulmuş iki yüzde de mevcuttur. Yüce Ev'in, her şenliği, yeryüzünü yeniden yaratmaya sebep olmakta ve başka bir kozmik felaket içinde telef olmasını engellemektedir. Hakikaten birinci Yüce Ev, zelzele sonucunda yapılmıştır. Yüce Ev'de kutlanan yeni yıl merasimi ile yeryüzünün her yıl yeniden yaratılması, dünyanın verimliliği ve devamlılığı temin edilmektedir. Fertleri birbirinden ayıran Ojibwayların ve Menominilerin kulübelerinde vukû bulan erginlenmenin aksine, Yüce Ev merasimi, bütün kozmozu yenilemektedir.[218]

Böylece Algonkin etnik grubu, üç tip kült evi ve üç farklı dini sisteme bağlı üç dini ritüel takdim etmektedir: En çok arkaik sistem, kozmozun periyodik yenileşmesi üzerinde merkezileşmiş olan Delaware'lerin sistemidir. Oysa kültür kahramanı ve

---

[218] Frank G. Speck, *A Study of the Delaware Big House Ceremonies* (Harrisberg, 1931), s. 9; W. Müller, *Die Religionen der Waldlandindianer, Nordamerikas*, s. 259; yine bkz. Josef Haekel, "Der Hochgottglaube der Delawaren im Licht ihrer geschichte," *Ethnologica*, N. S. cilt, II, (Köln, 1960), s. 439-484.

düalist sembolizmin hükmettiği en yeni sistem, insanlık durumunun ıslahını hedef almaktadır. İkinci halde, düalizm, mitolojik bir tarihin sonucudur fakat kahramanın ana karakteristikleri ile önceden belirlenmiş değildir. Gördüğümüz gibi aşağı Güçler ile Mänäbush arasındaki karşıtlık/antagonizm, Kurt'un cinayeti gibi gerçekleşmemesi gayet mümkün bir olayın sonucunda şiddetlenmiştir.

İrokuois'larda Düalizm/İkicilik: Mitolojik İkizler

İrokois'larda gerçek bir düalizmden bahsedilebilir mi? Öncelikle orada, yeryüzünde olan her şeyin bir prototipinin - "büyük kardeşinin"- gökte olduğu fikri oldukça yaygındır. Kozmogonik olayın, tesadüfen gökte kazara başlamış olduğu söylenebilir. Genç bir kız, **Awenhai** ("Verimli Toprak") "**Cennetin Şefi**" ile evlenmek ister ve evlenir. Bir nefesle onu hamile bırakır. Fakat bu mucizeyi anlayamayan ve kıskanan Tanrı, çiçeklerinin göksel dünyayı aydınlattığı ağacı kökünden söker (çünkü Güneş henüz yoktur) ve karısını da ağacın çıktığı bu boşluğa atar. Aynı zamanda bazı bitki ve hayvan prototiplerini de atar ve böylece bunlar, "büyük ağabeyleri" cennette bulunurken, onlar, bugün yeryüzünde bulunan bitkileri ve hayvanları oluştururlar. Sonrasında ise, Tanrı, ağacı yerine yeniden koyar.

Misk faresi, ilk okyanusun dibinden çamur getirir ve kaplumbağanın sırtına koyar. Böylece yeryüzü yaratılmıştır ve Awenhai, mucizevî şekilde hızlı büyüyen kızını doğurmuştur. Kısa zamanda kız evlenir fakat damat, karısının karnına bir ok sokarak ortadan kaybolur. Böylece hamile kalan Awenhai'nin kızı, karnında tartışan ikizleri duymuştur. İkizlerden biri, aşağıya inmek istiyordu diğeri ise aksine yukarı çıkmak istiyordu. Sonunda büyük olan, normal bir şekilde doğmuş, küçük olan ise annenin koltuk altından çıkarak annesinin ölümüne sebep olmuştur. Bu küçük olan, çakmaktaşından yapılmış ve bunun için de ona Tawiskaron (Çakmaktaşı) denmiştir. Awenhai ikizlere, kızını kimin öldürdüğünü sormuştur fakat her ikisi de, masumluklarını izhar etmişlerdir. Yine de Awenhai, sadece Çakmaktaş'ın haklı olduğuna inanmıştır ve kardeşini kovmuştur. Kızının ölü vücudundan Awenhai, güneşi ve ayı yapmış ve onları kulübenin yakınındaki bir ağaca asmıştır.

Awenhai, kendisini Tawiskaron'a adamışken, büyük kardeş de babası tarafından yardım görmüştür. Küçük kardeş birgün, bir göle düşmüş ve derinliklerde büyük kaplumbağayla yani babasıyla karşılaşmıştır. Ondan, bir yay ve biri ekilmek için, biri de pişirilmek için iki mısır almıştır. Suyun yüzüne geri dönünce, yeryüzünü genişletmiş ve hayvanları yaratmıştır ve şöyle ilan etmiştir: "Bundan sonra insanlar beni, Wata Oterongtongnia (Genç Akçaağaç) diye çağırsınlar." Diğer yandan Tawiskaron, kardeşini taklit ederek bir kuş yaratmayı istemiş ve yarasayı yaratmıştır. Aynı şekilde, Oterongtongnia'nın insanları örneklendirdiğini ve onlara hayat verdiğini görerek, o da aynısını yapmaya çalışmış, ancak onun yaratıkları, zayıf ve canavar yapılı olmuştur. Büyük annesinin yardımı ile Tawiskaron, kardeşi tarafından yaratılan hayvanları bir mağaraya kapamıştır. Ancak Oterongtongnia bunların bir kısmını kurtarmaya muvaffak olmuştur. Yaratmaktan aciz olan Tawiskaron kendini, kardeşinin yarattığını bozmaya vermiştir. Başka bir dünyadan canavarları getirmiş fakat Oterongtongnia onları kovalamayı başarmıştır. Diğer yandan Oterongtongnia, göğe, güneş ve ayı fırlatır ve işte o zamandan beri yıldızlar, bütün insanları aydınlatmaktadır. Buna karşılık Tawiskaron, hayatı, insanlara zorlaştırmak için dağları ve uçurumları meydana getirmiştir.

İkizler daha sonra beraberce bir kulübede ikamet etmeye başlamışlardır. Bir gün, Oterongtongnia güçlü bir ateş yakmıştır ve kardeşinin taştan vücudundan parçalar dökülmeye başlamıştır. Tawiskaron, kendisini kulübeden dışarı atmış fakat

Oterongtongia, yıkılana kadar taşlar atarak onu takip etmiştir. İşte Rocky Dağları, Tawiskaron'dan geriye[219] dağlardır. Bu mitoloji, İrokuaların bütün dini hayatını oluşturmakta ve doğrulamaktadır. Bu düalist bir mittir ve Zurvanizm tipli İran düalizmi ile mukayese edilebilen tek Kuzey Amerika mitolojisidir. Kült ve bayramların takvimi, mitolojik İkizlerin muhalefetinin detaylarını yansımaktadır. Yine de, göreceğimiz gibi, bu vazgeçilmez çekişme, İran'daki gibi krize ulaşmamaktadır. İşte sadece bundan dolayı İrokualar, "kötü" olan ikizde, İran dini düşüncesinin saplantı haline getirdiği "kötülük" mefhumunu tanımayı reddetmektedirler.

Kült: Karşıtlık / Antagonizm Ve Münavebe/Değişim

"**Uzun Ev**", bir kült evidir. Onun iki kapısı vardır. Kuzeydoğu kapısından kadınlar girmektedir. Bunlar, Doğuda oturmaktadırlar. Güneydoğu kapısından erkekler girmekte ve Batıda oturmaktadırlar. Bayram takvimleri, kış ve yaz olmak üzere iki sömestrden oluşmaktadır. Kış bayramları, erkekler tarafından kutlanmaktadırlar. Bu bayramlar, alınan bağışlar için, minnet borcu olarak kutlanırlar. Yaz bayramları, kadınların sorumluluklarında icra edilir ve yağmur ve bereket istenmektedir. Karşıtlık / Antagonizm, merasimlerin detaylarında bile açıkça görülmektedir. Klanların iki yarısı (Geyikler ve Kurtlar), İkizleri temsil etmektedir; ikizlerin savaşını sembolize eden bir zar oyunu da oynamaktadırlar. "Büyük Ruh" şerefine yapılan kutsal danslar, Oterongtongnia'ya ve güneşin Zenit'e çıktığı günün

---

[219] J. N. B. Hewit, *Iroquoian Cosmology, First Part*, 21st Annual Report of the Bureau of American Ethnology, 1899-1900, (Washington, 1903), s. 127-339), s. 141, 281; Werner Müller, *Die Religionen der Waldlandindianer*, s. 119; (başka kaynakları da kullanmaktadır) onun özetini, aynı yazar, *Les Religions Amérindiennes* (Paris, 1962), s. 260-262. Bazı varyantlar, Ricketts, cilt II, s. 602'de özetlenmiştir. Hewitt tarafından Onondogalar'dan toplanan bazı rivayetler, İyi Birader'in de cennete yükseldiğini anlatmaktadır.

yarısına aittir. Sosyal denen danslar, eğlence için icra edilir ve Tawiskaron'a adanır ve akşama kadar sarkmaktadır.[220]

Werner Müller, bu merasimlerin aktüel monoteist cephesinin XIX. Yüzyılın başlarına kadar giden bir reformun sonucu olduğunu söylemektedir. Seneca, kabilesinin peygamberi olan Handsome Lake, vahiy sonucunda, halkının dinini ve hayatını reforme etmeye kendini vermiştir. Mitolojik İkizler'in yerine "Büyük Tanrı"yı, Haweniyo'yu (Büyük Ses) ve Şeytanı, (Yeryüzünde Oturan) Haninseona'yı koymuştur. Fakat bu peygamber, dini hayatı, "Büyük Tanrı" üzerine yerleştirmeye çaba göstermiştir. Bunun için, kötü İkize tahsis edilen merasimleri yasaklamış ve onları "sosyal danslara" çevirmiştir.

Bu monoteist temayüllü reform, Handsome Lake'nin, vecde dayanan tecrübesi ile açıklanabilir fakat onun başka sebepleri de vardır. Avrupalılar, İrokuaların "Şeytan'a Tapmasına" sitem etmektedirler. Ancak burada Şeytan'a tapma söz konusu değildir. Çünkü kötü ikiz, "kötülük fikri" ile değil; sadece dünyanın karanlık ve menfî yönü ile bedenleşmiştir. Gerçekten biraz önce gördüğümüz gibi mitolojik İkizler, evrene hayat veren ve doğurganlık veren "iki şekil" veya "iki zaman" yansıtmaktadırlar. Bunların ikisi birlikte, canlı ve verimli dünyayı meydana getirmektedirler. Burada yeniden, gündüz, gece; kış, yaz ve yine erkek, kadın; kutsal ve kutsal olmayan gibi kutuplarla karşılaşmaktayız.

İrokuaların düalizminin hangi noktaya kadar genel kavramla ilişkili olduğunu anlamak için, en önemli merasimlerden birisini hatırlatalım: Bu, İlkbaharda ve Sonbaharda maskelerin giyilmesi ve onların iyileştirici fonksiyonudur.[221] Tarikatlerden

---

[220] Bayram takvimleri için bkz. W. Müller, *Die Religionen der Waldlandindianer*, s. 119, 256.
[221] Maskeler hakkında temel kaynaklar için bkz. W. Müller, *Les religions Amerindiennes*, s. 271.

birinin üyeleri ki bunlar "**Sahte Yüzler**" dir. Evlere girerler ve hastalıkları çıkarırlar. "**Mısır Samanı Yüzlü**" diğer tarikat, Uzun Ev merasimleri esnasında kutlama yapmaktadır. Hastalıklara karşı onları daima savunmak için maskeliler, hazır olanlara "şifalı su" serpmektedirler ve kül dökmektedirler.

Mitolojiye göre hastalıklar ve diğer üzüntüler, Tawiskaron'un kopyası olan yüce bir varlık tarafından meydana getirilmektedirler.

Başlangıçtaki bu varlık, Yaratıcı'ya karşı savaşmış fakat mağlup olmuş ve iyileştirmek ve yardım etmek işini üzerine almıştır. Dünyayı kuşatan kayalıklarda ikamet etmektedir; ateş, verem ve baş ağrıları oradan kaynaklanmaktadır. Refakatçileri arasında büyük kafaları ve simianlara benzeyen özellikleriyle "Sahte Yüzler" de vardır. Üstatları gibi onlar da insanlardan uzakta oturmakta ve çöllerde yaşamaktadırlar. Mitolojiye göre bunlar, kardeşi tarafından yaratılmış insanları taklit etmeye çalışan Tawiskaron'un eksik yaratılışını temsil ederler. İlkbaharda ve sonbahardaki merasimlerde maskeli olarak temsil edilen bu varlıklar, köylerden, hastalıkları kovmaktadırlar.[222]

Başka bir tabirle, Büyük Tanrı tarafından şeytanın yenilmiş olması dolayısıyla olan "kötülük," dünyada devam etmektedir. Yaratıcı, "kötülüğü" yok etmeye çalışmamakta fakat yaratıklarını bozmasına da izin vermemektedir. Kötülüğü, hayatın sakınılmaz menfi bir yönü olarak kabul etmekte, fakat aynı zamanda da düşmanını da bizzat kendi eseri ile mücadeleye zorlamaktadır.

Kötülüğün bu çift görünümü, yaratılışa müdahale etmeyen kötülüğün bir yenilgisi olarak telakkî edilmiştir. Fakat bir yandan da, insan hayatının ve hayatın kaçınılmaz bir şekli olarak kabul edilmiştir. Bu çift görünüm, İrokuaların, dünyayı anlayışlarında da vardır. Gerçekten İrokuolular, kâinatı, köyü, ekili alanların bulunduğu bir merkez kabul etmektedirler. İnsanlar,

---

[222] W. Müller, Les Religions Amerindiennes, s. 272.

köyün bu merkezdedirler. Merkezin etrafı taşlarla, bataklıkla ve sahte yüzlerle dolu bir çölle çevrilmiştir. Burada arkaik ve geleneksel kültürlerde bolca tasdik edilen bir dünya imgesi (*image mundi*), söz konusudur. Hangi noktaya kadar, İrokuo düşüncesinde bu kavram, temel teşkil etmektedir? Bunun için bir başka delil, İrokuoların bir kenara yerleşmelerinden sonra da bu kavramın kaybolmamış olduğunu göstermektedir. Bir kenardaki İrokuoların içinde "İyi kardeş" saltanat sürmektedir. Bu, Ev ve tarladır. Burası barınılan yerdir. Fakat dışarıda "kötülük" ve ortakları olan beyazlar saltanat sürmektedirler. Fabrikaların ıssızlığı, büyük ikamet blokları, asfalt caddeler oradadır.[223]

Pueblolar: Karşıt ve BirbiriniTamamlayan Tanrısal Çiftler

Pueblolarda "**Büyük Tanrı**", yerini, bazen birbirine karşıt, fakat daima birbirini tamamlayan Tanrısal çiftlere bırakmıştır. Mısır yetiştiricilerinde, cemiyete, konuta ve bütün tabiata uygulanmış olan bir arkaik ikililikten, dini takvimin ve mitolojinin gerçek ve sert düalizmine bir geçişe tanıklık ediyoruz. Tarımsal düzen, kadınlara ait işlerle (toplama, bahçe işleri) erkeklere ait işler (av gibi) arasında zaten mevcut olan ikili bölünmeyi, takviye etmekte ve kozmik ritüel ikililikleri (iki mevsim, iki sınıf Tanrı vs. gibi) sistemleştirmektedir. Vereceğimiz misaller, sadece New Mexico'nun ziraî halklarının düalist uzmanlaşma derecesini kavramaya değil; aynı zamanda onların mitolojik ritüelleri'nin çeşitliliğini de anlamamıza imkân vermektedir.

Bir Zuni mitolojisi, hareket noktası olduğu kadar model olarak da hizmet edebilir. Stevenson ve Cushing'e göre, O veya "Her şeyi İhtiva Eden" olarak isimlendirilen ilkel varlık Awonawilona, güneşe dönüşmüş ve kendi özel cevherinden iki tohum çıkmıştır. Bu tohumlarla, "Büyük Sular"ı döllemiş ve bu-

---

[223] W. Müller, Les Religions Amérindiennes, s. 272.

nun sonucunda da "Herşeyi Kaplayan Göksel Baba" ve "Her Şeyi İhtiva Eden Yer Ana" var olmuştur. İşte bu kozmik ikizin birleşmesinden, bütün hayat şekilleri ortaya çıkmıştır. Fakat Yer-Ana, yarattığı bütün yaratıkları, mitolojinin, "**Dünya'nın dört katlı dölyatağı**" diye isimlendirdiği karnında tutmaktadır. İnsanlar, yani Zuniler, bu mağara gibi rahmin en derin yerinde doğmaktadırlar. Yeryüzüne, onlar, ancak iki savaşçı Tanrı olan ikizlerin, yani Ahayuto'nun yardımı ve rehberliğinde çıkabilmektedirler. Bunlar, Baba (Güneş) tarafından, Zunilerin atalarını ışığa sevk etmek ve neticede bugünkü toprakları olan "Dünyanın Merkezi"ne götürmek için yaratılmışlardır.[224]

Merkeze doğru yapılan bu seyahat esnasında, muhtelif Tanrılar varlık bulmaktadır: Cocos (Katchinas)'lar –Yağmur Tanrıları- ve Tıp Cemiyetlerinin şefleri olan hayvan- Tanrıları gibi. Zuni mitolojisinin karakteristik özelliği, ikizlerin birbirlerine düşman olmamalarıdır. Ayrıca ritüelde de önemli rol oynamaktadırlar. Buna karşılık, dini hayat, yazın yapılan yağmur-Tanrıları kültü ile, kışın yapılan hayvan-Tanrıları kültü arasında[225] sistematik bir muhalefetin egemenliğindedir. Her iki kültü de de, merasim sorumluluğu olan çok sayıda tarikatlar, denetlemektedir. Zuni düalizminin farkına, bayram takvimlerinde iyice varılmaktadır. İki sınıf Tanrılar, dini aktüalitede birbirini, kozmik mevsimlerin birbirini takip ettiği gibi takip etmektedirler. Burada, Tanrıların muhalefeti (iki dini tarikat kategorisinin değişken üstünlüğü ile aktüelleşen), kozmik bir düzeni yansıtmaktadır.

Bir başka Pueblo kabilesi olan Acomalar ise, Tanrısal muhalefetleri ve kozmik kutupsallığı, farklı şekilde yorumlamakta-

---

[224] M. Eliade'ın *Mythes, Rêves et Mystères*'de kullandığı kaynaklar için bkz. (Paris, 1957), s. 211-214.
[225] Katchinalar için bkz. Jean Cazeneuve, *Les Dieux dansent à Cibola*, (Paris, 1957).

dırlar. Zunilerde olduğu gibi Acomalarda da, Yüce Tanrı, bir *deus otiosus* dur. Gerçekten ilkel varlık Uchtsiti, ikiz kız kardeş, Jatiki ve Nautsiti tarafından külte ve mitolojiye yerleştirilmiştir. Bunlar, yeraltı dünyasından çıktıklarından beri, birbirlerine muhalefet etmektedirler. Jatiki, tarımla, düzenle, kutsalla ve zamanla ilgilidir; Nantsiti ise, ava, düzensizliğe, kutsala ve uzaya ilgisi ile bilinmektedir. İki kız kardeş, insanlığı bu şekilde iki kategoriye bölerek birbirinden ayrılmaktadır. Buna göre, Jatiki, Puebloların annesidir, Nautsiti ise, yerli göçebelerin (Navaholar ve Apaçiler gibi) annesidir. Jatiki, rahip rolünü alan kabile şefini yaratırken, Nautsiti, savaş şeflerinin kategorisini tesis etmektedir.[226]

Aralarındaki derin farklılığı ölçmek için İrokuolarla, Puebloların dini anlayışlarını hızlıca kıyaslamak yetecektir: Her ikisi de aynı tip tarımsal kültüre ait olmasına ve benzer dünya gö-

---

[226] M. W. Stirling, *Origin Myth of Acoma and Other Records* (Smithsonian Institution Bureau of American Ethnology, Bulletin, CXXXV, Wastington, 1942); Leslie White, *The Acoma Indians* (Anual Report of American Bureau of Ethnology, 1932) Bir başka Pueblo grubu olan Sialar mitolojisine göre, yaratıcı olan örümcek Sussistinnako, esas olarak aşağı dünyada bulunuyordu. Sussistinnako, kum üzerinde bir resim biçimlendirmiştir. Bu tarzda Utset (doğu) ve Nowutsek (batı) olan iki kadın yaratarak şarkı söylemeye başlamıştır. Bu kadınlar, bütün yerlilerin ve Pueblo, Navajo halklarının, başka bir rivayete göre başka iki yarısının anneleri olmayı kabullenmişlerdir. Örümcek, şarkı söyleyerek yaratmaya devam etmiştir. Fakat kadınlar da yaratıcı güçlerini izhar etmişlerdir. İki Ana-Tanrıça arasındaki mücadele, böylece belirginleşmiştir. Böylece, bunlar, çok sayıda rekabete ve savaşa girerek üstünlüğü bulmaya çalışacaktır. Neticede, iki Ana-Tanrıça'ya bağlı halklar çekişmeye gireceklerdir. Sonra Utset, Nowutset üzerine atılacak, onu öldürecek, kalbini çıkaracak ve onu parçalayarak kalbinden fareler çıkacak ve Nowutset halkı ile takip edilmiş olarak çöllere sığınacaktır. Örümcek ise, güneş ve ayı ve bazı hayvanları da yukarı dünyaya göndermiştir. İnsanların yeryüzene çıkması için bir sarmaşık yayılmıştır. Gerçekten insanlar, sarmaşığa tırmanırlar ve gölün yüzüne çıkarlar. Utset, onun kalbinin parçalarını ortaya kor ve böylece mısır görünür. Tanrıça şöyle der: Bu mısır, benim kalbimdir. Benim halkım göğsümün sütü gibi olacaktır. Neticede Utset, rahipleri organize etmiş ve onlara yeraltı ikametinden yardımı vaat etmiştir. Matilda Coxe Stevenson, *The Sia*, 11th Annual Report of the Bureaux of American Ethnology, 1889-1990, (Washington, 1984), s. 26.

rüşünü paylaşmasına rağmen, her birisi dinine soktuğu düalist yapıyı farklı şekilde değerlendirmektedir. İrokuolar kültü ve mitolojisi, İkizlerin karşıtlığı/antagonizmi üzerinde merkezileşmesine rağmen; Zunilerde, İkizler birbirine düşman değildir ve kültürel rolleri de çok azdır. Iraquaların aksine, Zuniler, dini takvimleri içinde kutupsallığı sistemleştirmişlerdir. Neticede, iki Tanrı sınıfı arasındaki karşıtlık, kozmik güçlerin ve dini davranışların değişimine sebep olmakta ve bu, bazan birbirine zıt, bazen de tamamlayıcı şekilde tezahür etmektedir. Zaten, Zuni formülü Puebloların yaratıcılığını sonlandırmaz. Acomalarda kutsal kız kardeşler, tanrısal erkekleri ve gerçekleri, birbirine zıt ve birbirini tamamlayacak şekilde ikiye ayırmaktadır.

Şayet, karşılaştırmalı şekilde ufkumuzu genişletme imkânımız olsaydı, İrokuolar sistemi içinde daha sert şekilde bir İran düalizminin yanıtını ayırt edebilirdik. Oysa Zuni sistemi, Yang ve Yin gibi ritmik bir değişim içinde ifade edilen kozmik kutupsallığın, daha çok, Çin'e has yorumunu bize hatırlatmaktadır.

Kaliforniya Kozmogonik Mitolojileri: Tanrı ve Düşmanları

Düalizmin bambaşka bir şekli, avcı ve toplayıcılık kültürüne bağlı kalmış olan bazı arkaik Kaliforniya kabilelerinde iyi şekilde görülmektedir. Onların mitolojisi, dünyanın ve insanların yaratıcısı bir Göksel Tanrı'yı öne koymaktadır. Tanrının işine muhalefet eden esrarlı ve paradoksal varlık olan Coyote'yi de, onun yanına koymaktadır. Bazen Coyote, Tanrı'nın yanında başlangıçtan beri var olan ve onun işine sistematik olarak muhalefet eden olarak da takdim edilmektedir.

Maidu (kuzey-batı) kozmogonik mitolojileri, aşağıdaki girişle başlamaktadır: Okyanusta, dalgalanan kayığın içinde yüce varlık olan Wonomi (Ölümsüz) veya Kodoyambe (Yeryüzüne İsim Veren) ve Coyote, bulunmaktadır. Tanrı, dünyayı şarkılar söyleyerek yaratmıştır. Fakat Coyote, ise dağları ortaya çıkarmıştır. İnsanın yaratılışı sonrasında Tanrının düşmanı da, bizzat kendi imkânlarını vermekte ve körleri meydana getirmektedir. Yine Tanrı, insanlara "Gençlik Çeşmesi" sayesinde hayata dönüşü temin etmektedir. Fakat Coyote, onu tahrip etmektedir. Dahası Coyote, Yaratıcı'nın önünde şöyle böbürlenmektedir: "Biz, her ikimizde önde geleniz." Tanrı da, buna karşı gelmez. Diğer yandan Coyote, kendisini "dünyanın en eskisi" olarak ilan etmekte ve insanların, onun kendinden "Büyük Önder"i bahsetmeleriyle övünmektedir. Başka bir rivayette, Coyote, Yaratıcı'yı kardeşi olarak adlandırır. Tanrı, insanlara doğum, evlenme, ölüm kurallarını ulaştırdığı zaman Coyote, onları kendine göre değiştirir, sonra da Yaratıcı'ya insanların mutluluğu için hiçbir şey yapmadığını söyleyerek sitem eder. Tanrı şöyle itiraf eder: "O,İstemeksizin, dünya, ölümü tanıyacaktır." Tanrı, uzaklaşır. Ama Coyote'nin cezasını hazırlamaksızın gitmez. Neticede Coyote'nin oğlu, çıngıraklı bir yılan tarafından öldürülür. Baba Yaratıcı'dan ölümü kaldırmasını ister ve karşılığında bir daha ona karşı düşmanca davranmayacağına söz verir.[227] Henüz yaratılış tamamlanmadığından, zamanın başlangıcıda var olan şey, ilkel mantık kurallarına göre artık yok olmayacaktır. Yaratılış süreci, devam ettikçe, olup biten ve varlıkların görüntülerini teşkil eder, varlık şekillerini kurar ve kozmogonik Eserin parçasını teşkil eder.

Maidu mitleri, özellikle kuzeydoğu anlatımları, Coyote'lere verilen kesin rolle karakter kazanmaktadır. Denilebilir ki Tanrı'nın projelerine sistematik muhalefet, Coyote'nin tarafında, kesin bir hedefin gerçekleştirilmesini göstermektedir. O, Yaratı-

---

[227] Roland B. Dixon, *Maidu Myths*, Bulletin of American Museum of Natural History, XVII, (1902), s. 33-118, s. 46-48. id. "Maidu Texts" (Publications of the American Ethnological Society, IV, Leyden, 1912) s. 27-69; M.L. Ricketts, op. cit, s. 504, yine bkz. Ugo Bianchi, *Il Dualismo Religiosa* (Rome, 1958), s. 76.

cı'nın tasarladığı insanın melek vasfını tahribe uğratmaktadır. Gerçekten Coyote sayesinde insan, ölüm, ızdırap, çalışma, çaba gibi şeyleri ihtiva eden ve ona yeryüzünde hayatı devam ettirmeye imkân veren bugünkü varlık şeklini olanaklı kılmıştır.[228]

İnsanî durumun tesisi konusundaki, Coyote'nin rolü üzerine yeniden döneceğiz. Çünkü burada, beklenmedik hazırlıklara elverişli mitolojik bir konu söz konusudur. Şimdilik, Coyote ile Yaratıcı arasında hâlâ canlı olan düşmanlığı açıklayan, düalist karakterli başka Kaliforniyalı kozmogonik mitolojileri zikredeceğiz. Yuki mitolojisine göre, yaratıcı olan Taikomol (Yalnız Gelen), ilk denizin üzerinde kuş tüyü olarak teşekkül etmiştir. Etrafı köpüklerle çevrilmiş olduğu halde, o konuşmaya başlamıştır. Anlatılana göre, uzun zamandan beri var olan Coyote'a onu işitmektedir. O zaman, Taikomol "Ne yapmam lazım?" diye sorar ve şarkı söylemeye başlar. Yavaş yavaş insan şeklini alır ve

---

[228] Bir başka Kaliforniyalı kabile olan Wintunlarda yaratıcı Olelbis, insanların kardeşler olarak yaşayacağı, ölünün ve doğumun olmayacağı, hayatın kolay ve mutlu olacağı şekilde karar vermiştir. İki kardeşe, göğe kadar bir taş yol yapma görevi vermiştir. İnsanlar yaşlanınca, göğe çıkacaklar, mucizevî bir kaynaktan banyo yapacaklar ve gençleşeceklerdir. Çalıştıkları sırada Olelbis'in düşmanı olan Sedit yaklaşır ve kardeşlerden birini, dünyada, evlenmenin, doğumun, ölümün ve çalışmanın olmasına ikna eder. Kardeşler, bitmiş olan yolu yıkarlar, akbaba olurlar ve uçarlar. Fakat az sonra, Sedit, nadim olur. Çünkü şimdi ölümlü olduğunu anlar. Yapraklardan yaptığı bir alet vasıtası ile göğe uçmayı dener fakat düşer ve yaralanır. Göğün üstünden Olelbis ona bakar ve "İşte ilk ölüm; bundan böyle insanlar ölecektir" der. (Bu konu ile ilgili dokümanlar, Wilhelm, Schmidt, *Ursprung der Gottesidee*, cilt II, Münster, 1929, s. 88-101'de tahlil edilmiştir.) Buna benzer bir mitoloji doğu Algonkin kabilesi Arapaholarda da görülür. Buna göre, yaratıcı eserini tamamlamak üzere iken, bilinmeyen bir şahıs olan, Nih'asa (Acı Adam) elinde bir bastonla gelir, yaratıcı gücü ve yerin bir kısmını ilan eder. Yaratıcı, ilk istekte onunla mutabık kalır ve Nih'asa bastonunu kaldırır, dağlar ve ırmakları, meydana getirir, sonra yaratıcı bir deri parçası olur ve onu suya atar. O batar ve hemen yüze çıkar. Böylece, yaratıcı, insanların hayata geri geleceğini ilan eder. Fakat Nih'asa yeryüzünün çabucak insanla dolacağına işaret eder ve suya, batan ve kaybolan bir çakıl atarak insan hayatının bundan sonra, böyle olacağını bildirir. W. Schmidt, *a.g.e.*, II, s. 707-709, 714-717; Ugo Bianchi, *a.g.e.*, s. 108-109.

Coyote'yi "**Annemin Kardeşi**" diye çağırır. Vücudundan yiyecek çıkarır ve onu Coyote'ya verir ve yine aynı şekilde vücudundan gerekli maddeyi çıkartarak yeryüzünü yaratır. Coyote, onun insanı yaratmasına yardım eder ve aynı zamanda insanın ölümlülüğüne de karar verir. Coyote'nin oğlu, ölür ve Taikomol ona diriltmeyi teklif ettiği zaman Coyote reddeder.[229]

W. Schmidt'in de[230] ileri sürdüğü gibi, Taikomol'un gerçek Kaliforniyalı yaratıcı Tanrı tipini temsil etmemesi mümkündür. Fakat özellikle Coyote'nin önemli rol oynadığı bu mitolojinin, Yukilerin dikkatini çekmesi de ilginçtir. Yüce Tanrı'nın ve Yaratıcı'nın silinmesi/unutulması, Dinler Tarihinde oldukça sık karşılaşılan bir olaydır. Yüce varlıkların birçoğu, *deus otiosus/passif Tanrı* olarak sona ermektedir. Bu sadece, ilkel dinlerde olmamaktadır. Tanrının, mükemmel hileci Coyote gibi paradoksal ve müphem şahsiyetten önce yok olması da dikkat çekicidir. Sahildeki Pomolarda Coyote, Yaratıcı Tanrının yerini almaktadır ve fakat Tanrı, kozmogonik yaratıcılıkta yer almamaktadır. Fakat Coyote, dünyayı tesadüfen yaratmaktadır. O, susadığında göl bitkilerini kökünden sökerek, yeraltı sularının şiddetli fışkırmasına sebep olmaktadır. Fışkıran su, onu, çok yükseklere fırlatmakta ve daha sonra sular, bir deniz gibi yeryüzünü kaplamaktadır. Coyote, suları bendlemeyi başarmakta ve insanları, kuş tüyünden başlayarak yaratmaya çalışmaktadır. Fakat öfkelidir çünkü insanlar ona, hiçbir yiyecek vermemektedirler. Bunun için o, bir yangın çıkarmakta ve yangın başlar başlamaz da, onu söndürmek için bir tufan yaratmaktadır. İkinci bir insanlık yaratır, bunlar da Coyote'yu taklit ederler. Coyote ise, onları yeni bir felaket yaratmakla tehdit eder ve bu faaliyetini sürdürür. Fakat

---

[229] A.L. Kroeber, "Yuki Myths," *Anthropos*, cilt 27, (1932), s. 905-939, s. 905; *Handbook of the Indians of California*, Smithsonian Institution, Bureau of American Ethnology, Bulletin, 78, (Washington, 1925), s. 182.
[230] *Ursprung der Gottesidee*, Cilt. V. s. 62, Ugo Bianchi tarafından adı geçen eserde bahsedilmiştir. s. 90, v.d.

insanlar onu ciddiye almazlar, o da onlardan bir kısmını hayvanlara dönüştürmektedir. Neticede Coyote, güneşi yapar ve onu göğe taşımak üzere bir kuşa yüklemektedir. Böylece, kozmik düzeni kurar ve Kuksu kültü merasimlerini başlatır.[231]

Bu mitolojiyi, Coyote alâmeti altında icra edilen kozmogoniden tamamen farklı olan bir stili, açıklamak için zikrettim. Ona rağmen dünyanın ve insanın yaratılışı bir Demiurgun, kendi kendisini yaratan'ın eseri olarak görülmektedir. Onun yaratıkları olan insanların, onunla alay etmeleri ve ona yiyecek vermeyi reddetmeleri çok manidardır. Coyote'yi, Yaratıcı'nın yerine koymanın tarihi izahı ne olursa olsun, Yaratıcı gücüne ve üstün pozisyonuna rağmen onun Trickster-Demiurgen (kurnaz yaratıcı) karakteri, aynen kalmıştır. O, daima, Kuzey Amerika efsanelerinde, izleyenleri eğlendiren unutulmaz Trickster gibi, kurnaz bir fırıldakçı gibi davranmaya devam etmektedir.

Trickster/Düzenbaz/Coyote

Kuzey Amerika'da görülen düalizmin en aşırı tipinin, Coyote'ye, Trickster/düzenbaz'in bir statü vermesi oldukça önemlidir. Trickster, zikrettiğimiz Kaliforniya kozmogonik mitlerinden beklenenden çok daha karmaşık bir özellik sergilemektedir.[232] O'nun şahsiyeti müphem ve rolü ise, iki anlamlıdır. Gerçekten mitolojik geleneklerin çoğunda Trickster, ölümden ve dünyanın bugünkü durumundan sorumludur. O, aynı zamanda Dèmiurge ve kültür kahramandır. Çünkü o, ateş ve başka kıymetli eşyaları çaldığının, yeri tahrip ettiğinin ve canavarları

---

[231] E. M. Loeb, "The Creator Concept Among The Indians of North Central California," *American Anthropologist*, N.S. XXVIII, s. 467-493), Özellikle s. 484 v.d.
[232] Coyote, Great Plains'de, the Great Basin'de ve Kaliforniya'da Trickster şekli altında takdim edilmektedir. Fakat kuzeybatı sahillerinde Vizon veya Karga şekli altında görünmektedir. Güneydoğuda ve muhtemelen eski Algonkinlerde Tavşan şeklindedir. Modern Algonkinler olan Siouxlar ve başka kabileler arasında insan şekline bürünmekte ve Gluskabe, Iktomi Wisaka, Eski ve Yeni gibi özel bir isim almaktadır.

yok ettiğinin farkındadır. Yine de, Trickster, kültür kahramanı olarak davrandığında bile, özel karakterini muhafaza etmektedir. Meselâ, ateşi veya insanlar için zaruri olan bir şeyi çaldığında, (Güneş, Su, balık gibi) Tanrısal bir varlık tarafından kıskançlıkla esir alınmakta ve bunu, kahramanca değil, kurnazlıkla veya aldatmaca ile yapmaktadır. Çoğu zaman onun başarısı, yaptığı hatalarla (meselâ, yeryüzü sular altında kalmış veya her yer yanmıştır) tehlikeye düşmektedir. Çoğu zaman o, insanlığı yamyam canavar düşmanlardan kurtarmaya, kurnazlıkla ve sinsilikle muvaffak olmuştur.

Trickster'in bir başka özelliği de onun, kutsalın karşısındaki müphem tutumudur; o, şamanik veya kutsal tecrübeleri karikatürize etmektedir. Şamanın bekçi ruhları, gülünç şekilde, Trickster tarafından pislik olarak betimlenmiştir.[233] Her defasında düşmekle sonuçlansa da, o, şamanların coşkulu uçuşunun taklidini yapmaktadır. Bu yansılamalı davranışın çift anlamı vardır: Trickers "Kutsalla", rahiplerle, şamanlarla alay etmektedir. Fakat diğer taraftan olay aynı şekilde kendisine dönmektedir. Yaratıcı Tanrı'nın inatçı ve dalavereci hasmı olmadığından (Kaliforniya Mitolojisinde olduğu gibi), tarifi güç bir varlık ve aynı zamanda zeki, aptal, önceden beri varlığı ile Tanrılara yakın ve fakat oburluğu, aşırı cinsiyeti, töretanımazlığı ile insanlara yakın bir kişilik olduğunu ispatlamıştır.

Rickett[234], Trickster'in şahsında bizzat olması gereken insan imgesini –dünyanın sahibinin imgesini- görmektedir. Bu tarif, belki kutsalın içinde bulunan hayali dünyadaki insan imgesini yerleştirmek kaydıyla kabul edilebilir. Bu hümanist, akılcı veya iradeci anlamda insan imgesi sorunu değildir. Gerçekten Trickster, "insan durumu mitolojisi" diyebileceğimiz bir şeyi yansıt-

---

[233] M.L. Ricketts, "The Nort American Indian Trickster," *History of Religions*, V. No. I, (1966), krş., s. 327-350, özellikle, s. 336, v.d.
[234] a.g.e., s. 338.

maktadır. O, temiz, zengin ve her türlü çelişkiden azade bir dünyada, insanı ölümsüz yapan, ona bir çeşit cennette hayatı sağlayan Tanrının kararlarına muhalefet etmektedir. Dahası dinle alay etmekte yani rahibeler ve şamanların teknikleriyle alay etmektedir. Oysa mitolojiler daima, bu dini elitlerin güçlerini iptal etmek için alayın yeterli olmadığına işaret etmektedirler.

Trickster'in yaratma işiyle müdahalesi sonucu, bugün olduğu gibi insan şeklini alması durumu karakteristiktir. Meselâ bir kahraman gibi hareket etmediği halde, canavarları yenmekte; birçok konuda başarılı olurken, bazılarında da başarısız olmaktadır. Dünyayı pek çok hata ve kurnazlıkla düzenleyip tamamlamakta ve sonuç olarak hiçbir şey mükemmel olmamaktadır. Bu bakımdan Trickster'in şahsında, yeni bir din tipinin peşinde, bir insan yansıması görülmektedir. Trickster'in maceraları, Tanrısal varlıkların jestlerini yansıtarak ve aynı zamanda Tanrılara karşı kendi iradesiyle alay ederek bir çeşit köklü şekilde sekülerleşme meydana getirmektedir.

Coyote'yi, Yaratıcı'ya karşı koyan Kaliforniyalı mitlerde bir dereceye kadar gerçek düalizm fark edilebilir. Bu düalizmin, aynı şekilde insanın, Yaratıcı'ya muhalefetini yansıttığı da söylenebilir. Fakat yukarıda gördüğümüz gibi, Tanrı'ya karşı duruş, tehlikeli durumların ve taklitlerin sonucunda gelişme göstermektedir. Burada çekirdek halinde bir felsefenin olduğunu itiraf edebiliriz. Fakat onu, sadece bu bağlamda ilişkilendirmeye hakkımız var mı? Bunu bilmiyorum.

Bazı Açıklamalar

Burada taslak halinde sunduğumuz bu dokümanların analizlerini, özetlememizin bir yararı yoktur. Yine de kısaca, Kuzey Amerika yerlilerince kabul edilen farklı kutupsallık ve karşıtlık tiplerini yani "manevi yaratılış" karakterlerini açıklamak için hatırlamakta yarar vardır. Gerçekten, düalizmin belli bir tipi, tarımsal kültür toplumunun yarattığı gibi görünmektedir. Fakat en köklü düalizm, Kaliforniya kabilelerinden tarımı bilmeyen kabilelerde varlığı biliniyor. Burada sosyal doğum (diğer başka meydana gelişler gibi), varoluşsal bir sembolizmin fonksiyonlarını izah etmemektedir. Köyün ve mühim bir arazinin iki kutupsal prensip arasındaki karşıtlıklı ikili bölünmesi, birçok kabileler arasında; onların dinleri veya mitolojileri, düalist bir yapı sunmaksızın bulunmaktadır. Bu kabileler yerle ilgili, ikili bölünmeyi tecrübenin doğrudan doğruya bir özelliği olarak uygulamaktadırlar. Fakat onların mitolojik ve dini yaratılışları, başka planlar üzerinde tezahür ediyor da olabilir.

Kutupsallık bilmecesiyle karşılaşan ve onu çözmeye yönelen halklara gelince, önerilen çözümlerin hayret verici şekilde çeşitliliğini hatırlatmalıyız. Orta Algonkinlerde, aşağı Güçler ile Kültür Kahramanı arasında erginlenme kulübesinin tamiri ve ölümün meydana gelmesini açıklayan kişisel antagonizm/zıtlık mevcuttur. Fakat böyle bir karşıtlık, elbette kaçınılmaz değildir. Bir kazanın sonucunda (Mänäbush'un kardeşinin öldürülmesi) vuku bulmuştur. Erginlenme kulübesine gelince onun başka Algonkinlerde ve Ojibwaylarda mevcut olduğunu görüyoruz. Bunlar "Büyük Tanrı"ya inanıyorlardı ve onun sembolizmi, onların bütünleşmesiyle birlikte kozmik kutupsallığı ifade ediyordu. Ancak, Mısır ziraatçılarındaki düalizme, tamamen farklı anlamlar yükleniyordu. Meselâ, Zunilerde düalizm, dini ritüellere ve bayram takvimlerine hâkim olmasına rağmen, mitolojide silinmiştir. Aksine İrokuolarda, mitoloji ve kült, tamamen İran modeli bir düalizmde belirginlik kazanmıştır. Nihayet Kaliforniyalılar arasında, Tanrı ile onun hasmı olan Coyote'nin arasındaki düalizm, farklı olmakla birlikte, Yunanlılar tarafından icra edilen "mitolojileştirme" ile mukayese edilebilen bir insan durumunun mitolojileştirilmesine yol açmıştır.

Prof. Dr. Mircea ELIADE

Endonezya Kozmolojileri: Antagonizm/Karşıtlık ve Bütünleşme

Endonezya'da da, kozmik hayat, insan toplulukları ve yaratılış fikri, kutupsallık belirtisi altında gelişme göstermiştir. Bazı durumlarda bu kutupsallık, tamamen ilk olan bir birliği göstermektedir. Fakat yaratılma işi, iki Tanrının karşılaşmasının sonucu olmaktadır.(Tanrılardan birisi savaş diğeri evlilik Tanrısıdır.) Orada bir tek yaratıcının veya bir grup tabiatüstü varlıkların gücüyle ve iradesiyle meydana gelen bir kozmogoni yoktur. Dünyanın ve hayatın başlangıcında bir çift vardır. Dünya, ya bir *hieros gamos*un (Bir Tanrı ile Tanrıça arasında bir Tanrıdır) ya da iki Tanrı arasındaki savaşın bir sonucudur. Her iki halde de, gökyüzünün temsilcileri ve yeraltı olarak kabul edilen ve yaratılıştan sonra yeryüzü olacak olan aşağı bölgelerin tanrıları arasında bir karşılaşma söz konusudur. Her iki halde de, başlangıçta bir "bütünlük" vardır. Bunda hieros *gamos* da birleşmiş veya henüz ayrılmamış, iki temsilci görülmektedir.[235]

Geçen bölümlerin birinde, Ngadju Dayakların dini hayatının yapısı ve kozmogonisini birkaç detayla sunmuştuk. Şimdi sadece

---

[235] W. Münsterberger, *Ethnologische Studien an Indonesischen Schöpfunsmythen*, The Hague, (1939), Hemen hemen bütün doğu Endonezya'da, Mollucalarda ve Célèbelerde mitoloji Gökle (veya Güneş) ve Yerin (veya Ay) arasındaki evliliği ihtiva etmektedir. Hayat, (yani bitkiler hayvanlar ve insanlar) bu evliliğin sonucudur. Bkz. Waldermann Stöhr, W. Stöhr ve Piet Zvetmulder, *Die Religionen Indonesiens*'de (Stuttgart, 1965), s. 123-146. Mademki Hieoros Gamos bazı adalarda Leti ve Lakor gibi, her yaratılışın modelini tesis ediyor, yer ve göğün evliliği de muson mevsiminin başında kutlanıyor. Merasim sırasında, Gök Tanrısı Upulero Yer'e inmekte Upunusa'yı döllemektedir. (H. Th. Fischer, *Inleiding tot de Culturele Antropohogie Van Indonesie*, (Haarlem, 1952), s. 174; Stöhr, op. cit. s. 124). Diğer taraftan her insan evliliği, Yer ile Gök arasında Hieros Gamos'u aktüelleştirmektedir. (Fischer,*a.g.e.*, s. 132 v.d.) Hieros Gamos'un bir sonucu olarak kozmogoni, en eski ve en yaygın mitoloji olarak görülmektedir. (Stöhr, s. 151). Aynı konunun paralel bir anlatımı yaratılışı, Hieros Gamos'da birleşmiş yer ile göğün ayrılması ile izah etmektedir. Bkz. Hermann Baumann, *Das doppelte Geshlecht*, s. 257; stöhr, s. 153. Birçok halde, Endonezyalı yüce varlığın ismi, "Güneş-Ay" veya "Baba-Anne" isimleri ile bitişmiş haldedir. (Baumann, s. 136); Başka ifadeyle, ilk Tanrının bütünlüğü, Hiéros Gamos'da bitişmiş Gök ve yerin ayrılmazlığı olarak tasavvur edilmiştir.

birkaç önemli detayı hatırlatacağım: Su yılanının ağzında gizli güç halinde mevcut olan ilk kozmik bütünlükten, ardı ardına iki dağ şeklinde biri Tanrı biri Tanrıça olan iki kuş ortaya çıkmıştır.[236] Dünya, hayat ve ilk insan çifti, iki kutupsal prensibin çarpışması sonucu var olmuştur. Fakat kutupsallık burada sadece Tanrısallığın bir yönünü temsil etmektedir. Tanrısal bütünlük, önemli tezahürlerdir. Yine daha önce gördüğümüz gibi bu bütünlük, Dayak dininin temelini oluşturmaktadır. O, sürekli ferdi ve kollektif ritüeller/ayinler aracılığı ile bütünleşmektedir.

Toba-Batak'larda da yaratılış, yukarı ve aşağı güçler arasındaki çatışmanın sonucunda meydana gelmiştir. Fakat burada savaş, hasımların karşılıklı tahribi ile değil; onların yeni bir yaratılışta bütünleşmeleri ile sonuçlanmaktadır.[237] Nias adasında iki yüce Tanrı olan Lowalangi ve Lature Danö birbirine karşı ve aynı zamanda da birbirinin tamamlayıcısıdır. Lowalangi, yukarı dünyaya aittir, hayatın iyiliğini temsil etmektedir. Renkleri sarı veya altın rengidir. Sembolleri ve kültürel amblemleri, horoz, kartal, güneş ve ışıktır. Lature Danö ise, aşağı dünyaya aittir, ölümü ve kötülüğü temsil etmektedir. Onun renkleri, siyah veya kırmızıdır. Amblemleri yılanlardır. Sembolleri ise, Ay ve karanlıklardır. Buna rağmen iki Tanrı arasındaki karşıtlık bir tamamlayıcılık ihtiva etmektedir. Mitolojinin anlattığına göre, Lature Danö, başsız ve Lowalangi vücutsuz doğmuştur. Başka bir tabirle, ikisi bir bütün teşkil etmektedir. Ayrıca, her biri, diğerine daha uygun mükemmel sıfatlara sahip[238] olmaktadır.

---

[236] Hans Scharer, *Die Gottesidee der Nigadju Dayak In süd-Borneo* (Lieden, 1946), s. 70 v.d. *Ngaju Religion*, The Hague, (1963), s. 32.
[237] W. Stöhr, *Religionen Indonesiens*, s. 57. L. Tobing'e göre, yüce varlık kozmik bütünlüğü temsil etmektedir. Çünkü o, üç şekil altında kavranabilmektedir: Bu şekillerin herbiri üç dünyadan birini temsil eder (yukarı-aşağı-orta). Kozmik ağaç bu bölgelerden göğe kadar yükselmekte ve kâinatın bütünlüğünü, kozmik düzeni sembolize ediyor. (*The Structure of the Toba-Batak Belief in the Highgod*, Amsterdam, 1956, s. 27-28, 57,60-61).
[238] P. Suziki, The Religious System and Culture of Nias, Indonesia (Hague, 1959), s. 10; Stöhr, Religionen Indonesiens, s. 79.

Endonezyada, kozmik düalizm ve tamamlayıcı karşıtlık, köyün ve evin, elbiselerin, süslemelerin silahların yapısında olduğu kadar, doğum, erginlenme, evlenme ve ölüm merasimlerinde de ifade edilmektedir.[239] Bu konuda birkaç misalle yetinmek istiyoruz Molucca adalarından biri olan Ambryna'da, köy, iki parçaya ayrılmıştır. Bu bölünme sadece sosyal bir bölünme değil, aynı zamanda kozmik bir bölünmedir. Çünkü bu bölünme, dünyanın bütün olaylarını ve eşyalarını kuşatmaktadır. Gerçekten sol, kadına, kıyıya veya deniz yoluna, aşağıya, ruhsal, dışarıya, batıya, küçük kardeşe, gence, yeniye muhaliftir. Sağ ise, erkeğe, yere veya dağa, yukarıya, göğe, dünyaya, yükseğe, içeriye, doğuya büyük kardeşe, yaşlıya muhaliftir. Yine de Ambrynalar bu sisteme başvurduklarında ikili değil, üçlü bölünmeden bahsetmektedirler. Üçüncü eleman, dengeyi devam ettiren ve iki karşıt unsuru bütünleştiren "yüksek sentez"dir.[240] Aynı sisteme, Ambryna'ya birkaç yüz kilometre olan, Java ve Bali'de de karşı karşıya gelmekteyiz.[241] Zıtlar arasındaki karşılı-

---

[239] P. Suziki, *Religious System*, s. 82.
[240] D.P. Duvrendak, Inleidung tot de Ethnologie van den Indischen Archipel (3 e ed. Groning-en-Batavia, 1946), s. 95,96, Claude Lévi Strauss, Anthropologie Structurale (Paris, 1958), s. 147, v.d.
[241] Java'nın Badunglarında cemiyet iki kategoriye bölünmüştür: İç Badung'lar, "kutsal" yarıyı temsil etmektedirler, Dış Badung'lar ise "kutsal dışı" yarıyı temsil ederler. Birinciler, ikinciye hâkimdirler. Bkz. Van der Kruef, "Dualism and Symbolic Antithesis in Inverisian Society" *American Anthropologist*, No 5, Cilt, 56, (1954), s. 853-854, Bali'de, hayat ile ölüm, gündüz ile gece, şans ile şansızlık, dua ile beddua, adanın coğrafik yapısı ile ilişki içindedir. Çünkü orada dağlar ve sular, aşağı ve yukarı dünyayı sembolize etmektedirler. Dağlar, iyi istikameti temsil ederler. Çünkü yağmurlar oradan gelmektedir. Aksine deniz ise, aşağı istikameti temsil eder. Bunun için, o, felaketlere, hastalıklara ve ölüme ortaktır. Deniz ile dağlar arasında, yani, aşağı dünya ile, yukarı dünya arasında insanların oturduğu yer bulunmaktadır. Yani, Bali adası bulunmaktadır. O, Madiapa, orta dünya adını taşımakta ve iki dünyanın bir kısmını oluşturmaktadır. İşte bundan dolayı, karşıt sonuçlara, maruz kalmaktadır. Swellengrebel'in ifade ettiği gibi Madiapa (Bali), antitezlerin kutup noktasıdır (bu tabir, J. Van der Kroef. s. 856'da geçmektedir.). Burada, kozmolojik sistemin daha komplike olduğunu söyleyebiliriz. Çünkü kuzey ve doğu istikametleri, güney ve batıya muhaliftirler ve farklı Tanrılarla, farklı renklerle beraberdirler (Van der Kroef, s. 856).

ğın son tahlilde, zıtların birleşmesinin hedef almaktadır.[242] Sumatra'nın Minangkabau'larında, klanın iki çiftinin arasındaki düşmanlık, evlilik merasimi esnasında ritüel bir horoz dövüşü ile ifade edilmektedir.[243] P. E. de Josselin de Jong şöyle demektedir: "Bütün cemaat, Karşıt/antagonist olan, ancak birbirini tamamlayıcı iki gruba bölünmüştür. Ancak cemaat, iki kısımda var olduğunda ve her ikisi de biribiri ile temasa geçtiğinde, var olabilmektedir. İşte evlilik, bu şartları açıkça yerine getirmeye vesile olmaktadır."[244]

Josselin de Jong'a göre, bütün Endonezya bayramları, gizli veya açık bir savaş tonu göstermektedir. Onların kozmik önemleri, inkâr edilemez. Gerçekten, iki karşıt grup, aynı zamanda, kâinatın bazı bölümlerini temsil etmektedir. Netice itibariyle onların savaşları, ilk kozmik kuvvetlerin karşıtlığını ortaya koymaktadırlar. Bunun için merasim, kozmik bir dramı meydana getirmektedir.[245] Bu durum, Dayaklarda çok iyi bir şekilde ortaya konmuştur. Toplu ölüm festivallerinde bu durum, köyde yükseltilmiş bir barikatın etrafında, maskeli iki grup arasındaki bir savaşla betimlenmektedir. Bu festival, dramatik kozmogoninin yeniden aktüelleşmesidir. Barikat, Hayat Ağacı'nı sembolize etmektedir. İki rakip grup, Hayat Ağacı'nı yıkarak birbirle-

---

[242] Bıçak ve kılıç erkek sembolüdür. Kumaş ise kadın sembolüdür. (Gerlings Jager, van der Kroef, s. 857'de zikredilmişti. Dayaklarda, bir mızrağa bağlanan kumaş, iki cins arasındaki birliği sembolize etmektedir. Sancak (yani mızrak ve kumaş Tanrısal yaratışla ölümsüzlüğün ifadesi olan hayat ağacını temsil etmektedir). Bkz. Schärer, *Die Gottesidee*, s. 18-30.
[243] J. van der Kroef, s. 853, Ticarette olduğu gibi evlenmede de eşin klanının totemi, kadının klanının totemi ile birleşmektedir. Böylece, insan gruplarının kozmik birliği, antitezleriyle sembolize edilmiştir. Van der Kroef, s. 850.
[244] Van Der Kroef tarafından s. 853'de bahsedilmiştir. Başka bir eserinde yazar, Gök ile yerin erkek ile kadının merkez ile bitişik iki sahilin antitezleri, sosyal kategorilerde ve ayırıcı vasıflarda monoton olduğu kadar, telkin edici şekilde ifade edilmişlerdir. Van der Kroef, s. 847.
[245] J. P.B. de Josselin de Zong, "De Oorsprong van den goddelijken Bedrieger" s. 26; F.B.J. Kuiper "The Ancient Aryan Verbal Contest," *Indo-Iranian Journal*, IV, (1960), s. 217-281, s. 279.

rini öldüren iki mitolojik kuşu temsil etmektedir. Fakat ölüm ve tahrip, yeni bir yaratılışı meydana getirmiş ve böylece köye, ölümle sokulan kötülük önlenmiştir.[246]

Kısaca, Endonezya dini düşüncesinin, kozmogonik mitlerde kavranan sezgileri, bilinçlendirdiğini ve geliştirdiğini söyleyebiliriz. Dünya ve hayat, esas birliği bozan bir ayırımın sonucu olduğundan, insan da sadece benzer bir seyri takip etmelidir. Kutupsal karşıtlık/antagonizm, kozmolojik prensip seviyesine yükselmiştir. Bu sadece kabul edilmemiş, aynı zamanda dünya, hayat ve insanın öneminin şifrelerini çözen bir durum olmuştur. Ayrıca, kendine has varlık şekliyle kutupsal karşıtlık, zıtların kutupsal birliği içinde yok olmaya yönelmiştir. Kutuplar birbirine çarparak, yeni bir sentez ve önceki duruma nazaran bir gerileme olan "üçüncü terim" diyebileceğimiz bir şeyi yaratmaktadırlar.[247] Burada nadiren sistematik öncesi düşünce tarihinde, Endonezya kozmolojilerinden ve sembollerinden daha Hegelci bir diyalektiği hatırlatan bir formülle karşılaşıyoruz. Bununla beraber, Endonezyalılar için "üçüncü terim" olan kutupların sentezi, geçmiş duruma göre, yeni bir yaratılışı temsil etmesine rağmen, aynı zamanda bu yeni yaratılış, ilk duruma bir dönüş ve bir gerilemedir. Bu yeni yaratılışta, kutuplar, farksız bir bütünlük içinde müşterek olarak var olmaktadır.[248] Zıtların, mitolojik ayrılması ve birleşmesi içindeki yaratılış ve hayat sırrının tespiti yapıldıktan sonra, Endonezya düşüncesinin bu biyolojik modeli aşmasının, mümkün olmadığı söylenecektir. Aynı şeyi

---

[246] Walderman Stöhr, *Das Totenritual der Dayak* (Köln, 1959), s. 39-56; *Die Religionen Indonesiens*, s. 31-33, Cenaze merasimlerinin, biribirine bağlı mitolojilerin tam bir tasviri için bkz. Hans Scharer, *Der Totenkult der Ngadju Dayak in Süd-Borneo*, 2. cilt (Gravenhage, 1966).

[247] Özellikle Lévi - Strauss'u ilgilendiren düalist organizasyon problemi için bkz. *Anthropologie Structurale*, s. 166, v.d.

[248] H. Baumann, önemli bir eser olan *Das Doppelte Geschlecht*'de seksüel karşıtlıktan, Tanrısal ve insani biseksüelliğe geçişi tasvire yönelmiştir. Bu fikri yazar, sonraki dönemlere ait olarak telakki ediyor. Bkz. *Revue de I' Histoire des Religion*, Ocak-Mart, (1958), s. 89-92.

bugün Hint düşüncesinde de göreceğiz. Başka bir ifade ile Endonezyalılar, bilgeliği seçmişlerdir. Felsefeyi, sanatsal yaratımı, bilimi değil. Ebetteki onlar, bu seçimde yalnız değillerdir ve onlara, bu noktada haklıdırlar veya haksızdırlar diyemeyiz.

Kozmogoni, Ritüel Yarışmaları ve Söz Düellosu: Hindistan ve Tibet

Eski Hindistan, mitsel-ritüel senaryolardan, daha sonra farklı metafiziksel spekülasyonlara ilham verecek bir paleoteolojiye geçişi yakalamamıza imkan vermektedir. Dahası Hindistan, başka kültürlerden daha iyi bir şekilde, çok yaygın ve arkaik bir konunun yaratıcılık bütünleşmesinin ve sayısız seviyeler almasının açıklamasını yapmaktadır. Hindistan'daki olayları incelerken, insanî varlığın derin boyutunu açıklamayı hedef alan daimi temel sembolün farkına varılmaktadır. Başka bir ifadeyle, Hindistan örnek bir şekilde böyle bir sembolün ilk sonuçlarını belirginleştirerek, sistematik öncesi düşünceyi teşvik ederek, kozmozda insanın durumunu çıplak şekilde ortaya koyan her çeşit tecrübeyi, sembolleştirme zinciri olarak adlandırabileceğimiz bir şeyi başlatmaya elverişli olduğunu da açıklamaktadır. Hint dehasının en önemli yaratılışlarının hepsini burada hatırlatmak imkânsızdır. Kendimizi sınırlayarak, iki kutupsal prensip arasındaki çok iyi bilinen bir antagonizmin şemasını değerlendirmekle işe başlayacağız. Daha sonra ise, mitolojik ve metafizik planda aynı şemanın bütünleşen ve gelişen yaratılışının birkaç örneğini de hatırlatacağız.

Veda mitolojisi, İndra ile ejderha Vrtra arasındaki örnek savaşın hâkim olduğu bir mitolojidir. Bu mitolojinin kozmogonik yapısı üzerinde zaten önceden ısrarla durmuştuk.[249] Dağların

---

[249] Le Mythe de l'Eternel Retour, s. 40. İngilizce çevirisi için bkz. The Myth of The Eternal Return, s. 19.

oyuğuna Vrtra tarafından hapsedilen suları kurtararak Indra, dünyayı'da kurtarmaktadır ve böylece, dünyayı yeniden yaratmaktadır. Başka anlatımlarda Vrtra'nın kafasının kesilmesi ve parçalanması, yaratılışın gerçekliğine geçiş gücünü ifade etmektedir. Çünkü yılan şeklindeki Vrtra, belirsiz olanı sembolize etmektedir. En üstün derecede Indra ve Vrtra arasındaki savaş mitolojisi, diğer faaliyetler ve yaratılış şekillerine modellik görevi yapmaktadır. Bir Veda ilahisi "Vrtra'yı öldüren, savaşta muzafferdir" der.[250] Daha yakınlarda Kuiper, iki ortak olay serisini aydınlığa çıkarmıştır. Şöyle ki, Hint Vedalarındaki hitabet **düelloları** aynı şekilde, mukavemet güçlerine karşı (Vrtani) ilk savaşı tekrarlamaktadır. Şair kendini İndra ile şöyle mukayese etmektedir: "Ben rakiplerimin katiliyim, İndra gibi yara almadan sağ ve salim" (*Rig Veda*, X, 166,2). Hitabet düelloları, şairler arasındaki yarışlar, yaratıcı bir faaliyeti yahut hayatın bir yenileşmesini meydana getirirler. Diğer taraftan Kuiper[251] İndra ve Vrtra arasındaki savaş üzerine merkezileşen mitsel-ritüel senaryoların yeni yıl festivalini meydana getirdiğine inanmaya sevkeden çok sebebin olduğunu da göstermiştir. Bütün düello ve savaş şekilleri (iki tekerlekli araba yarışları, iki grup arasındaki savaşlar vs.) kış ritüelleri boyunca[252] yaratıcı kuvvetleri tahrik etmiş olarak görülmektedir. Avesta'ya ait olan *vyaxana* terimini Benveniste, "zaferi temin eden askeri özellik"i ihtiva eden "hitabet düellosu" olarak açıklamıştır.[253] O halde burada oldukça eski olan Hint-İran kökenli bir anlayış söz konusudur. Bu anlayış, "söz düellosunun" yaratıcı ve yenileştirici faziletini güçlendirmektedir. Aslında bu, özellikle Hint-İran âdeti değildir. Şiddetli söz düelloları, Eskimolarda, Kwakiutilarda ve eski

---

[250] *Maitrayani-Samhit*, II, 1, 3, F.B.J. Kuiper tarafından alıntılanmıştır: "The Ancient Aryan Verbal Contest" s. 251.
[251] Kuiper, s. 251.
[252] *a.g.e.*, s. 269.
[253] Kuiper tarafından alıntılanmıştır. *a.g.e.*, s. 247.

Almanlarda da mevcuttur. Sierksma'nın yenice hatırlattığı gibi bunlar, özellikle Tibet'te[254] büyük bir değere sahiptir. Tibetli keşişlerin açık tartışmaları, sözlü olmayan saldırganlıkları ve onların kan dökücülüklerini, çok iyi göstermektedir. Burada her ne kadar tartışmalar, Budist felsefi problemleri üzerine dayanmış da olsa ve Asanga gibi büyük Budist mütehassıslarının koydukları kurallara kısmen uyulsa da açık tartışmaya götürülme ihtirası, Tibetlilerin karakteristik özelliklerinden birisidir.[255]

Rolf Stein'in gösterdiği gibi bu söz düellosu, Tibet'te diğer yarışma şekilleri olan, at yarışları, atletik oyunlar, muhtelif savaşlar ve ok atışları, inek sağışları, güzellik yarışması gibi müsabakaların arasında bulunmaktadır.[256] Yeni yıl vesilesi ile at yarışlarından sonra, en önemli yarışma, üyeler arasında veya kozmogonik mitolojiyi okuyan ve kabilelerin atalarını tebcil eden muhtelif klanların temsilcileri arasında meydana gelmektedir. Yeni yılın mitsel-ritüel senaryosunun temel konusu, iki dağda bulunan şeytanlarla Gök Tanrı arasındaki savaşla ortaya konmaktadır. Diğer benzer senaryolarda olduğu gibi Tanrı'nın zaferi, başlayacak yeni yılda yeni bir hayat zaferini garanti etmektedir. Hitabet düellolarına gelince, Stein'e göre;

> Sosyal planda ve onu geride bırakan dini planda prestijini tebcil eden insan dünyasını (cemiyeti) yaşadığı yere bağlayan yarışmalar bütününün bir parçasını teşkil ediyordu. Tanrılar, gösterilere katılıyorlar ve insanlarla beraber gülüp eğleniyorlardı. Destanlarda olduğu gibi, hikâye anlatımının ve bilmece düellosunun hayvancılık ve mahsul üzerinde de etkisi oluyordu. Büyük bayramlar vesilesi ile Tanrılar ve insanlar bir araya geldiğinde sosyal karışıklıklar çıksa da, sonra yatışmaktadır. Grup,

---

[254] E. Sierksma, "Rtsod-pa: the Monacal Disputation In Tibet," *Indo-Iranien Journal*, VIII, (1964), s. 130-152. s. 142.
[255] A. Wayman, "The rules of debate, according to Asanga," *Journal of American Oriental Society*, Cilt, 78, (1958), s. 29-40; E. Sierksma, *a.g.e.*,
[256] R.A. Stein, Recherches sur l'épopée et le barde au Tibet, (Paris, 1959), s. 441.

geçmişe (dünyanın başlangıcına, atalarına) ve yaşadığı yere bağlanarak yeniden güç hissetmektedir.[257] Rolf Stein, Tibetlilerin yeni yılda festivallerindeki İran etkilerini de gün ışığına çıkarmıştır.[258] Fakat bu, bütün senaryonun İran'dan ödünç alındığı anlamına gelmemektedir. Büyük ihtimalle, İran etkileri, mevcut olan bazı yerli unsurları takviye etmektedir. Hindistan'da çok erkenden kaybolmuşsa da, yeni Yıl senaryoları orada arkaik özellik taşımaya devam etmektedir.

Devalar ve Asuralar

Hindistan'da yeni-yıl şemaları, sürekli kullanılmış ve muhtelif planlarda ve sayısız perspektiflerde geliştirilmiştir. Asuralarla, Devalar arasındaki çekişmeyi yani Tanrılar ve şeytanlar; aydınlık güçler ile karanlık güçler arasındaki muhalefeti, daha önce tartışmıştık. Fakat Vedalar zamanından beri, bu savaş (oldukça yaygın mitolojik bir konuyu meydana getirmektedir.) çok orijinal bir istikamette yorumlanmıştır. Yani aynı paradoksal özdeşliği veya Devalarla, Asuralar arasındaki kardeşliği açıklayan bir "**başlangıç**" ile özellikle tamamlanmıştır.

Veda doktrini, çift perspektif yerleştirmeye gayret etmektedir. Devalarla, Asuralar farklı bir şekilde gözlerimizin önünde, zamanların başlangıcından beri karşılıklı mücadeleye mahkûm edilmiş olsa da, dünya bugünkü şeklini almadan önce onlar, özdeştirler.[259]

Bir yandan burada, söz konusu olan, Agni ve Varuna gibi büyük Veda Tanrılarının, zıt yönleriyle eşit derecede ifade edilmiş olan çift değerlilik cesur bir şekilde ifade edilmiştir.[260] Fakat özellikle burada dünyanın, hayatın ve ruhun bir tek

---

[257] a.g.e., s. 440-441.
[258] a.g.e., s. 390-391, v.d. Bkz. Sierksma, s. 146.
[259] Méphistophélès et l' Androgyne (Paris, 1962), s. 109.
[260] Bkz. a.g.e., s. 111-113.

Urgrund'una/ilk başlangıcına ulaşmak için, Hint düşüncesinin çabası oldukça dikkat çekicidir. Bu bütüncül perspektifin keşfi için de ilk etap, "**ebedilikte gerçek olanın, dünyada gerçek olamayacağını**" bilmektir. Bu probleme daha önceki bir çalışmamda temas ettiğim için, burada daha fazla açıklama yapamayacağım.

Mitra - Varuna

Varuna ve Mitra isimleriyle Hindistan'ın belirlediği Tanrısal hâkimiyetin tamamlayıcı iki yönünü ilgilendiren, eski bir Hint-Avrupa konusunun gelişmesi de bir o kadar önemlidir. Georges Dumézil, Mitra-Varuna çiftinin, Hint-Avrupa üçlü fonksiyon sistemine ait olduğunu göstermiştir. Çünkü Cermenlerde ve eski Romalılarda da buna benzer şeyler bulunmaktadır. Yine Dumézil, bu Tanrısal hâkimiyet kavramının, Hindistan'da, Hint-Avrupa dünyasında rastlanmamış felsefi bir gelişmeye şahit olduğunu da göstermiştir. Kısacası Hintliler için Mitra, parlak, düzenli, sakin, lütufkâr, kutsal, makul bir veçhe altında egemen bir Tanrı iken; Varuna, karanlık, heyecanlı, şiddetli, korkunç ve savaşçı,[261] saldırgan bir görünüm altında egemen bir tanrıdır. Aynı tablo, ikiliklerle ve zıtlıklarla, Roma'da da görülmektedir. Bu, bir yandan Luperci rahiplerle, Flaminci rahipler arasındaki muhalefette de görülmektedir. Yani birinde, azgın bir *iunior*'un baskısı, ihtirası, gürültüsü varken, diğerinde kutsal bir *senior*'un ılımlılığı, doğruluğu, sükûneti vardır.[262] Bunlar, Roma'nın ilk iki kralı olan Romulus ve Numa'nın farklı davranışları ve yapılarıdır. Onların zıtlığı, Luperci ve Flaminci rahiplerin muhalefetine karşılık gelmektedir. Bu, sadece dini ve mitolojik planda değil, aynı zamanda kozmik ve epik tarihi

---

[261] Georges Dumézil, *Mitra-Varuna*, (2. Baskı, Paris, 1948), s. 85. Aynı tablo,
[262] *a.g.e.*, s. 62.

planda da Hindistan'da rivayet edilen Mitra-Varuna kutupsallığına da uygun düşmektedir. (Yasa koyucu kral olan Manu, Numa'ya cevap vererek Güneş'den iner ve "**Güneş Hâkimiyetini**" başlatır. Romulus'a cevap veren Gamdharva kralı, Ay'ın torunudur ve "**Ay Egemenliğini**" tesis etmektedir).

Dehaları arasındaki farkı ölçmek için,, eski Hint-Avrupa mitolojisini kullanan Romalılarla ve Hintlileri kıyaslamak yeterli olacaktır. Hindistan, Tanrısal hâkimiyetin iki yönü ile sembolize edilen felsefi ve teolojik bütünlüğü ve değişimi geliştirirken,[263] Roma, mitolojilerini olduğu kadar Tanrılarını da tarihleştiriyordu. Tamamlayıcı ve değişim prensipleri, Roma'da ritüel devrede kalmış veya onlar, historiyografi kurmaya hizmet etmişlerdir. Aksine, Hindistan'da, Mitra ve Varuna'da bedenleştiği hissedilen iki kutupsal prensip, dünyanın izahı ve insan durumunun diyalektik yapısının izahına örnek model teşkil ediyordu (esrarengiz şekilde erkek ve kadın, hayat ve ölüm, esaret ve hürriyet şekline ayrılarak).

Gerçekte Mitra ve Varuna, gece ile gündüz, erkekle, kadın gibi birbirine muhaliftir. ("Mitra tohumunu Varuna'ya akıtmaktadır" der, *Satapatha Brahmana*, II, 4.4.9) biribirlerine zıttırlar. Biri düşünürken diğeri eylemdedir. Bu, tıpkı Brahman ve Kşhatra gibi, yani, maddi ve manevi güç gibi de biribirine muhalefet etmektedirler. Dahası, Samkhya tarafından kendi halinde ve durağan "öz" (purusha) ve aktif ve üretken "Tabiat" (prakirti) ile geliştirilen düalizm, Hintliler tarafından Mitra ve Varuna'nın arasındaki muhalefetin göstergesi olarak algılanmıştır.[264] Eski liturjik metinler, "Mitra'nın, Brahman olduğunu" söylerken, bir

---

[263] Bkz. Ananda K. Coomaraswamy, *Spiritual Authority And Temporal Power in the Indian Theory of Government* (New Haven, 1942); M. Eliade, "La Souveraineté et la Religion İndo-Européenens" (Eleştiri, No: 35, Nisan 1949, s. 342-349).

[264] Mesela, *Mahabharata* (XII, 318,39) Dumézil tarafından bahsedilmiştir, s. 209.

Dinin Anlamı ve Sosyal Fonksiyonu

başka filozofik sistem olan Vedanta'nın iki kutupsal sistemi, yani Brahman ve Maya da aynı uygunluğu ortaya koymaktadır. Vedalarda Maya, büyücü Varuna'nın, bir nevi karakteristik tekniğini yansıtmaktadır.[265] *Rig-Veda* (I, 164, 38) erken zamanda Varuna, tezahür edenle tamamlanmıştır.

Karşıtlık ve Zıtların Birliği (Coincidentia Oppositorum)

Şüphesiz Mitra ve Varuna çifti, karşıtlığın orijinal modelini teşkil etmezler. Fakat mitolojik ve dini olarak, bu prensibin en önemli ifadesidir. Burada, Hint düşüncesi, insan varlığının kozmik bütünlüğünün ana yapısını, Mitra ve Varuna ile kavramaktadır. Gerçekten sonraki yorumlar, Brahman'ın iki yönünü ortaya çıkarır: *apara* ve *para*. Aşağı ve yukarı görülen ve görülmeyen, tezahür eden ve etmeyen, başka bir tabirle yarım ünite ve ritmik bir değişim oluşturan farklı, felsefi, dini, mitolojik açıklamalar içinde çözümlenebilen bir kutupsallığın sırrıdır bu. Mitra ve Varuna, Brahman'ın görünen ve görünmeyen yönleridir. Brahman ve *maya*, *purusha* ve *prakriti* ve daha sonra da, Shiva ve Shakti veya *samsara* ve Nirvana gibi...

Fakat bu karşıtlıklardan bazıları, biraz önce bahsettiğimiz Urgrund gibi tamamen paradoksal bir birlikle, zıtlıkların birleşimi içinde yok olmaya yönelmektedir. Orada sadece metafizik kurgular bahis konusu olmasa da burada, Hindistan'ın garip varlık şekilleri denediği birtakım formüller söz konusu olmaktadır. Buradan elde edilen tecrübe, bütün paradoksal varlık şekillerinin içine "zıtlıkların birleşiminin" dâhil olduğudur. Meselâ, "hayatta hürriyet" anlamına gelen **jivan mukta**, yüce kurtuluşa ulaşmış olmasına rağmen, dünyada var olmaya devam etmektedir. "uyanıklık" anlamına gelen, jivan mukta için Nirvana ve *samsara* aynı şey olarak görülmektedir. Bir Yoginin durumu da aynıdır. O da

---

[265] *a.g.e.*, s. 209-210.

hiç bir davranışı değiştirmeyen zahitlikten, orjiye geçmeye müsaittir.[266] Hint Spiritüelliği, "Mutlak" ile saplantılıdır. Oysa Mutlak, nasıl algılanırsa algılansın, karşıtlığın ve zıtların ötesinde değilmiş gibi kavranabilir. Bunun için Hindistan, kurtuluşun sosyal müesseselerin tutarlı ahlak tavsiyelerine bağlı kaldığı ölçüde eğlenceyi kurtuluşa ulaştıran vasıtalar arasında kabul etmektedir. Oysa metinlerin "zıt çiftlerle" yani biraz önce bahsettiğimiz "kutupsallıkla" belirttiği şeyi aşamayanlara, Mutlak, nihai kurtuluş, hürriyet *moksha*, *mukti* nirvana ulaşılabilir şeyler değildir.

Bu Hint yorumu, işaret ettiğimiz, arkaik cemiyetlerin bazı ritüellerini hatırlatmaktadır. Kutupsal yapının mitolojisi içinde bütünleşseler de arkaik cemiyetlerin bu ritüelleri, kollektif bir eğlence yoluyla zıtların periyodik olarak kaldırılması hedefini gütmektedir. Meselâ, Dayakların, Yeni Yıl şenlikleri sırasında bütün kısasları ve kanunları askıya aldıklarını görüyoruz. Burada, Dayakların mitsel-ritüel senaryosu ile, zıtları kaldırmaya yönelen Hint felsefelerinin ve mistik tekniklerinin farklılıkları üzerinde ısrar etmenin bir faydası yoktur. Çünkü bu açıktır. Yine de her iki halde de, en yüce iyi, (*summum bonum*) kutupsallığın ötesinde bulunmaktadır. Şüphesiz Dayaklar için "en yüce iyi" (*summum bonum*) yeni yaratılışı, hayatın yeni tezahürünü sağlayan kutsal bütünlükle temsil etmektedir. Oysa Yogiler için en yüce iyi (*summum bonum*), kozmozu ve hayatı aşmaktadır. Çünkü o, mutlak hürriyetin, güzelliğin yeni bir varoluşsal boyutunu *şartsız olarak* temsil etmektedir. Bu var olma şekli insan yaratığı olduğundan sadece insana özeldir ve kozmozda olduğu kadar, Tanrılarda da meçhuldür. Tanrılar bile, mutlak özgürlüğü arzu etseler de, bedenleşme ve insanlar tarafından hazırlanan ve keşfedilen vasıtalarla bu kurtuluşu elde etmek zorundadırlar.

---

[266] Bu problemleri, *Techniques du Yoga* (1948) ve *Le Yoga Liberté et Immortalité* (1954)'de yeterince tartışmıştık.

Dinin Anlamı ve Sosyal Fonksiyonu

Fakat Dayaklarla, Hintliler arasındaki karşılaştırmaya yeniden dönmek için burada şuna işaret etmek gerekmektedir: Belirli bir dinin ve etnik bir dehânın yaratılışı, sadece arkaik sistemin kutupsallığının değerlendirmesiyle ve yeniden yorumlanması ile tezahür etmez. Bilakis, *zıtların birleşmesi*ne atfedilen anlam içinde, tezahür eder. Zıtlıkların birleşimi, Dayakların orji ayinlerinde olduğu kadar, tantrik orjilerde de gerçekleşmektedir. Fakat zıtların transandans anlamı, her iki halde de aynı değildir. Başka bir ifadeyle, ne kutupsallığın keşfi ile ne de onların bütünleşmesi ile mümkün olan tecrübeler ve ne de bu tecrübeleri öne alan ve belirginleştiren sembolleştirme, ihtimalleri yok eder. Bazı kültürlerde bu tür tecrübeler ve sembolleştirmeler, bütün imkânları ile tükenmişe benzemektedir. Bütün kültürleri içine alan bir perspektif içinde, kozmik hayatın yapılarını ifade eden ve kozmozda insanın var olma şeklini elle tutulur bir hale getiren bir sembolizmin verimliliğini değerlendirmek gerekecektir.

Yang ve Yin

Elbette, Çin misalini sona bırakmamız sebepsiz değildir. Amerika ve Endonezya arkaik cemiyetlerindeki kozmik kutupsallık, Çin'de *yang* ve *yin* sembolleri ile ifade edilmektedir. Ayinlerde yaşayan kozmik kutupsallık, çok erkenden evrensel bir sınıflandırmanın modelini sağlamıştır. Ayrıca, Hindistan'da olduğu gibi, Çin'de de *yang* ve *yin* zıtlar çifti, bir yandan, vücudun çok sayıda tekniğini ve ruhun disiplinlerini sistemleştirip ve geçerli kılarken, diğer yandan da gittikçe sert ve sistematik felsefi spekülasyonlara sürüklenen bir kozmolojiye dönüşmektedir. Şüphesiz burada, *yang* ve *yin*'in bütünü içinde ne morfolojisini takdim etmek ne de onun tarihini çizmek söz konusu değildir. Burada sadece Shang döneminin (Çin geleneksel kronolojisine göre I. Ö. 1400-1122) Bronz ikonografilerinde bol miktarda beyan edilen zıtlık sembolizmini hatırlatmak yeterli olacaktır. Bu konu üzerine bir dizi önemli eser tahsis eden Carl Hentze, kutupsal sembollerin, birleşmelerine veya kesişmelerine vurgu yapacak şekilde bir araya geldiğine işaret etmiştir. Mesela, gece kuşu veya karanlıkları sembolize eden bir başka figür "**güneşe benzer gözlerle**" donatılmıştır. Oysa ışık amblemleri, "gece işareti ile" belirtilmiştir.[267] Hentze, kutupsal sembollerin durumunu, spiritüel yenileşme ve zamanın yenileşmesi ile ilişkili olarak, dini fikirleri açıklar tarzda yorumlamıştır. Bu yazara göre, *Yang* ve *Yin* sembolizmi, ilk yazılı metinlerden önce[268] bile en eski ritüel eşyalarda görülmektedir.

Farklı yollardan ve bir başka metotdan yararlanmış olmasına rağmen Marcel Granet de, aynı sonuca ulaşmaktadır. Granet, tao te King'de *Yin* kelimesinin, soğuk ve kapalı hava fikrini çağrıştırdığını ve *Yang* teriminin sıcak ve güneşli hava fikrini telkin ettiğini yine, Yin kelimesinin, içsel ile alakalı olduğunu hatırlatmaktadır.[269] Başka bir tabirle *Yang* ve *Yin*, zamanın somut ve zıt yönlerine işaret etmektedir (Granet, *a.g.e.*, s. 118). Bazı parçaları muhafaza edebilmiş olan *Kouei tsang* isimli bir kehanet el kitabında, Chouang Tse'nun aşağıdaki atasözünü nakletmektedir: Burada "Aydınlık" ve "Karanlık" bir zamandan bahsedilmektedir: "Bir gençlik (zamanı), Bir yaşlılık (zamanı), ... Bir durgunluk (dönemi)... Bir Yaşam, Bir de ölüm (zamanı)" (*a.g.e.*, s. 132). O halde buna göre, dünya, birbirini tamamlayan ve değişimli yorumu sağlayan iki çekim tarafından (*tao, pien, t'ong*) oluşturulan döngüsel bir düzen bütününü temsil etmektedir (*a.g.e*, s. 127).

---

[267] Carl Hentze, *Bronzegerat, Kaltbauten, Religion im Altesten China der Shangzeit* (Anvers, 1951), s. 192. Ayrıca bkz. *Critique*, No 83, (Nisan, 1954), s. 331.
[268] Carl Hentze, *Das Haus als Weltort der seele* (Stuttgart, 1961), s. 99, Kutupsallık problemi üzerinde bütüncül bir açıklama için bkz. Hermann Köster, *Symbolik des Chinesischen Universmus* (Stuttgart, 1958), s. 17.
[269] *La Pensée Chinoise* (Paris, 1934), s. 117.

Granet, münavebe fikrinin, zıtlık fikrine sebep olduğunu da düşünmektedir (s. 128). İşte bu bize, bu takvimin yapısını göstermektedir. "*Yang* ve *Yin*, takvim konusunun organizesinde kullanılmışlardır. Çünkü amblemler, özel bir güçle karşıtların iki somut ve zıt yönünün ritmik birleşimini hatırlatıyordu (s. 131). Filozoflara göre, kış sırasında, *Yin*'le çevrilmiş olan *Yang*, yeraltı kaynaklarının dibinde buzlu yer tabakasının altında canlı olarak çıktığı bir çeşit yıllık imtihana maruz kalmaktadır. İlkbaharda, topuğu ile toprağa vurarak, hapisten kurtulmaktadır. O vakit, buz yarılmakta ve kaynaklar uyanmaktadır.(s. 135). Bir dizi biribirine zıt değişen şekillerle oluşmuş olan dünya, döngüsel bir şekilde kendini göstermektedir.

Durkheim'in sosyolojizmi ile büyülenmiş olan Marcel Granet, Çin'in sosyal hayatının eski formüllerinden, kozmik değişimin sistematik söylemini ve kavramını çözümlemeye meyletmiştir. Bizim bu yolu takip etmemize gerek yoktur. Ancak iki cinsin faaliyetlerinin tamamlayıcı değişiminin arasındaki simetriyi, diğer yandan *Yang* ve *Yin*'in etkileşimi ile yönetilen kozmik ritmleri göstermek önemlidir. Mademki *Yin*'de bir kadın tabiatı, *Yang*'da da bir erkek tabiatı kabul ediliyorsa, (Granet'e göre bütün Çin mitolojisinde bu **hierogami(kutsal birleşme)** hâkimdir) o halde bu, dini olduğu kadar, kozmik bir boyutu da göstermektedir. Zira, iki cinsiyet arasındaki ritüel muhalefet, antik Çin'de, birbirleriyle yarışan iki lonca tarzında gerçekleşmiştir (s. 139). Aynı zamanda bu muhalefet, *Yang* ve *Yin* gibi kozmik prensibin değişimini ve iki hayat formülünün tamamlayıcı karşıtlığını da ifade etmektedir. İlkbaharın ve Sonbaharın kollektif bayramlarında, karşı karşıya dizilmiş muhalif iki koro birbirini mısralar söylemeye davet etmektedirler. "*Yang* çağırmakta, *Yin* cevap vermektedir." Bu iki formül birbirinin yerine geçmektedir ve aynı zamanda kozmik ve sosyal ritmi de belirlemektedirler (s. 141).

Düşman korolar, ışıkla gölge gibi karşı karşıya gelmekteler. Bu korolar nasıl hazır olan iki insan grubunun tamamını ve tabiattaki şeyleri temsil ediyorsa; ikisinin bir araya geldiği, toplanılan alan da, uzayın bütününü temsil etmektedir.(s. 143). Şenlik, kolektif bir cinsel birleşme ayiniyle sona ermektedir. Daha önce gördüğümüz gibi böyle şenlikler, Dünya'nın pek çok yerinde oldukça yaygın bir ritüel teşkil ederler. Bu şenlikte, yıl boyunca ana kural olarak kabul edilen kutupsallık, zıtların birliği kaldırılmış veya aşılmıştır.

Zaten filozoflar tarafından bunlar sistematik olarak açıklanmış olduğundan burada detaya inmemize gerek yoktur. Sadece *Tao* kavramının, "üçüncü terim"in ilkel farklı formülleriyle, kutupsallığın çözümü olarak kıyaslanması, düşünce tarihçisi için çok ilgi çekici bir konu oluşturmaktadır. Umuyorum ki yakında bu konu da birtakım çalışmalar yapılacaktır.

SONUÇ

Sonuç olarak, karşılaştırmalı her analizde kesin görünen bir noktaya geri dönmek istiyorum. O da, spiritüel/manevi yaratılışların önceden mevcut olan değerler sistemine indirgenemezliğidir. Tıpkı her büyük şairin, kendi dilini yaratması gibi, dini ve mitolojik dünyada da her yaratılış, kendi yapılarını yeniden yaratmaktadır. İkili bölünmenin ve kutupsallığın, düalitenin/ikiliğin ve değişimin, zıt ikili grupların ve *coincidentia oppositorium*'/Zıtların Birliği'nin farklı tiplerinin, dünyanın her yerinde ve farklı kültür seviyelerinde bulunmaktadır. Fakat Dinler Tarihçileri, farklı kültürlerin bu doğrudan veriler ile ne yaptıklarını incelemeye kendilerini adamışlardır. Kültürel yaratılışları anlamaya çalışan yorumbilimciler, kutupsallığın ve ikiliklerin bütün türlerini, belli bir düzeyde bilinç dışı mantıksal bir faaliyete indirgemeden önce, tereddüde düşmektedirler. Çünkü bir yandan ikili karşıtlıklar, kendilerinin çok sayıda kategorilerde sınıflandırılmasına izin vermekteler; diğer yandan da bazı karakteristik sistemler, çok fazla işlev ve değerler ile kendilerini belirlemektedirler. Şüphesiz burada, kutupsallığın, dini karşıtlıkların ve ikiliklerin bütün tür ve farklılıklarını detaylı ve tam bir morfoloji içinde ortaya koymak söz konusu değildir. Çünkü böyle çok önemli bir çalışma, bizim konumuzu çok aşacaktır. Fakat analiz ettiğimiz bir kaç doküman ve en önemlileri arasında bu amaçla seçilenler, bizim iddiamızı aydınlatmaya da yetecektir.

Genel olarak kozmik kutupsallık gruplarını ve insan durumuna bağlı kutupsallıkları ayırabiliriz. Şüphesiz kozmik ikili karşıtlıklarla, insanî durumla alakalı olanlar arasında, bir dayanışma söz konusudur. Yine de bu ayrım belli kültürlerde belli zamanlarda sistematik felsefi yorumlara yol açmış ikinci tip kutupsallıklar için de faydalıdır. Kozmik kutupsallıklar arasında sağ-sol, yukarı-aşağı gibi konumsal kutupsallıkları, gece-gündüz, mevsimler vs. gibi zamansal kutupsallıkları ve nihayet, hayat-ölüm bitki örtüsü ritmi vs. gibi kozmik hayatın seyrini belirleyen kutupsallıkları ayırmak mümkündür. İkili karşıtlıklar ve zaman zaman bu duruma anahtar olarak hizmet eden insanî durumla alakalı kutupsallıklara gelince, bunların, çok sayıda ve daha açık olduklarını söylemek mümkündür. Temel çift olarak erkek-kadın çifti kalmaktadır. Fakat yine de (bizimkiler, yabancılar gibi) etnik ikili karşıtlıklar, (antagonistik/zıt İkizler gibi) mitolojik ikili karşıtlıklar ve kozmozla, hayatla ve insanlarla alakalı bütün bu ikiliğe işaret eden (kutsal-kutsal dışı gibi) dini ikili karşıtlıklar ve (iyi kötü) gibi etnik ikili karşıtlıklar da vardır.

Bu eksik ve geçici sınıflandırmanın içinde, dikkatimizi çeken şey, çok sayıda ikili karşıtlıkların ve kutupsallıkların karşılıklı olarak birbirini kapsamasıdır. Meselâ, kozmik kutupsallık, dini ve cinsel ikili karşıtlıklarda olduğu gibi. Netice olarak onlar ritm ve münavebe olarak kavranan hayat modellerini ifade etmektedirler. Daha önce Kogiler ve Endonezyalılarla ilgili olarak belirttiğimiz gibi, (aynısı Çinliler için de söylenebilir) kutupsal antagonizm/karşıtlık, insanın hem dünyanın yapısı hem de kendi varlığının anlamını anladığı bir anahtar haline gelmektedir. Ancak, bu dönemde dini veya etik bir düalizmden bahsedemeyiz. Çünkü bu dönemde zıtlık/antagonizm, ne "**kötü**" yü ne de "**şeytani**" bir şeyi öngörmüyordu. İki karşıt şeyin birbirine karşılıklı olarak dâhil olmadığı zıt çiftlerden, düalist fikirler ortaya çıkmaktadır. Bu durum Coyote'nin Tanrı'nın yaratım işine başarılı bir şekilde müdahale ettiği bazı kozmogonik Kaliforniya mitlerinde açıkça görülmektedir. Benzer bir duruma Mänäbush mitolojisinde de rastlamaktayız. Onun aşağı Güçlerle olan çatışması, önceden belirlenmiş değildir. Fakat beklen-

Dinin Anlamı ve Sosyal Fonksiyonu

medik bir olayın (kardeşi Kurt'un öldürülmesi) akabinde bu çatışma patlak vermiştir.

Bu konuda o zamana kadar, kozmik bütünlüğün, altedilmez ve yapıcı unsuru olarak kabul edilen hayatın negatif yönlerinin, tam olarak hangi kültürlerde ve hangi devirde önceki özelliklerini kaybedip, *kötü*'nün tezahürleri olarak yorumlanmaya başlamasına karar vermek ilginçtir. Çünkü kutupsallık sisteminin hâkim olduğu dinlerde *kötülük fikri*, güçlükle ve oldukça yavaş yükselmektedir. Bazı hallerde kötülük mefhumu, hayatın birçok menfi yönlerini kendi alanının dışında bırakmaktadır (sıkıntı, hastalıklar, gaddarlık, kötü şans, ölüm gibi). Kogilerde *kötülük prensib*i, bütünün gerekli ve kaçınılmaz bir şekli olarak kabul edilmektedir.

Sonuç olarak, zıtlıklar arasındaki arabuluculuğun aynı zamanda birçok çözüm takdim ettiğini de hatırlatmak önemlidir. Muhalefet, çatışma ve savaş vardır ancak bazı hallerde çatışma, bir birlik içinde erimekte veya bir "üçüncü terim"in doğmasına yol açmaktadır. Oysa diğer hallerde kutupsallıklar, paradoksal bir muhalefetli karşılaştırma içinde birlikte var olmakta ya da köklü olarak kaldırılmış, gerçek dışı veya anlaşılmaz olarak baskın halde gözükmektedirler. (Özellikle, bazı Hint metafiziğini ve mistik tekniğini kastediyorum.) Zıtlar arasında arabuluculuğun ortaya koyduğu problemlerin çözümündeki bu çeşitlilik (Her türlü arabuluculuğu reddeden köklü düalist pozisyonları da ilave etmek gerekir), ayrıca düşünülmeye değerdir. Çünkü kutupsallığın farkındalığının neden olduğu krizlerin sonucunda bulunan çözüm, bir nevi bir bilgeliğin başlangıcına işaret ediyorsa, bu tür çözümlerin aşırı farklılığı ve çoğulculuğu, eleştirel düşünceyi harekete geçirmiş ve felsefenin gelişimini hazırlamıştır.

www.ingramcontent.com/pod-product-compliance
Lightning Source LLC
LaVergne TN
LVHW040046080526
838202LV00045B/3520